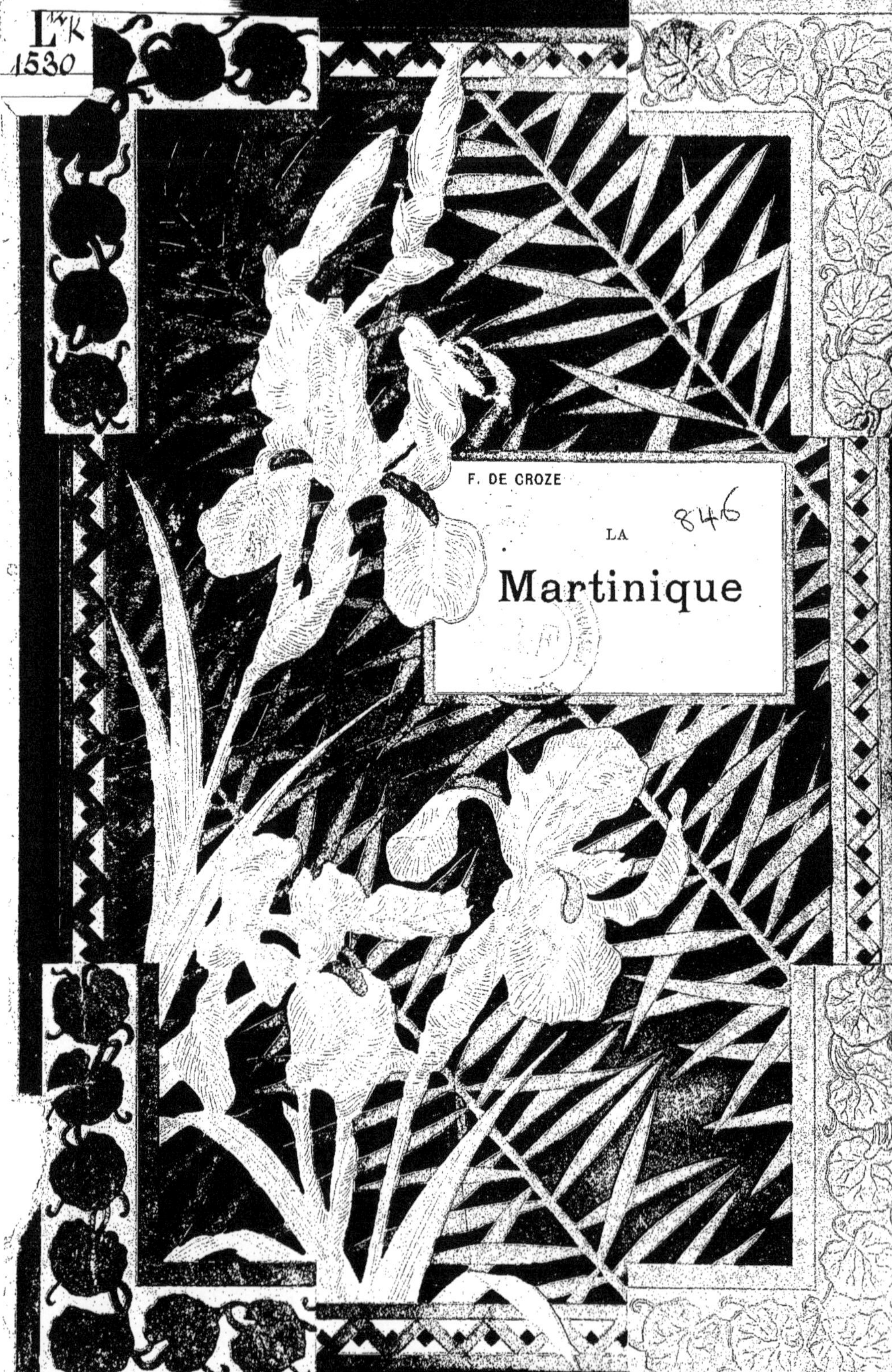
F. DE CROZE
LA
Martinique

LA MARTINIQUE

FORMAT IN-FOLIO

Vue de Saint-Pierre après la catastrophe.

F. DE CROZE

La Martinique

CATASTROPHE DE SAINT-PIERRE

LIMOGES

MARC BARBOU, ÉDITEUR

RUE PUY-VIEILLE-MONNAIE

PRÉFACE

A MES LECTEURS.

C'est sous le souffle attristé de nos douleurs que ce livre est né. Son inspiration est toute dans le sentiment patriotique qui a porté nos regards vers la Martinique éplorée.

Quand, au loin, nous avons entendu l'écho des gémissements, nous avons pensé que cet écho devait être recueilli pour être perpétué, et il nous est venu à l'esprit que vos cœurs battraient du mouvement ému dont notre cœur battait.

L'infortune est chose trop sainte pour errer sur la terre sans appeler à elle toutes les sympaties, et son cortège nécessaire est fait de toutes les émotions grandes et nobles qui naissent dans les âmes généreuses. Mais si l'infortune est celle de nos frères, lui tendre la main est non seulement le plus sacré des devoirs, c'est encore la plus pure des jouissances.

Si donc la lecture de ces récits est un plaisir austère, j'ose espérer qu'elle sera pourtant un plaisir; il y a un charme indéfinissable à s'enfermer dans sa douleur, pour la détailler, l'analyser et l'élever vers le ciel où elle se transfigure.

Avez-vous vu quelquefois s'agenouiller sur une tombe fraîchement recouverte, une jeune femme enveloppée dans un long voile noir? Elle s'est glissée comme une ombre, et maintenant elle prie par le cœur autant que par les lèvres. C'est que, sous la terre nouvellement remuée, repose l'objet de son amour maternel, l'enfant que la mort lui a ravi.

La mère qui passe devant nous, cachée sous son long voile noir, c'est la France gémissante qui pleure ses enfants morts.

Autrefois, il nous a été doux de dire ses gloires et notre plume tressaillait quand nous la voyions, belle dans son berceau, glorieuse dans ses chevauchées à travers l'Europe, vaillante et toujours jeune avec ses zouaves en Crimée, avec son drapeau tricolore flottant joyeusement dans l'azur du ciel.

Aujourd'hui, ce sont ses douleurs que nous racontons et, parce que l'hymne dont nous taillons les strophes est un hymne à sa gloire, nous avons la douce confiance que l'harmonie en sera comprise et goûtée par tous les cœurs français.

F. DE CROZE.

CHAPITRE PREMIER

FRATERNITÉ

Lorsque retentit, il y a quelques mois à peine, comme une douloureuse clameur, la nouvelle partout répétée de la catastrophe dont la Martinique était victime, la France entière prit le deuil et nous aimons à constater, dès la première page de ce livre, l'admirable sentiment de solidarité qui, chez le peuple de France, unit la métropole à ses colonies.

Trouverons-nous là une occasion nouvelle de rendre hommage au cœur de notre pays? Certes, c'est notre pensée la plus intime et, fier d'être Français, nous sommes heureux de témoigner combien il y a de générosité et de purs élans dans nos concitoyens. Cela repose des criailleries et, si l'œil se sent moins à l'aise quand il lui faut fouiller les bas-fonds, en revanche, il se fixe avec amour sur les gloires rayonnantes, où il s'emplit de lumière. Cet œil, avide d'un pur éclat, c'est encore heureusement le nôtre.

Quel est le petit village, perdu dans l'obscurité de la campagne la plus reculée, où n'ait pas été récemment prononcé le nom de la Martinique? Cette île, dont jusqu'alors se souciaient peu les modestes travailleurs des champs et dont ils ne gardaient le souvenir que comme un nom mêlé à d'autres noms étranges dans une leçon de géographie; cette île, dis-je, a été le centre de toute les pensées; il suffisait pour cela qu'elle fût malheureuse. On s'est fait expliquer la signification terrible de ces volcans que, sur la carte, note seul un point microscopique et, le soir, sur le banc rustique, devant la ferme, tandis que les faulx attendaient le travail du lendemain, on a prêté l'oreille aux récits des désastres causés par les feux souterrains.

Les narrateurs étaient parfois au-dessous de leur tâche : notre but aujourd'hui est de leur venir en aide. Là où de vagues réminiscences suffisaient peu à les maintenir dans le vrai, nous chercherons à leur donner des notions plus précises. Ils contaient avec cœur : ce sera notre cœur aussi qui animera ces pages et, si les auditeurs des lugubres événements tressaillirent plus d'une fois, le soir, à de fantastiques visions, quand le vent, dans la cime des grands arbres, semblait gémir, peut-être serons-nous assez heureux pour renouveler en eux les émotions ressenties et les rendre vivaces.

La grande inquiétude des campagnes était, dans les villes, une immense désolation : là, on voyait mieux toute l'horreur des ruines ; le tableau se dégageait mieux de ses ombres et c'étaient des scènes terrifiantes qui passaient sous les yeux de ceux que des milliers de lieues séparaient des victimes. N'avait-on pas là-bas des amis, des parents, que les conditions de la vie avaient fixés dans ces lieux jadis enchanteurs et maintenant ensevelis sous les cendres ? Parmi ceux qui dormaient sous le linceul brûlant, n'en étaient-ils pas dont vous aviez touché la main, le jour du départ, en leur souhaitant un heureux retour ?

Chaque jour, à toute heure, la presse, cette grande vulgarisatrice des pensées les plus hautes, ajoutait des détails navrants aux renseignements publiés la veille. Solliciteuse, par son âme et par sa mission, elle conviait tous les Français au grand devoir de la charité. Les souscriptions naissaient sous son souffle et se gonflaient. Les sociétés, les assemblées levaient leurs séances en signe de deuil. Les prières publiques s'organisaient partout et un grand mouvement soulevait le pays.

Naguère, quand une autre grande infortune frappa à notre porte, l'enthousiasme de tous répondit à l'appel des Boërs. Cette nation vaillante était cruellement piétinée et il fallait, au moins dans la mesure du possible, étendre un baume sur ses plaies. Ceux qui mouraient, là bas, entendirent parler la langue de France, quand des missionnaires, devenus infirmiers, calmèrent la soif des blessés par des potions venues de chez nous. Ceux qui s'éteignaient lentement, tranchés dans leur vie par les misères des camps de concentration, eurent un peu d'argent de France pour prolonger quelque temps leur existence misérable et, au temps où nous écrivons, si l'Angleterre refuse de payer les dettes de la guerre, l'appel des généraux boërs s'est fait entendre à notre nation.

Un peu plus loin dans nos souvenirs, quand les tribus guerrières de Madagascar n'eurent plus, pour les soulever, les excitations odieuses des ennemis de notre nom, ce fut un administrateur pacifique qui vint poursuivre l'œuvre de conquête commencée par nos soldats et, une fois le glaive au fourreau, la France s'est fait aimer parce qu'on l'a connue davantage.

Remontons encore dans le passé et tournons, dans les temps écoulés, quelques feuillets de notre histoire. Deux provinces nous furent enlevées, il y a quelque trente ans, et ces provinces gémirent de n'être plus françaises. Leurs plaintes désolées ne se sont-elles pas tristement imprimées dans toutes les âmes, pour une amitié et un souvenir éternels? Qui donc, parmi nous, peut encore prononcer sans émotion les noms de l'Alsace et de la Lorraine? Quel est celui qui a oublié avec quelle héroïque obstination ces frères séparés se sont raidis contre la séparation? Pour notre honneur, nous pouvons bien affirmer que, toute pensée de revanche immédiate mise hors la question, aucun des liens qui rattachent notre patrie à ses enfants malheureux n'a été brisé. Quand la France aime, elle aime toujours.

Pour clore cette étude sur le sentiment généreux que nous nommons la fraternité des hommes et qui n'est pas l'internationalisme, franchissons quelques siècles et rappelons les Croisades : leur souvenir se présente naturellement toutes les fois qu'on parle d'abnégation et de solidarité.

Des hommes souffrent : leur foi les a portés aux lieux saints et ils veulent y vivre paisibles et bienfaisants, en nourrissant leur piété de grands souvenirs sans cesse renouvelés. Mais le musulman fanatique fait peser sur eux un joug de fer. Les vexations sont innombrables et des hommes meurent. Tous, sans doute, n'ont pas vu le jour au doux pays de France, mais il en est de ceux-là et tous sont chrétiens; or, notre patrie est la grande nation chrétienne. Puis, en Terre-Sainte, il y a des opprimés et un oppresseur; cette seule pensée suffit pour que les fils des Francs se lèvent en masse.

Un moine parcourt les provinces que baignent la Seine, la Loire, le Rhône. Son visage hâve trahit des souffrances prolongées et son costume est misérable. Mais sa parole est de feu; il se nomme Pierre l'Ermite et déjà, sous la poussée de ses discours, des hommes de toutes conditions ont tout abandonné. Ce ne sont plus quelques compagnons de route, c'est une multitude qui se presse sur les pas du prédicateur de la guerre sainte : il en vient des champs, le front encore humide du labeur du jour; il en vient des châteaux, aux donjons superbes et aux tours menaçantes; les uns prennent l'épieu, les autres sont bardés de fer et tous s'écrient : Dieu le veut !

Quand ils traverseront les plaines immenses et perfides, quand ils iront sans peur, comme les Gaulois, leurs ancêtres, jusqu'aux limites extrêmes de contrées inconnues, si vous leur demandez pourquoi ils ont aliéné leur patrimoine avant de partir, pourquoi ils souffrent de la faim, de la soif, du soleil ardent, pourquoi ils vont joncher de leurs cadavres des royaumes qu'ils ne conquerront pas, ils vont vous répondre : C'est que là-bas on a souffert; là-bas, nos frères sont morts et nous sommes les redresseurs des torts.

Le souffle ardent, quoi qu'on en dise, n'a pas expiré et si, grâce aux sécheresses d'une diplomatie défiante, il ne se manifeste plus en gestes aussi éclatants, parce qu'en haut lieu on l'enchaîne, il n'en a pas moins ses libres allures dans les âmes de tous.

Voilà pourquoi la France entière s'est apitoyée sur le triste sort de sa colonie des Antilles.

Il y a peu d'années, les récoltes ayant complètement manqué dans la grande péninsule hindoue, qui est le plus beau fleuron de l'empire colonial de la Grande-Bretagne, une épouvantable famine sévit sur cette immense contrée. Le fléau fut d'une cruauté sans exemple. On mourut de faim par centaines de mille sur les bords du Gange. Les fanatiques adorateurs de Brahma sortirent de leur éternelle torpeur, pour exprimer par des plaintes les tiraillements de leurs estomacs exténués. L'Angleterre pensa que tant de souffrances rendraient une révolte possible et elle fortifia soigneusement les cadres de son armée, surveillant les cipayes d'un œil soupçonneux. Puis, elle calcula que les recettes ordinaires provenant des Indes seraient, pour un an, notablement inférieures à ce qu'elles avaient été les années précédentes. Elle ne voulut pas s'arrêter à cette réflexion que, si les Indes, merveilleusement riches, en étaient réduites à cette détresse mortelle, c'est qu'on avait exprimé, jusqu'à l'épuisement absolu, toute l'admirable vitalité dont elles étaient pourvues. La métropole tuait la colonie en lui demandant plus que le possible. Les servitudes antiques n'avaient rien d'aussi atroce.

Nous avons cité cet exemple, pour établir un contact plus frappant avec les relations amicales qui unissent la France à ses possessions d'outre-mer.

Il est, en effet, différentes manières de coloniser et de se servir des colonies; la nôtre n'est peut-être pas la plus productive, elle est, au moins, la plus noble.

Quand l'Angleterre colonise, elle va chercher aux bornes du monde des champs aurifères dont la production, bien affermie en ses mains, lui aidera à faire pencher en sa faveur la balance des affaires scandaleusement heureuses et lui permettra de peser sur toutes les transactions. Si l'or et les diamants ne sont pas un des produits du sol que les armes anglaises auront conquis, la Grande-Bretagne s'évertuera à convertir en ce métal précieux les richesses exotiques de sa colonie et le nègre, l'indien, le parsi peineront, pour que les gentlemen de la grande île cueillent indolemment les fruits d'un labeur auquel ils sont étrangers.

Il est une doctrine à l'usage de tous les peuples qui, dans un but louable, veulent s'étendre par delà leurs limites naturelles et créer à leurs industrie et à leur commerce des débouchés lointains. Cette doctrine, la voici : Une colonie doit être soutenue des subsides de la mère-patrie, tant qu'elle ne peut se suffire à elle-même ; elle ne devient une source de bien-être et d'extension commerciale que lorsqu'elle a assez grandi. Ainsi, l'enfant dans ses jeunes années reçoit les soins maternels et ne devient que plus tard de quelque secours.

La Grande-Bretagne a violemment réduit au minimum l'enfance de ses colonies et elle a eu pour but de rentrer dans ses fonds le plus tôt et le mieux possible. Dans une opération commerciale, cette manière de faire est évidemment habile et il est des gens pour lesquels les questions de sentiment n'existent pas.

L'Allemagne colonise, surtout depuis qu'elle est la Prusse impérialisée. Enfermée presque partout dans des frontières de terre, elle a centralisé son attention sur les quelques points où, dans le Nord, elle touche à la mer. C'est de là qu'elle part pour être une nation maritime.

Sa population, qui progresse de façon effrayante, lui faisant un devoir d'élargir ses terres et ses moyens d'action ; la surproduction de son industrie lui demandant d'ouvrir des marchés sur toutes les contrées du monde, elle a cherché et trouvé des colonies. Ce sont des îlots perdus dans l'Océan et que l'on achète. Ce sont des lambeaux de la terre d'Afrique, des débris de puissances coloniales que les siècles ont émiettées, des dépôts de charbon en des points qui commandent les passages de navires. Tout cela peut croître et, de parcelles, arriver à la largeur de véritables possessions coloniales.

Même nous lisions, il y a quelque temps, que sous le drapeau de nations étrangères à l'empire allemand, dans des colonies appartenant à d'autres, se forment des groupes importants et souverainement actifs d'émigrants de nationalité teutonne, entretenant avec leur mère-patrie des relations commerciales d'une fréquence remarquable. Les consuls et les chargés d'affaires mettent, au service de ces Allemands nouvellement débarqués, tout leur dévouement industrieux : cela, même sous un drapeau étranger, ressemble à une situation privilégiée. Nous sommes loin d'en faire un crime à nos voisins d'outre-Rhin et nous nous contentons de noter l'état florissant de leurs établissements, là où, sous le ciel de l'Afrique et ailleurs, le meilleur de notre sang a coulé pour assurer le prestige de la France.

Sommes-nous commerçants au même degré? Si coloniser se réduisait à faire du commerce, je répondrais non. Mais écoutez. Lorsque, après avoir traversé la Méditerranée dans toute sa longueur, vous arrivez à quelqu'une de ces villes qu'inonde le soleil de l'Orient et qui vivent sous la domination du Croissant, si vous venez de l'Occident, on vous parlera là-bas la langue de France; car, pour ces peuples, la France, jusqu'ici, c'est encore toute l'Europe. Vous trouverez, dirigées par des religieux qui sont nos compatriotes, des écoles où l'on enseigne le Français : ce sont nos écoles d'Orient. Des musiques joueront à votre arrivée notre hymne national et l'on vous comblera d'égards, parce que votre présence seule représentera un pays dont les bienfaits sont universels. Là, comme sous beaucoup d'autres latitudes, on peut dire que tout homme a deux patries : la sienne d'abord et puis la France.

Certaines occupations très longues ont laissé en des pays des traces insignifiantes ou même des souvenirs mauvais. Les Etats-Unis sont, à notre temps, moins anglais qu'ils pouvaient l'être au temps de Charles II, quand les émigrations puritaines peuplaient les solitudes de l'Ohio et du Mississipi. En est-il de même du Canada? Il y aura bientôt un siècle et demi que les vicissitudes de la guerre nous ont enlevé la nouvelle France et cette vaste contrée nous est restée attachée aussi fidèlement qu'au temps où Montcalm luttait et mourait dans Québec.

Les souvenirs historiques de nos dernières et sublimes résistances se présentent sous notre plume. Quand le héros français du Canada se vit refuser les secours qu'il réclamait à la mère-patrie, il dut placer toute sa confiance dans le concours que lui assurait la fidélité des Canadiens. Ce concours ne lui manqua pas. L'armée britannique finit par triompher ; mais, quand les tribus guerrières, habitant la région des Grands Lacs, combattaient pour notre cause, ne disaient-elles pas qu'il fait bon vivre à l'ombre de notre drapeau?

La langue du Canada est encore la langue française, non pas précisément celle que nous parlons de nos jours, alors que deux cents ans ont enlevé à notre langue quelque chose de sa gravité, pour lui donner plus de vive élégance. On parle, à Québec, la langue dont se servit si bien Bossuet. Sans doute, des relations nombreuses d'origine saxonne ont importé et nécessité l'usage de l'anglais; mais, lorsque le gouvernement britannique prétendit imposer, pour tout acte officiel, le langage parlé sur les bords de la Tamise, ce fut une véritable révolte et le gouvernement anglais céda. Le Canada a gardé au cœur le souvenir affectueux du temps où il était colonie française, et ce souvenir, il l'a manifesté toutes les fois que, meurtri, notre pays a eu besoin d'être consolé par ses enfants.

Ne voyons-nous pas, de nos jours, M. Wilfrid Laurier, l'homme d'Etat que l'estime de ses concitoyens a porté au faîte du gouvernement canadien, affirmer les sympathies de son pays pour la France? Il vient et un épisode charmant se glisse dans un voyage où il recueillera partout des acclamations. Il existe encore en France des familles portant le nom de Laurier et une jeune dame écrit à son illustre homonyme pour se réclamer d'une parenté dont l'origine se perd dans la poudre des ans. M. Wilfrid Laurier répond :

« Certainement, nous devons être parents et, si nous ne l'étions pas, il faudrait que nous le fussions. »

A côté de deux petites Antilles qui nous restent : la Guadeloupe et la Martinique, et des îlots qui dépendent de la Guadeloupe, des îles plus importantes appartenaient autrefois à notre empire colonial et, désireux seulement de montrer la persistance des sympathies que la France sait se créer partout, nous nous arrêtons à Saint-Domingue. Cette île qui, si elle n'est pas la perle des Antilles, expression consacrée qu'on applique à Cuba, n'en est pas moins une perle au milieu de l'Océan; cette île, dis-je, ne fut jamais dans toute son étendue possession française.

« Il arriva, dit M. Elisée Reclus, que des pirates français (un peu mêlés, à vrai dire, mais, dans l'ensemble, Français, comme les Cosaques sont Slaves), il arriva que des coureurs de mer se réclamant de la France, les Boucaniers, disputèrent cette île à l'Espagne, sa dame et maîtresse, et qu'il s'y accrochèrent à n'en être plus arrachés.

» La France hérita d'eux. Hispanola, depuis longtemps devenue Santo-Domingo pour les Espagnols, Saint-Domingue pour les Français, fut partagée entre les deux nations. L'Espagne garda l'est, nous eûmes l'ouest et nous y développâmes, en quelques dizaines d'années, la plus belle colonie de plantations qu'on eût vue jusqu'alors.

» Le noir travaillant plus qu'à son gré, le blanc commandant plus que de droit, Saint-Domingue devint un jardin sans pareil.

» En France, surtout dans le sud-ouest, en Guyenne, en Gascogne, en Béarn, tout s'effaçait dans son rayonnement; Bourbon, île de France, Louisiane, Guyane, Martinique et autres Antilles. Partir pour les colonies, c'était aller à Port-au-Prince, aux Gonaïves, aux Cayes, à Jacmel ou quelque part sur l'Artibonite, fleuve principal du tiers français de l'île, — car la part demeurée castillane double à peu près la terre devenue française.

» Vint la Révolution de 1789... Le vent de tempête qui souffla sur la colonie fut trop fort pour ne pas y déraciner tout ce qui était France, moins la langue devant laquelle s'étaient naturellement évanouis tous les dialectes africains, et moins le sang blanc, mêlé au sang nègre, dans le cœur des mulâtres.....

» Toute haine entre la France et sa fille noire est éteinte. Pourquoi pas! Puisque les guerres les plus inexplicables ont pour terme la mort ou la paix et que tout finit par l'oubli.

» Le Français, débarqué dans ce pays qui a dévoré, le voulant, tant d'hommes de France, y trouve un peuple noir qui se méfie encore des blancs, mais qui, parmi les blancs, préfère les Français aux Espagnols, aux Anglais, aux Américains du Nord; — aux Espagnols dont la race, la langue lui disputent le centre et l'orient de l'île; aux Anglais, dont il connaît le désintéressement; aux yankees, dont il redoute les ambitions.

» Ce peuple parle français à l'école, à l'église, à la tribune, au prétoire, dans les journaux, dans les livres; dans la rue, la ruelle et au village, sa langue est le créole, qui est encore du français, mais accommodé à la nonchalance du nègre et du mulâtre.

» Les jeunes gens les mieux doués et ceux qui se croient ou qu'on croit tels, viennent étudier à Paris; de Paris, ils reviennent dans l'île splendide, aussi Français que les Français de France, à part la différence de peau et ce que l'origine africaine a déposé chez eux d'éléments inassimilables aux nôtres; car, bien certainement, le nègre n'est pas identique au blanc.

» Les Haïtiens sont le principal reste de ce que nous possédions de Français dans les Antilles, mais ils ne sont pas le seul.

» Des îles moindres, à nous ravies par les Anglais, qui nous ont tout disputé partout, ont conservé de l'amitié pour la France et demeurent, jusqu'à ce jour, en communauté d'idiome avec nous, soit par le français de leur aristocratie, soit par le créole de leur plèbe. »

Quand la France s'établit sur un point du globe, elle y introduit ses mœurs, au temps même où elle fait sentir son pouvoir, et la douceur de

Christophe Colomb.

son administration fait oublier le poids de ses armes. Généreuse au delà de ce que sembleraient demander des intérêts à courte échéance, elle donne sans compter, se confiant à l'avenir pour être payée d'un juste retour. Si les progrès d'une civilisation toujours croissante créent en la métropole un bien-être se jouant de toutes les exigences, elle en dotera peu à peu ses colonies. La vie très simple des pays neufs s'ornera de tout ce qui fait le charme des pays dont la vie est riche d'expérience. La France a dans son caractère le besoin de jouer le rôle d'éducatrice. Si elle se répand au loin, c'est pour se communiquer et, fière d'elle-même, pour façonner les peuples à son image. Son initiative jamais restreinte la pousse toujours en avant et les questions d'avantages matériels passent, dans sa pensée, après la question plus haute de la diffusion de son âme. Que nous en soyons moins riches, cela se déduit naturellement; mais il est non moins certain que nous en sommes plus nobles. L'amitié, disait un vieil auteur, trouve l'égalité ou la crée. La France a élevé à son niveau ceux dont elle voulait faire ses enfants et nos frères. Les prenant informes, matière non encore soumise au ciseau, elle a tourmenté son génie pour leur donner les traits et la ressemblance de France.

Cela seul suffit à expliquer pourquoi, à la nouvelle d'une grande catastrophe désolant la Martinique, une grande émotion s'est répandue comme la lueur de la foudre : cette émotion était la fraternité.

CHAPITRE II

LA MARTINIQUE

Les Caraïbes, qui l'habitaient avant la découverte du Nouveau Monde, l'appelaient Madiana. Elle s'étend sur l'Océan, inclinée vers le nord-ouest, et paraît regretter de ne pas prolonger jusqu'au continent plus septentrional l'arête de ses mornes et de ses pitons. Du reste, dans l'azur de l'Océan, c'est tout simplement un point plus vert. Ses sœurs et ses voisines sont, au sud, Sainte-Lucie, qui fut terre française et qui l'est encore par le cœur; un passage de trente-cinq kilomètres sépare ces deux îles, bouquets de verdure qui se ressemblent. Au nord, à cinquante kilomètres environ, est située la Dominique qui nous appartint également et sur les côtes de laquelle viennent se briser les vagues courtes et heurtées. Plus loin, dans le nord-ouest, se trouve la Guadeloupe qui, avec la Martinique, constitue les seuls restes des possessions nombreuses qui furent nôtres dans l'archipel des Antilles. On prétend que le nom de la Martinique vient de saint Martin. Ce serait, en effet, en la fête de ce saint que Christophe Colomb, à son quatrième voyage, aurait découvert cette terre et en aurait pris possession au nom de son gouvernement. Mais rien n'est moins sûr que cette origine.

La Martinique a une superficie de 987 kilomètres; c'est une perle petite, brillant dans un immense écrin. Ses contours sont tourmentés et elle se tend ou se retire, pour se prêter ou se refuser à l'étreinte de la vague. Alors que son axe principal, du nord-ouest au sud-est, ne mesure, en ligne droite qu'une longueur de soixante-quatre kilomètres, tandis que sa plus grande largeur est à peine de huit à neuf lieues, elle possède, toutes sinuosités comprises, une étendue de côtes de cent lieues environ. Les promontoires, les baies, les ports abondent sur ses côtés et il y en a qui, pour ne pas être d'une largeur notable, n'en jouissent pas moins d'une admirable sécurité. Une de ces baies et la plus belle, vers laquelle se sont portées les préférences du commerce européen, est celle de Saint-Pierre; elle devait être témoin des événements terribles dont nous donnerons le récit. Là, sur la côte ouest, au pied de collines, qui élèvent un rempart contre les vents du nord et qui forment, jusque dans l'Océan, un éperon saillant, le sol s'infléchit et vient lentement toucher la mer. Puis soudain, dans le bassin circulaire que la nature a creusé pour suppléer au travail de l'homme, les abîmes se creusent, profonds, taillés à pic, laissant un libre accès aux gros navires que la mer bercera mollement.

Cette disposition des lieux semblait prédestinée : elle eut son destin et le port de Saint-Pierre fut abondamment visité.

Sur la même côte ouest, d'autres baies pouvaient offrir aux transactions par mer des facilités servant le commerce. Notons en première ligne, presque à égale distance des points extrêmes de la Martinique, la baie de Fort-de-France. Large échancrure pratiquée sur le sein même de l'île, elle part de l'occident à la rencontre du cul-de-sac français, qui est une anse sur la côte orientale et que sépare d'elle un isthme de treize à quatorze kilomètres à peine. Cet isthme détermine dans la Martinique deux tronçons d'inégale grandeur et différents dans leurs aspects. Bien que l'île soit, dans sa longueur, parcourue par un système de montagnes que ne coupe aucune interruption, les hauteurs du tronçon méridional sont plus considérables et celles de la terre du Nord se ramifient davantage.

Poursuivant notre étude des côtes, nous rencontrons encore, sur la face occidentale de la Martinique, quelques criques importantes. Ce sont, du nord au sud, la baie du Prêcheur, la Case-Pilote, la baie des Trois-Ilots, profondément encaissée et abritée de tous côtés; au sud et jusqu'à la pointe des Salines, les anses d'Arlet, la petite et la grande anse du Diamant et l'anse du Marin. Cette dernière manque d'étendue; le goulet qui lui sert d'entrée est étroit et c'est une passe difficile; mais, toutes proportions gardées, elle nous rappelle, par sa situation, notre port de Brest si bien fermé et si sûr.

La côte orientale, dentelée à plaisir et admirablement découpée, ne manque pas d'abris; ce sont le Vauclin, le Robert, la Trinité, le Marigot,

Sainte-Marie. Nous les mentionnons brièvement en raison de la moindre importance qui leur a été donnée. Ajoutons cependant que les préférences s'attachant à la côte occidentale sont absolument justifiées. Les vents du large balaient jusque dans l'intérieur des terres la face orientale de la Martinique et les secousses qu'ils impriment à la vague y sont dures pour les navires au repos qui chassent sur leurs ancres.

Dans son magnifique ouvrage, *La France et ses colonies*, M. Elisée Reclus a pu écrire, avec toute vérité, que la Martinique est une île presque souverainement belle. Après en avoir étudié les abords, si nous mettons le pied sur les terres, nous nous retournons et, sans regarder encore l'œuvre des hommes, nous admirons ce qu'a fait la nature pour cette portion minuscule et privilégiée de l'univers.

Au loin et tout autour, c'est la mer. Calme, azurée, il semble qu'elle soit rarement capable des furieuses colères, où elle se précipite hurlante à l'assaut de ses rives. Ordinairement, elle miroite, sous les feux d'un soleil, qui resplendit et embrase, comme sait le faire le soleil des Tropiques. Dissimulée un moment par une pointe rocheuse, qui ressemble à un bras de l'île étendu vers l'infini, vous la retrouverez, un peu plus avant, cernée dans un cirque de collines et elle vous donne l'illusion d'un de ces lacs paisibles qui dorment éternellement entre les cimes alpestres. Sur ses bords, la végétation commence au plus près, sans presque laisser au flot un ruban de sable comme ceinture, et cette végétation, c'est l'épanouissement grandiose, étrange, souverainement vigoureux d'une flore qui prend racine en un sol à la fois humide et brûlant, où tous les germes se fécondent avec une vitalité et une prestesse étonnantes.

Les deux facteurs de cette vie intense sont le soleil et l'eau. Souverainement favorables aux arbres et aux plantes, leur action est énervante ou nuisible pour les hommes qui, nés sous d'autres latitudes, ont été attirés vers ce ciel charmant.

A la Martinique, l'année se divise inégalement en deux saisons. Du 15 octobre au 15 juillet, cela répond à notre été et le thermomètre se maintient régulièrement dans une chaleur moyenne de 21 à 25 degrés. La saison que, là-bas, on nomme l'hivernage n'a, chez nous, aucun terme de comparaison qui nous puisse la représenter. Les pluies tombent violemment pendant des mois entiers et la chaleur s'élève parfois à 33 degrés, sans jamais descendre au-dessous d'un minimum de 27 degrés. C'est la période brûlante et malsaine, si l'on peut appeler malsaine une époque de l'année, alors que toutes le sont, à divers degrés, dans les parties basses de l'île.

Le sol détrempé et fangeux, où séjournent les eaux tombées en surplus, dégage, sous la chaleur lourde, des miasmes pestilentiels et la fièvre plane au-dessus des marécages, pour s'étendre, de là, sur tous les lieux circonvoisins. Pendant plus de six mois, chaque année, ces terrains trop abreuvés, sans décharge qui puisse favoriser l'écoulement de leurs eaux, laissent s'évaporer l'humidité dont ils sont gorgés et qui s'est saturée du suc de toutes les plantes. Il y a là des décompositions de toutes natures, des combinaisons pernicieuses, opérées sous les ardeurs d'un climat brûlant, un véritable laboratoire, où se font, sur grande échelle, de vénéneuses fusions, dont la chimie moderne n'a pas encore le secret.

Les mois les plus redoutables ne sont même pas ceux où le soleil, caché derrière le voile de nuées qui ne se fondent que pour se refaire, ne laisse, au lieu d'étincellement, transpercer que du calorique. En ces temps, ce qui domine est un énervement lourd, comme le poids d'un air trop raréfié ou surchargé d'oxyde de carbone. Les jours les plus terribles sont ceux où, après sa morne langueur, le ciel a repris la griserie de son soleil et son inaltérable sérénité. Alors les miasmes délétères s'envolent, s'attachent aux longues feuilles des palmiers, forment, autour des habitations et dans l'air respiré, des nuages subtils plus éthérés que ceux dont un filet de lumière, dans l'obscurité, fait danser les atomes devant nos yeux.

En 1740, il y avait, à la Martinique, 15.000 blancs ; le recensement, en 1889, n'en a plus compté que 10.000 ; cependant nombre d'émigrants étaient venus combler les vides, hommes qui avaient vu le jour dans des zones tempérées et qu'attirait l'éclat des pays baignés de lumière, comme la flamme attire le papillon. Les noirs résistent mieux, parce qu'ils ont respiré les chaudes effluves émanées des sables africains et ont été habitués aux intransigeances d'un soleil de plomb.

« Ces 15.000 Français, écrit M. Reclus, le siècle et demi qui les a réduits d'un tiers, en terre martiniquaise, les aurait faits trente fois plus nombreux en terre canadienne ; ils seraient au delà de 800.000, si leur sort les avait fixés sur les quelques arpents de neige, ricanés par M. de Voltaire, gentilhomme ordinaire de la chambre du roi.

» Voilà comment le sud souriant se conduit avec la descendance des hommes de la race tempérée et comment la traite le nord austère et qui semble hostile : celui qui promet la vie donne la mort, celui qui présage la mort donne la vie.

» Mais aussi, qu'on songe à tous les ennemis du colon des bas pays intertropicaux. L'accablement, pendant l'hivernage, qui oppresse ainsi qu'une humide serre chaude; l'anémie, que chaque sueur accroît; le miasme des vases littorales, dans la forêt clairsemée des mangliers et palétuviers; le brassage de l'eau douce avec l'eau salée, dans certains estuaires fangeux; le brouillard malsain qui monte des marais et culs-de-sac, en une vapeur, que les premiers colons de la Martinique avaient surnommée le drap mortuaire des savanes; la dysenterie, le typhus, les maladies de foie, la fièvre jaune ou coup de barre; le choléra et, entre temps, les ouragans, typhons et coups de vent, les raz de marée et les tremblements de terre. Contre les plus dangereux de ces ennemis, qui sont la fièvre du palus, la dysenterie et les grandes épidémies, il n'est qu'un recours : gravir la montagne; seule, elle remet en vigueur, par ses matinées, ses soirées, ses nuits fraîches, ses fonts vives. Pour qui monte, exsangue, énervé, vide et vacant des vallées inférieures, c'est comme une seconde naissance. »

Les montagnes, si elles ont l'air pur, sont loin de posséder tous les avantages de la plaine et elles composent, toutes réunies, un espace qui peut équivaloir à quelques cantons de France. Sur leurs flancs, ou trouve bien les maisons de campagne encadrées de bois touffus, qui puisent dans la nuit la fraîcheur déversée le jour. Mais on va peu à la Martinique pour y vivre dans le calme réconfortant d'une existence solitaire en pleine montagne et c'est dans les plaines que l'on trouve les villes ou villages, où les Martiniquais meurent avec une douceur résignée qui emprunte quelque chose à la douce sérénité de leur vie.

Là, l'organisme déprimé du créole n'a pas à subir des changements brusques, contre lesquels il lui faudrait se raidir et son indolence continuelle s'accommode bien de l'impassible constance avec laquelle le ciel sévit. Lorsque les ouragans — et il en existe de terribles dans ces régions, — s'abattent sur les terres hautes, en bas, on en éprouve à peine un contre-coup lointain et émoussé.

Cependant, parce que cette nature exubérante est toute faite de contrastes, la température, elle-même, paraît subir l'influence du milieu et, quand elle quitte sa placidité, c'est pour des colères terribles.

Alors les vents déchaînés roulent en rafales, déchirés par les éclats de la foudre et chargés de trombes d'eau, qui crèvent en déluges. Les villes, noyées dans le brouillard opaque, n'émergent des vapeurs que pour attester, par leurs ruines, la violence de l'assaut qui leur a été donné. En bas, les plantations sont jonchées de débris. A hauteur moyenne, les forêts s'entr'ouvrent pour des trouées larges, que tapissent les arbres renversés. En haut, les montagnes ruissellent et leurs flancs se creusent, pour livrer passage à des torrents impétueux qui, la veille, n'étaient que de paisibles rivières.

On écrit que la Martinique lance à l'Océan soixante-quinze rivières. Les plus remarquées s'appellent le Céron, la Grande-Rivière, la Potiche, la rivière Capot, la Grande Anse, le Lorrain, les rivières Saint-Jacques, Sainte-Marie, le Galion, le Pilote, la rivière Salée. Ces cours d'eau, qui dépassent les autres pour leur longueur et leur volume, ne sont, eux-mêmes, que de courts torrents, auxquels la traversée des forêts conserve, en temps ordinaire, l'eau suffisante pour une médiocre existence et qui ne s'alimentent abondamment que pendant l'hivernage.

Ils descendent de montagnes que l'on aurait tort de croire nues et rases, comme semblerait l'indiquer le nom désormais célèbre du Mont-Pelé. Jadis, les forêts couvraient la Martinique, jusque dans ses points les plus élevés, Depuis la colonisation, on y a pratiqué des coupes sombres, pas assez cependant, pour que les bois ne recouvrent encore une notable partie des collines. C'est en bas, non loin des villes et dans les plaines que se trouvent les plantations et elles n'occupent pas la moitié du sol cultivable : quarante-deux mille hectares, environ, sur quatre-vingt-dix-huit mille. Les essences dont se composent les forêts appartiennent à quelques types bien tranchés : ce sont le palmier et le cocotier, qui atteignent des dimensions considérables, et dont les fruits, spontanément donnés, sont très recherchés par le nègre indolent et paresseux. Ce sont, en outre, le fromager, le savonnier, l'acajou, le bois de rose : ces derniers servent au luxe des villes ; on les emploie pour les ameublements luxueux et même pour l'exportation. Le balata et le courbaril servent à faire des planches et des poutres; le gaïa entre dans la construction des canots et des navires. Auprès de ces arbres, géants des forêts, croissent encore le bambou, les arbres à fruits, les arbustes, et le tout est enchevêtré de lianes qui rendent l'accès difficile.

Si toute cette luxuriante végétation a subsisté, perpétuant ses espèces, en dépit des ravages qu'a causés la hache des bûcherons, l'âge d'or des forêts a été clos le jour où les colons européens ont mis le pied dans l'île des Caraïbes. Un travail différent s'est substitué à l'œuvre lente et grandiose de la nature. L'île y a-t-elle gagné? Le problème se présente sous trop d'aspects pour qu'il soit permis de lui donner une solution unique et, quand une question porte sur les avantages que les siècles ont retirés de leur civilisation, il est toujours possible de formuler deux réponses dont l'une est affectée du signe plus et la seconde du signe moins.

Au-dessus des forêts se dressent les mornes ou pitons — on nomme ainsi les montagnes peu élevées dont la suite se dresse, comme les vertèbres d'une épine dorsale gigantesque, qui serait celle de l'île. Ne nous attendons pas à des masses imposantes et à des pics neigeux comme en offrent les Alpes, les Pyrénées, l'Himalaya, dans l'ancien continent, et comme il n'est pas rare d'en trouver dans le Nouveau-Monde. Ici, tout est façonné dans un moule plus restreint et sur des plans moins prétentieux. Le système montagneux qui parcourt la Martinique, du sud au nord, peut paraître n'avoir d'autre but que partager les eaux et les diriger, soit dans l'Océan Atlantique, soit vers la mer des Antilles.

Le point culminant, qui est la montagne Pelée, n'a que quinze cents mètres d'altitude et les mornes qui dominent les quatre-vingt-onze montagnes de la chaîne, n'ont guère, ensuite, que douze cents mètres d'élévation.

Nous aurons à parler, en d'autres temps, de la montagne Pelée sur laquelle l'attention a été particulièrement attirée. Citons les noms de quelques pitons que recommande surtout leur passé volcanique. Ce sont le Carbet, qui s'élève à 1.207 mètres, au nord-ouest de Fort-de-France : il est, à plus juste titre que son voisin le Pelé, le centre du réseau montagneux et c'est à son pied que se détachent, de la chaîne principale, les ramifications importantes dont se couvre la terre du Nord. Les Roches Carrées sont également une montagne de caractère volcanique; elles occupent l'isthme qui partage, en deux tronçons, la Martinique. Plus au sud, se trouvent encore le Morne du Vauclin, le Morne du Marin, le Morne la Plaine. Les dômes arrondis et légèrement tronqués, par lesquels ils se terminent, sont âpres et dénudés : leur aspect jette une ombre sur le tableau très gai et très lumineux que présente le reste de l'île et, quand on les considérait chauves, rougissants sous les rayons du soleil, une pensée, qui maintenant est trop naturelle, se présentait instinctivement à l'esprit. Entre ces terres arides et ce ciel brûlant, n'y avait-il pas la menace perpétuelle d'un conflit? Quand ces cônes tronqués se dressaient, vidés par leur sommet, ne paraissaient-ils pas appeler les éclats de la foudre et ne semblaient-ils pas prêts à emmagasiner les ardeurs d'en haut, pour les déverser ensuite en flots enflammés? C'est là surtout que se posaient dans toute leur évidence les contrastes frappants, les anomalies d'une nature excessive en tout et dont la fureur, comme les caresses, ignoraient les limites ordinaires. La main de Dieu se plaît parfois à associer les choses les plus dissemblables, pour les faire servir aux effets les plus imprévus, et c'est une des innombrables manifestations de la puissance divine.

CHAPITRE III

HYPOTHÈSES

Nous avons écrit, dans les pages précédentes, la géographie physique de la Martinique et notre récit a été une description appuyée sur des remarques et des observations que tout voyageur peut faire, le jour où, débarquant dans l'île, il voudra prendre la peine de l'étudier. Nous nous sentons moins à l'aise, en ce moment, où nous abordons le chapitre des hypothèses. Le champ est si vaste et il a été si peu exploré! Mais les hypothèses, dit-on, conduisent souvent à de lumineuses certitudes et, de leur vague lueur transpercée, se dégage parfois la vérité avec éclat. Nous ne croirions pas avoir étudié à fond la petite île, confondue au milieu de bien d'autres, si nous ne notions la place qu'elle occupe dans la longue ligne des terres qui, sur ce point, émergent de l'Océan, et aussi la place que sa situation paraît lui avoir donnée dans le passé.

Pour qui jette un coup d'œil d'ensemble sur l'Archipel, situé entre l'Atlantique et la mer des Antilles, la première remarque est que cet archipel forme une ligne à peine interrompue, qui se tend des côtes du Vénézuéla et des embouchures de l'Orénoque, à l'extrémité méridionale de la Floride dans les Etats-Unis. La Trinité touche presque l'Amérique du Sud. En remontant, on rencontre, à des intervalles très rapprochés, Tabago, la Grenade, les Grenadilles, Sainte-Lucie, la Martinique, la Dominique, la Guadeloupe et des îlots nombreux, dispersés çà et là, qui continuent la succession des terres jusqu'à Porto-Rico.

A partir de cette île, l'aspect change et cependant la ligne continue. Si, jusque-là, en regardant les choses de haut, nous avons pu considérer l'archipel comme une réunion d'épaves flottantes, échappées à un naufrage, la largeur et l'étendue des îles que nous trouvons sur notre route ne nous permet plus cette comparaison. Porto-Rico est encore ici comme en grand'garde, poste détaché et de moindre importance. Mais voici le gros de l'armée :

Haïti, la belle Santo-Domingo s'étend sur une longueur considérable. Elle mesure en superficie 7.725.000 hectares, entre des milliers de kilomètres de rivages tourmentés, et couvrirait douze départements français.

Non loin, la Jamaïque, moins considérable, enferme, entre ses côtes, plus d'un million d'hectares. Enfin Cuba, la perle, le joyau précieux des Antilles, est longue de quatre cents lieues et équivaudrait à dix-neuf de nos départements.

Or Cuba est, vers le nord, la dernière île de l'archipel et un canal large de cinquante-cinq lieues, le détroit de Bahama, la sépare du continent. Entre Cuba et Saint-Domingue, la largeur du passage est de quatre-vingt-cinq kilomètres et le bras de mer, qui se tend entre Saint-Domingue et Porto-Rico, n'atteint que trente lieues. Dans les petites Antilles, quand la mer se livre un passage, le chenal est encore plus étroit : les îlots se touchent pour ainsi dire et se voient. Ils sont une chaîne composée d'anneaux nombreux dont les points de contact manquent seuls, dissimulés qu'ils sont par les eaux.

En face, par delà la mer des Antilles, il est entre les deux Amériques un isthme longuement étendu dont la direction est la même que celle de l'archipel : il va du sud-est au nord-ouest. Ses points d'attache sont, en bas, la Nouvelle-Grenade et, en haut, les provinces septentrionales du Mexique. Très inégal à lui-même, quand on le considère à ses extrémités et à son centre, il se grossit à mesure qu'il monte et, langue de terre étroite, il s'élargit insensiblement jusqu'à se fondre, sans suture trop brusque, dans le continent du Nord.

L'isthme de Panama n'est formé que de deux plages et d'une montagne. Le Costa-Rica est déjà plus large et ses hauts plateaux se soutiennent en de vastes espaces, avant de descendre vers les deux Océans. Le Nicaragua, le Honduras, le Yucatan ont repoussé les flots et se sont taillés une place considérable sur la carte. Si, jusqu'à eux, la progression se fait par soubresauts et, pour ainsi parler, par une lutte acharnée contre l'Océan, dès qu'on atteint le Mexique, la prise de possession s'affirme ; il n'y a plus d'étranglements entre deux golfes qui paraissent se presser à la rencontre l'un de l'autre. Les chaînes de montagnes et les vallées se déploient en éventail, avec toute la majesté de la grandeur et toute la sécurité d'une conquête affermie.

Un parallélisme ne s'impose-t-il pas entre l'isthme qui joint les deux Amériques et l'archipel qui, lui aussi, va de l'une à l'autre? Tous deux sont tracés, sur la carte, suivant une même direction. Tous deux, étroits à leur commencement, grandissent sur leur route, s'élargissent et atteignent sur leurs points extrêmes des proportions remarquables. Entre temps, l'isthme allonge des presqu'îles vers la mer et l'archipel projette des îles isolées. Les petites Antilles répondent bien à la maigreur du Panama, du Costa-Rica et du Guatémala, tandis qu'Haïti et Cuba présentent quelque chose de l'ampleur du Mexique.

Faut-il donc restituer aux Antilles leur véritable nom et les Amériques, réunies maintenant par un seul lien, l'auraient-elles été autrefois par deux isthmes? L'un à l'Occident subsiste encore et, pendant longtemps, aurait injustement assumé, à lui seul, la fonction de relier les deux continents; l'autre, submergé, aurait été dépouillé de son rôle, parce que, dans un cataclysme que l'on ignore, il aurait été couvert par la mer, dans sa totalité, sauf en quelques régions plus élevées et en quelques points culminants.

Cette opinion appartient à M. Elisée Reclus, qui la présente avec une confiance proche de la certitude.

« Deux isthmes, écrit l'éminent géographe, unissent l'Amérique du Nord et l'Amérique du Sud, l'un à l'Occident, l'autre à l'Orient.

» L'isthme d'Occident, suite de hauts plateaux qui sont piédestal de volcans, va des « Altos » et des Sierras de l'antique Anauerac, aujourd'hui Mexique, aux Andes bifurquées du vieux pays de Cundinamarca, aujourd'hui Colombie ou Nouvelle-Grenade. Du nord au sud, ces plateaux s'amincissent : l'Altiplanicie du Chiapas a plus de largeur que celle des Guatémaltèques; les « Altos » des Guatémaltèques sont plus amples que ceux du Salvador, la haute plaine des Salvadoriens dépasse en expansion celle de Costa-Rica et les Costa-Ricenses ont à marcher plus longtemps que les gens du plateau de Veraguas sur le socle d'entre les deux mers, qui sont, au couchant, la mer Pacifique, au levant, la mer Atlantique.

» Par cela même, les isthmes auxquels l'Amérique centrale doit son autre nom d'Amérique isthmique, sont beaucoup plus larges à son septentrion qu'à son méridion. Ainsi, d'un Océan à l'autre, la dépression de Tehuautépec est un chemin très supérieur en étirement à celui du lac de Nicaragua et le bas-fond Nicaraguëno l'emporte fort en écartement des deux bouts, sur l'isthme de Panama et sur l'isthme du Darien.

» L'isthme oriental, constitué par les Antilles, ressemble très exactement à l'occidental, sinon qu'il est en partie sous-marin. Il lie la péninsule de la Floride au Vénézuéla des bouches de l'Orénoque, par une foule d'îles infiniment plus amples au nord qu'au sud, en conformité parfaite avec le retrécissement des plateaux de l'Amérique isthmique dans le sens du Pôle à l'Equateur...

» Que l'Amérique centrale descende en partie sous les flots, elle sera pareille aux Antilles; que les Antilles surgissent de mille à deux mille mètres, elles seront très semblables à l'Amérique isthmique. C'est, pour l'une et les autres, mêmes latitudes, mêmes climats, même contexture du sol, mêmes plantes; ce seraient mêmes hommes, si les agresseurs européens des Antilles n'avaient pas extirpé dix, peut-être cent fois plus d'Indiens qui ne firent les *conquistadores* du Mexique et de ses prolongements; ce seraient mêmes langues, si des idiomes indiens ne subsistaient encore dans l'Amérique des isthmes à côté de l'espagnol et si le français et l'anglais ne disputaient au castillan la souveraineté des grandes, comme des petites îles, qui font piles de pont entre les deux demi-continents du Nouveau-Monde. »

Or, si l'on reconnaît qu'en un temps précédant l'histoire, les Antilles furent une chaîne sans interruption, rattachant la Floride au Vénézuéla, que deviennent la mer des Antilles et le golfe du Mexique si ce n'est une de ces grandes mers intérieures, dont la Caspienne nous offre encore un exemple? La physionomie du Nouveau-Monde se modifie complètement. Nous ne voyons qu'une Amérique au lieu de deux et nous avons plus facilement l'intelligence de l'unité des populations que trouva Christophe Colomb, lorsqu'il aborda pour la première fois sur le continent tant convoité.

Même, puisque des secousses terribles ont été nécessaires pour livrer à l'empire des eaux des régions qui, comme les Antilles, ne surnagent plus maintenant que par parties, rien ne nous interdit d'étendre jusqu'à des révolutions plus considérables l'action de ces phénomènes grandioses qui font naître ou disparaître les terres. Ici, nous entrons pleinement dans le domaine des perturbations causées à la surface du globe par les ardeurs embrasées qui rongent le sein de notre planète. Nous sommes en pleines éruptions volcaniques. Puisque les feux souterrains ont pu creuser, au cœur même de la terre, des vides suffisants, pour que l'isthme oriental des deux Amériques se soit abaissé de mille ou deux mille mètres, pourquoi la mer des Antilles n'aurait-elle pas été, avant les temps historiques, une opulente et merveilleuse vallée que ceignaient les montagnes et que des cataclysmes auraient noyée ? Qu'on se représente alors, avec ou sans habitants, car nous n'écrivons pas de date, ces contrées d'existence contemporaine de celle du paradis terrestre et sur lesquelles plane, merveilleusement féconde, la parole créatrice du Très-Haut. Là, comme partout, plus que partout, croissent et se multiplient, sous les rayons d'un soleil vivifiant, les splendides richesses d'une végétation que nulle autre n'égale. Là, les forêts étranges, se hérissant d'arbres géants, dont les variétés innombrables eussent suffi au charme éternel d'un œil, si un œil eût pu les contempler. Là, l'exubérance de la vie, jusque dans l'arbuste et dans le brin d'herbe, grossis comme grossissent les infiniments petits sous la lentille du microscope. Là, les fruits à l'enivrante saveur et les parfums qui troublent.

Mais pourquoi se complaire dans une description qui peut être vraie et dont la raison d'être n'est pas certaine. Nous ne composons pas un roman, mais un livre exact, qui va pas à pas, s'appuyant aux découvertes faites et scrutant celles qui restent à faire.

Des sondages récents opérés dans la mer des Antilles ont noté des modifications sensibles dans le niveau des bas-fonds. Le travail intérieur qui se produit au centre de notre globe paraît choisir, pour s'y manifester, ce théâtre de son action. Cette persistance des soulèvements et des dépressions serait bien en faveur de notre hypothèse et l'on pourrait justement en conclure que, dans la nuit des temps, avant l'ère des observations scientifiques, des dépressions semblables et seulement de proportions plus hautes, se sont produites, radicales celles-là et engloutissant toute une fraction de monde.

L'histoire se tait : mais notre histoire n'est pas celle de l'univers. Bien que, par vanité, on l'ait distribuée en histoire ancienne et moderne, toute histoire est contemporaine, en particulier celle du Nouveau-Monde. Les premières dates, fixant les faits et gestes du continent qui vivait par delà l'Atlantique, ne remontent pas au delà du quinzième siècle de notre ère ; notre ère, elle-même, serait sans doute la quinzième, si la division en périodes plus ou moins déterminées, n'était œuvre purement humaine et n'avait besoin d'événements intéressant l'homme pour ouvrir et clore sa nomenclature. Nul n'a calculé les milliers de siècles qui purent s'écouler depuis que, dans le principe, Dieu créa le ciel et la terre ; le récit biblique lui-même ne l'a pas fait.

Or, si nous sommes sur ce point dans une ignorance très souple à toutes les hypothèses, il est cependant une constatation facile et dont l'évidence nous frappe : c'est la diminution progressive de la vitalité intense dont jouit l'univers aux premiers jours de sa création. La géologie a parlé et les plantes dont, de nos jours, nous admirons la taille grandiose, ne seraient que des pygmées auprès de leurs aînées d'avant le déluge : honneur au cèdre où au baobab ; mais qu'ils ne se tournent pas vers le passé. La faune n'est pas en moindre décroissance : où sont le mégathérium, le dinothérium, le mastodonte, le mammouth? Tout cela, reconstitution d'un monde évanoui, dont les descendants, inférieurs à leurs devanciers, engendreront peut-être une race pire encore.

S'il en est ainsi partout, pourquoi ne supposerions-nous pas cette dégénérescence jusque dans les bouleversements dont la terre a été témoin en chacune des phases de son existence? Pourquoi des continents n'auraient-ils pas disparu, par l'effort, à son apogée, des facteurs actifs dont nous ne surprenons plus que les forces à leur déclin? De nos jours, ou plutôt dans notre histoire, des phénomènes de ce genre se sont produits, sur une moins grande échelle sans doute, mais juste avec la disproportion qui sépare les fougères géantes, retrouvées entre deux couches d'un terrain houiller, des fougères diminuées qui croissent en nos champs.

Nous citons, pour qu'on ne nous accuse pas de laisser la bride molle à notre imagination et pour appuyer notre autorité sur des autorités difficilement contestées.

M. Boskowitz, dans son livre *Les Volcans*, s'exprime ainsi :

« L'immense portion de notre globe que les mers dérobent à notre observation est, aussi bien que nos continents et nos îles, soumise à des bouleversements produits par les feux volcaniques. Ces convulsions sous-marines impressionnent par leur violence et par les phénomènes tumultueux qu'elles provoquent; elles étaient bien connues des anciens et, comme tout ce qui a paru surprenant à nos pères, elles ont donné lieu à des récits merveilleux. Les auteurs grecs et latins nous ont laissé de curieux détails sur la formation lente ou l'apparition soudaine, à la surface de la mer, d'îles et de rochers dont un grand nombre existent encore, et sont évidemment dus à l'action des volcans recouverts par les flots.

» On ne saurait nier l'existence de volcans sous-marins dans les parages des îles Açores, sur les côtes de l'Islande et du Kamtchatka.

» Mais c'est surtout dans l'archipel grec que les effets de l'action

Christophe Colomb prend possession de l'Amérique au nom de l'Espagne.

volcanique sous-marine ont été le plus anciennement et le mieux observés. Pline, Sénèque, Plutarque et plusieurs autres écrivains ont consacré des chapitres intéressants à la relation des phénomènes qui ont accompagné la formation de plusieurs des Cyclades.

» Les célèbres îles de Délos et de Rhodes, dit Pline le naturaliste, sont, d'après ce que l'on rapporte, nées dans les flots; ensuite, on en a vu paraître de plus petites, telles qu'Anappé, au delà de Délos; Néa, entre Lemnos et l'Hellespont; Alone, entre l'Héliédos et Théos; Théra et Thérasia, au milieu des Cyclades, la 4me année de la 135me Olympiade; Hiéra, située entre les deux précédentes et formée cent trente ans après. De notre temps, cent dix ans après, sous le consulat de Marius Junius, Silanus et L. Balbus, le 8 avant les ides de Juillet (l'an 19 de l'ère chrétienne), a paru Thia.

» Toutes ces villes qu'ont souvent désolées les tremblements de terre, contiennent encore des traces évidentes de leur origine volcanique. Suivant la fable, Neptune fit sortir des eaux l'île de Délos, pour que Latone, poursuivie par la jalouse épouse de Jupiter, pût trouver un asile contre la fureur de sa rivale. C'était par des allégories de ce genre que les anciens expliquaient les phénomènes naturels.

» Il faudrait remonter au delà des temps historiques pour trouver l'origine de l'une de ces îles sur laquelle des événements contemporains ont bien souvent attiré l'attention; je fais allusion à l'ancienne Théra, aujourd'hui Santorin, dont la côte occidentale, affectant la forme d'un croissant, paraît être le rebord d'un ancien cratère. Cette île est renommée par le grand nombre d'éruptions sous-marines qui se sont succédées dans son voisinage et dont chacune a modifié plus ou moins profondément sa physionomie.

» Les données historiques, sur lesquelles nous pouvons nous appuyer avec quelque certitude, nous montrent d'abord la petite île de Thérasia et peut-être aussi celle d'Aspronisi, sortant d'une mer de feu, 236 ans avant Jésus-Christ; viennent ensuite Hiéra, la sacrée et Théa, la divine, qui surgissent successivement à plus d'un siècle d'intervalle.

» Ces deux derniers îlots se réunissent en 726, par suite d'une éruption nouvelle et forment une seule île, la grande Kaïmeni, que de nouveaux phénomènes volcaniques agrandissent 700 ans après. En 1573, on voit sortir des flots un rocher noirci par l'action du feu, auquel on donne le nom de petite Kaïmeni. En 1650, nouvelle éruption, qui dure près d'un an et que le père Richard a minutieusement décrite. Des colonnes de feu s'élèvent de la mer, des nuages de cendres sont projetés du sein des eaux et portés par le vent jusqu'à Smyrne et Constantinople.....

» Le 25 mai 1707, le volcan sous-marin éclate de nouveau; on voit flotter à la surface des eaux, à peu de distance de Santorin, une masse blanche, qu'on prend d'abord pour un navire échoué. C'était un écueil, composé entièrement de pierre ponce rejetée par le même volcan qui allait vomir des cendres et des flammes. L'écueil continua de s'accroître et de s'élever; et, vers le milieu du mois de juin, il était haut de 7 à 8 mètres et mesurait près de 800 mètres de circonférence; il formait une île de forme à peu près sphérique et recouverte d'une couche épaisse de terre blanche et légère. Jusqu'à ce moment, le développement de l'île nouvelle n'était accompagné d'aucun autre phénomène extraordinaire; mais le 15, la mer devint houleuse, une forte odeur sulfureuse et une chaleur insupportable se dégagèrent de l'île; le 16, plusieurs roches noirâtres se montrèrent alentour; les jours suivants, on entendit des grondements souterrains; l'île fut couverte d'une fumée épaisse, au milieu de laquelle on voyait briller des flammes; des pluies de cendres et de matières incandescentes jaillirent de ce nouveau cratère et furent lancées à plus de deux lieues.

» Le nouveau cratère sous-marin s'était ouvert entre la petite et la grande Kaïmeni; l'éruption dura jusqu'en 1812 et elle donna naissance à un groupe considérable d'îlots et d'écueils. Des crises violentes se succédèrent pendant plusieurs années; les deux Kaïmeni furent ébranlées jusque dans leurs fondements par de terribles secousses, qui détachèrent des portions de leur sol, puis les différents îlots finirent par se joindre au premier écueil. C'est l'île formée par la réunion de ces îlots et grande d'environ douze kilomètres de tour, qui reçut le nom de Néa-Kaïmeni ou la Nouvelle-Brûlée.

» Depuis cette époque, on n'avait rien signalé d'anormal dans ce groupe d'îles, à l'exception de très forts tremblements de terre, lorsque, le 28 janvier 1866, on observa à Santorin des secousses qui, d'abord légères, ne tardèrent pas à prendre un caractère plus sérieux; la mer se mit à bouillonner fortement, il en sortit d'épaisses colonnes de fumée et, le 2 février, une île nouvelle se montra au-dessus des flots.

» Cette île continua à s'élever et à grandir les jours suivants; la nuit, elle paraissait couverte de petites flammes. Elle croissait à vue d'œil, disent les témoins de ce singulier phénomène et son accroissement n'était accompagné d'aucun des bruits sous-marins qui avaient précédé sa naissance. Elle avait à peu près 50 mètres de longueur sur dix à douze de large, lorsqu'on lui donna le nom d'île du roi Georges, en l'honneur du jeune monarque de la Grèce.

» L'exhaussement continua du 2 au 7 et sembla s'arrêter ce jour-là. Déjà, les nombreux spectateurs, attirés de tous les points du littoral par l'étrangeté d'un pareil spectacle, s'apprêtaient à faire une descente sur cette singulière possession hellénique, lorsque les phénomènes reprirent avec une intensité plus grande qu'auparavant. La coloration laiteuse des flots, qui s'était dissipée la veille, reparut le 8 ; la mer était violemment agitée et rendait extrêmement dangereuse toute tentative d'exploration. Le 9, l'île n'avait pas moins de 140 mètres de long sur 65 de largeur et 40 à 45 de hauteur. Elle rejoignait presque Néa-Kaïmeni et présentait une forme conique. D'une couleur noirâtre, comme ses voisines plus anciennes, elle était le siège d'un travail incessant qui se trahissait par des grondements souterrains, par des fumées épaisses qui se répandaient dans tout le voisinage et dégageaient une forte odeur de soufre. La surface de l'île paraissait sillonnée par de nombreuses crevasses, du fond desquelles on voyait parfois sortir des matières incandescentes.

» La chaleur de la mer était telle qu'à une assez grande distance il était impossible d'y plonger la main ; le bouillonnement des eaux ne cessait pas ; il était surtout très prononcé entre l'île nouvelle et celle de Santorin. Chaque sondage démontrait un exhaussement du fond de la mer dans cette partie ; en même temps, l'île de Néa-Kaïmeni s'affaissait visiblement.

» M. Ledoulx, consul de France à Syra, curieux d'observer ces phénomènes extraordinaires, s'embarqua à bord d'un vapeur et, dix jours à peine après les premiers indices de la crise, il se trouvait dans les eaux de Santorin. A une distance de dix lieues environ de cette île, on voyait déjà s'élever une haute colonne de fumée. A mesure que l'on approchait, la mer, quoique calme, offrait un aspect singulier : elle prenait une couleur d'un vert foncé ; ce n'était plus cette couleur particulière de l'Océan, cette teinte glauque et si bien connue. Aussi, les marins purent-ils assurer à M. Ledoulx qu'ils n'avaient observé cette couleur nulle part. Lorsqu'on entra dans la rade de Santorin dont la forme, avons-nous dit, est celle d'un croissant, les trois îlots volcaniques qui en occupent le centre, les trois Kaïméni, étaient enveloppés de tourbillons de flammes et de vapeurs. La mer était brûlante, elle s'agitait, elle tourbillonnait violemment et, près du foyer mystérieux, elle avait, dit-on, des reflets métalliques qui ajoutaient à la singularité du phénomène.

» Cependant, dit M. Ledoulx, dans quelques moments d'éclaircie, l'œil exercé de nos marins observait avec étonnement d'étranges changements survenus ; un petit promontoire, vers le sud-ouest, attenant au plus grand îlot, contenant une vingtaine de grandes maisons blanches et servant de lieux de plaisance et de bains thermaux en été, avait presque disparu dans l'eau et ne laissait plus voir que quelques toitures désolées. Un affaissement de quatre à cinq mètres avait dû avoir lieu dans cette partie du sol.

» C'est à peine si les habitants eurent le temps de se sauver en se jetant dans leurs barques. Avant de quitter Santorin, M. Ledoulx interrogea avec anxiété toutes les personnes les plus compétentes et les plus expérimentées du pays sur les craintes qu'on pouvait avoir au sujet de ce volcan caché, mais toujours menaçant. Il lui fut répondu généralement que ce jeu terrible de la nature se terminerait, d'après toute apparence, sans autre déchirement ultérieur. On va voir que les insulaires s'étaient trompés dans leurs prévisions.

» Le volcan sous-marin parut rester assez calme pendant quelques jours ; du moins, son action continuelle ne présentait aucun symptôme trop inquiétant : mais, le 21 février, survint une tempête. Les mugissements souterrains, qui semblaient s'être apaisés, se changèrent alors en grondement terrible ; d'épaisses colonnes de fumée, des nuages de cendres et des grêles de pierres incandescentes furent lancés de l'île du roi Georges à une hauteur considérable ; un grand nombre de personnes furent tuées ou blessées dans les îles voisines et sur les navires, surpris à la fois par l'orage qui troublait l'atmosphère et par l'ouragan volcanique. »

Au temps où l'archipel grec était secoué par ces commotions terribles, une île de 100 mètres de hauteur sortait de l'Océan, près de San-Miguel, dans les Açores qui, elles-mêmes, probablement, surgirent des profondeurs souterraines, à une époque que rien ne permet de déterminer. L'île nouvelle n'eut pas une longue existence : par l'effet d'une autre secousse, elle disparut sans laisser de traces. Au même point de la carte, une masse de rochers paraît soudainement à la surface des eaux et s'y fixe, en 1719, pour rentrer dans le sein de la mer, en 1723. En 1819, un banc de roches d'une étendue assez considérable émerge presque à la même place ; bientôt, il est surmonté d'une colline de trois cents pieds de haut, d'où s'échappe un torrent d'eau bouillante et le tout s'engouffre en 1822.

Les récits des premiers voyages de circumnavigation abondent en surprises de ce genre, qui éclatent aux yeux des navigateurs étonnés.

Les écueils et les îlots paraissent et s'évanouissent suivant le caprice des forces souterraines qui s'exaltent ou se dépriment à tour de rôle.

En 1831, sur les côtes de Sicile, par 37° de latitude nord et 10° de longitude, une terre voit le jour au milieu des flots dont rien jusqu'alors ne coupait la continuité. Une commission scientifique se transporte sur les lieux et dresse l'acte de naissance de l'île nouvelle ; le cratère vomit encore des pierres calcinées, les nuages de cendres sont striés par les éclairs, le tableau est saisissant.

Mais l'île existe. Les Anglais d'abord en prennent possession et lui donnent le nom d'île de Graham. Les Français viennent ensuite et plantent leur drapeau. Des contestations naissent et les prétentions s'affirment. Cependant, le volcan modifie lentement ses formes ; la partie occidentale de l'îlot s'élève, tandis qu'à l'est, le niveau se déprime et s'affaisse insensiblement dans la mer. Deux mois plus tard, les contestations n'ont plus d'objet, car l'eau a tout recouvert et la sonde donne vingt-quatre toises de profondeur.

Ces faits, tous amplement constatés, nous paraissent suffisants pour affirmer la fréquence des mouvements formidables qui, de temps à autre, distendent ou resserrent l'écorce terrestre et modifient, sur tel ou tel point, la distribution des terres et des mers, à la surface du globe. Ajouterons-nous quelques remarques ?

Tout porte à croire que le Sahara, immense bassin de sable, fut autrefois une mer intérieure bornant la Lybie au sud. Quand fut-elle desséchée ? Par quelle cause est-elle devenue un désert ? Ne serait-ce pas par une de ces révolutions qui ont leur origine dans les renflements venus de l'intérieur ?

« La présence de nombreux et puissants volcans dans l'Asie centrale, écrit encore M. Boskowitz, a donné naissance à une hypothèse qui me semble reposer sur des faits d'une incontestable valeur. Cette hypothèse admet l'existence, à une époque très reculée, d'une mer intérieure couvrant une grande partie de l'Asie et dont les débris seraient les grands lacs d'Aral, de Baïkal et d'Issical. Les steppes immenses de Barabinski sont caractérisées par une dépression du sol, qui pourrait bien être l'ancien bassin de cette mer, dont les derniers vestiges seraient les lacs qu'on vient de citer et auxquels il faudrait ajouter les lacs Sary-Koupa et Tschagali. Humboldt, dans son beau livre sur l'Asie centrale, penche vers cette hypothèse. Au reste, dans les eaux d'un tout petit lac de ces contrées, le lac Oron, vit encore de nos jours une variété de veaux marins que l'on retrouve également dans le lac Baïkal, situé à plus de deux cents lieues, ainsi que dans la mer Caspienne, encore plus éloignée. On pourrait en conclure que ces réservoirs, aujourd'hui isolés, devaient former jadis une mer immense dont les eaux baignaient le pied des volcans. »

Une tradition ancienne, que transmet le P. Labat, rapporte que, pendant un tremblement de terre, une partie de l'île de la Grenade s'affaissa dans la mer et les volcans sous-marins ont souvent bouleversé la mer des Antilles. Cette portion du globe terrestre serait-elle plus que toute autre exposée aux colères volcaniques? Une étude parue récemment sous la signature de Thomas Grimm nous en dira long sur ce sujet.

La catastrophe dont la Martinique a été victime, en mai 1902, vient de concentrer toutes les attentions vers un même objet et de vieilles traditions reviennent à la mémoire, rappelant ce qu'ont cru les siècles sur l'existence problématique d'un continent disparu qui avait nom l'Atlantide.

« La persistance du funeste phénomène, écrit Thomas Grimm, les manifestations analogues qui se sont produites presque simultanément dans des régions de la terre fort éloignées des petites Antilles, comme l'Algérie et le Caucase, par exemple, suggèrent inévitablement le rappel de la plus fameuse, sinon de la mieux connue, scientifiquement, des catastrophes volcaniques, qui eut lieu précisément dans la zone où sévit la montagne Pelée; l'effondrement du continent de l'Atlantide.

» Le philosophe Platon nous en a laissé le récit dans un de ses plus célèbres dialogues, le *Timée.* Il l'a mis dans la bouche de Socrate, auquel il avait été fait par Critias, son père, qui, lui-même, avait recueilli du sage Solon cette tradition rapportée d'Egypte par le législateur d'Athènes :

» Nos livres, avaient dit à celui-ci les prêtres de Memphis, racontent comment Athènes détruisit une puissante armée qui, partie de l'océan Atlantique, envahissait isolément et l'Europe et l'Asie. Car, alors, on pouvait traverser cet Océan. Il s'y trouvait, en effet, une île, située en face du détroit que vous appelez dans votre langue les Colonnes d'Hercule. Cette île était plus grande que la Lybie et l'Asie réunies. Les navigateurs passaient de là sur les autres îles et de celles-ci sur le continent qui borde cette mer vraiment digne de ce nom. Car, pour tout ce qui est en deçà du détroit dont nous avons parlé (le détroit actuel de Gibraltar), cela ressemble à un port dont l'entrée est étroite, tandis que le reste est une véritable mer, de même que la terre qui l'entoure a tous les titres à être appelée un continent.

» Or, dans cette île Atlantide, des rois avaient formé une grande et merveilleuse puissance, etc.... Suit un passage sur la puissance des Atlantes et leur défaite par les Athéniens, et Socrate ajoute :

« Mais, dans les temps qui suivirent, eurent lieu de grands tremble-
» ments de terre, des inondations et, en un seul jour et en une seule nuit
» fatale, tout ce qu'il y avait de guerriers chez eux fut englouti à la fois
» dans la terre entr'ouverte; l'île Atlantide disparut sous la mer et c'est
» pourquoi, aujourd'hui encore, on ne peut ni parcourir, ni explorer cette
» mer, les navigateurs trouvant un obstacle insurmontable dans la
» quantité de vase que l'île a déposée en s'abîmant. »

» Il y a certainement à prendre et à laisser dans ce passage et on peut d'autant mieux soutenir la nécessité d'être circonspect, sans irrévérence pour Platon, qu'il est le seul fragment du *Timée* arrivé jusqu'à nous et que nous ignorons, par conséquent, si la suite ne contenait pas des restrictions critiques, etc...

» Cependant, en regardant une carte de l'Atlantique-Nord, portant en couleur de plus en plus foncée, la figure du fond océanique, telle que l'ont révélée les sondages faits pour la pose des câbles transatlantiques depuis 1850 et les recherches scientifiques poursuivies depuis 1873, au cours des croisières du *Challenger*, du *Talisman*, du *Travailleur*, etc., on est frappé par la vue d'une sorte d'énorme dos étendu des Antilles au plateau télépathique, portant à son centre les Açores, surplombant, à l'est et à l'ouest, les profondes vallées sous-marines dont les talus opposés sont l'Europe et l'Amérique et au sud-sud-ouest une dépression immense où l'Atlantique atteint sa plus grande profondeur, environ 8,000 mètres dans les parages de la petite Antille Saint-Thomas.

» Le philosophe grec n'a pas eu sous les yeux la carte bathymétrique précitée. Et pourtant, sa description est si précise qu'elle suggère des présomptions favorables à l'authenticité du fond de la tradition rapportée par Solon au père de Socrate.

» D'autant mieux que les données scientifiques actuelles concourent, elles aussi, à créer cet état d'esprit. On sait, en effet, à n'en pouvoir douter, que l'écorce terrestre est constamment travaillée par des forces qui tendent à la détruire ou à la transformer; qu'aucun des accidents de cette écorce, montagnes, mers, etc., n'est fixe, ni permanent et que les continents et les océans n'ont pas été localisés, depuis les origines de notre planète, dans leurs emplacements actuels.

» Les études des géologues ont démontré notamment une telle identité entre le système dit Hercynien qui couvre l'Allemagne, entre le

Danube, le Rhin, l'Elbe et la mer du Nord, et les monts Alleghanys, allongés le long de la côte atlantique de l'Amérique du Nord, qu'il faut admettre qu'à une certaine date, l'Océan qui nous sépare des Etats-Unis était comblé, au moins entre les parallèles 35 et 50.

» Comment cette membrane des deux continents siamois a-t-elle été rompue ? Une explication qui a toute la force des hautes autorités scientifiques en a été donnée.

» La masse du globe terrestre est partagée inégalement entre la terre et l'eau : 136 millions de kilomètres carrés à la terre et 374 millions à l'Océan. De plus, sauf l'Australie, un sixième de l'Afrique et de l'Amérique du Sud, toute la part faite à la terre solide est au nord de l'Equateur et, pour les deux tiers, à l'est de l'axe idéal de la planète. Celle-ci tourne d'est en ouest ; mais ces deux composantes de poids inégaux, masse solide et masse liquide, ne tournent pas exactement avec la même vitesse. De là, un mouvement de torsion qui aurait, peu à peu, cassé l'écorce terrestre, en y creusant le golfe du Mexique, le chenal moyen de l'Atlantique, entre les Antilles et le Sahara, la Méditerranée, la mer Rouge, les abîmes où plongent les récifs coraillers, Laquedives, Maldives, Andaman, Nicobar, les volcans de Sumatra, Java et les pâtés madréporiques où travaillent les « polypiers, bâtisseurs de mondes », depuis le détroit Bali-Lombok jusqu'aux îles de Pâques.

» La nomenclature des secousses, éruptions, affaissements, etc., survenus en Grèce et en Vénitie au mois d'août ; aux Indes et au Japon au mois de juillet ; au Caucase en juin et en juillet ; en Toscane et en Portugal le même jour, 5 août, suggèrent un réveil des phénomènes cosmiques qui ont modelé l'effigie actuelle de notre globe.

» L'argile rouge ou *oase* qui tapisse le fond de l'Atlantique, établit l'existence sous ces eaux d'un feu couvert de cendres.

» Enfin, dans le rapport officiel adressé au gouvernement des Etats-Unis, par les savants commis par lui à l'étude du volcanisme aux Antilles, il est dit que le fond du golfe du Mexique, en certaines places, s'est soulevé d'une façon extraordinaire, allant jusqu'à diminuer la profondeur des eaux des deux tiers... »

Après cette longue odyssée à travers les phénomènes cosmiques, revenons à la Martinique ; il nous a paru nécessaire de l'étudier, non seulement en elle-même et dans la physionomie qu'elle présente au regard du voyageur, mais aussi dans les transformations possibles qu'a pu lui imprimer le passé ; on ne connaît pas bien un chef-d'œuvre si l'on n'en suit attentivement les contours et le fond est pour beaucoup dans la perfection d'un tableau.

La Martinique est-elle un anneau de la grande chaîne qui forme l'isthme oriental par lequel les deux Amériques sont reliées l'une à l'autre ? Cet isthme présumé n'était-il pas plutôt tout un côté d'une ceinture de hauteurs enserrant des plaines merveilleuses que recouvrent le golfe du Mexique et la mer des Antilles ?

Un jour, dans la nuit des temps, une épouvante terrible s'empara de ces riches vallées dont les remparts élevés recevaient incessamment le choc des vagues heurtées. Ce jour-là, peut-être, l'Atlantide sombrait sous le dernier effort de la torsion séculaire, produite par les inégales densités des éléments que mettait en mouvement la rotation du globe terrestre. L'écorce du monde s'était usée insensiblement jusqu'à ouvrir des fissures énormes pénétrant dans son sein et les flots vaporisés au contact du feu intérieur éventraient la chaudière étroite qui ne suffisait plus à leur expansion. En dehors, c'étaient des débordements monstrueux de vapeurs hurlantes, entraînant dans leur élan les rocs en fusion et la cendre des matières déjà brûlées ; en dedans, c'étaient des vides immenses sur lesquels pesait l'atmosphère. Les écroulements se firent, la mer passa. Ce qui avait été l'Atlantide baignait au fond des Océans.

Or, les vallées américaines et leur ceinture de montagnes avaient été secouées jusqu'en leurs fondements par les frémissements du cataclysme. Quand elles étaient encore disjointes, entr'ouvertes, la mer passa par les brèches, laissant émerger les hauts plateaux et les cimes superbes, comme autant d'îles, et faisant des vallées luxuriantes un désert sous-marin. Puis, l'Atlantique victorieux et lassé s'arrêta sans mêler ses flots à ceux du Pacifique.

Mais, depuis lors, des frémissements lointains et redoutables agitent ce qui reste de ces régions tourmentées et, longtemps silencieux, les mornes ou pitons de la Martinique, de la Grenade, de Saint-Vincent ne dressent pas vainement vers le ciel la menace de leurs flancs crevassés. Si, dans le champ des hypothèses, nous pouvons tracer un point d'interrogation, la menace de ces pitons noircis est pour nous, depuis quelques mois, une lugubre certitude.

CHAPITRE IV

UNE PAGE D'HISTOIRE

Si les peuples heureux n'ont pas d'histoire, la Martinique dut jouir d'un bonheur parfait avant que parussent les caravelles de Christophe Colomb : nous savons à son sujet si peu de chose. Sans doute, il est plus juste de penser que toute histoire ne se fond pas nécessairement dans celle dont nous écrivons les pages et que des événements de toute importance purent intervenir dans la vie des peuples que nous ignorions.

Une seule chose est certaine : une population primitive précéda les Caraïbes à la Martinique et dans toutes les Antilles. Leur race absolument disparue était-elle, dans ses débuts, contemporaine des premiers âges? Avaient-ils, pendant des siècles, coulé paisiblement leurs vies et attendu la mort, sans qu'aucun vestige, aucun reste de type particulier puisse dénoncer à l'avenir ce qu'ils étaient? On est porté à croire qu'ils laissèrent à une nature d'une munificence extrême le soin de pourvoir aux besoins peu nombreux d'une vie très simple. Les peuples qui progressent, qui se donnent la peine de vivre et qui produisent un effort, même rudimentaire, ont toujours laissé derrière eux une trace quelconque de leur séjour à la surface de la terre.

En un temps que rien ne détermine, les Caraïbes, Indiens de l'Amérique du Sud, vinrent se faire une place dans les îles et cette place fut bientôt la plus large. La race primitive disparut pour ne laisser subsister que les nouveaux venus et ceux-ci jouirent en paix de leur conquête plus ou moins pacifique. Malgré le dépérissement rapide et violent de cette famille humaine, quelques-uns restent encore et, groupés dans certaines îles, ils conservent assez pur de tout mélange le caractère premier de ceux qui virent aborder les Européens. Les Caraïbes sont de beaux hommes, grands, de couleur rouge et ce sont, en outre, de braves gens. Leurs mœurs très douces et très paisibles sont encore ce qu'elles étaient lorsque la flottille espagnole entra pour la première fois dans les eaux de l'archipel. Leur simplicité est restée la même. Hommes au caractère d'enfant, ils ont gardé ces instincts curieux qui les firent accourir sur la plage, pour contempler les présents que portaient avec eux les navigateurs venus de l'Occident.

Une tristesse instinctive et irraisonnée fut toujours la note dominante dans l'âme des tribus indiennes; ces peuples se sentaient-ils par avance condamnés à une fatale déchéance et la prévision de leur ruine leur inspirait-elle déjà un sentiment amer? Les Caraïbes, autant que nous en jugeons par les familles qui restent, ont cette instinctive tristesse. Une résignation touchante et que l'on dirait chrétienne leur fait accepter les maux de l'existence et, contre ces maux, leur donne une énergie admirable. Les souvenirs profonds et toujours ravivés emplissent leur vie; ils se soumettent paisiblement à des travaux, desquels ils n'espèrent rien, comme s'ils étaient nés avec cette conscience que leur vie ne leur appartient pas et qu'ils sont faits pour servir. Malheureusement, des vices tout européens sont venus se greffer sur les instincts heureux de ces natures toutes neuves; ils s'adonnent avec passion à l'alcoolisme. C'est du reste, dit le docteur Verneau, la loi fatale, que ces races primitives nous empruntent ce que nous avons de plus pernicieux. Il en fut de même en Afrique; il en sera de même partout. A part cela, les Caraïbes sont sérieux, dévoués, obéissants et ils eussent été, pour le grand ouvrage de la colonisation, de précieux auxiliaires. Ce fut sans doute grand dommage pour les Antilles que les premiers maîtres européens du pays se soient privés de leur concours.

Si les Caraïbes sont un peuple éteint et une race presque définitivement rayée de la population des îles, ce n'est pas parce que la vitalité ait manqué à leur sang. D'après des dépêches de New-York parvenues récemment, il ne reste plus d'eux que trente-quatre familles réunies sur l'île Saint-Vincent. Quelques-uns d'entre eux vivent encore dans les cantons septentrionaux de Saint-Domingue, là où ils furent des centaines de mille, disent les chroniqueurs espagnols. Mais on les retrouve nombreux dans les Guyanes, sur les rives de l'Amazone et de l'Oyapok, dans les régions encore peu explorées et assez mystérieuses du Brésil. Ce sont les Caraïbes purs, race guerrière, brave et féroce, à peau rougeâtre ou brunâtre. Aux armes des Européens et aux impatiences brutales qui poussèrent les premiers colons, il faut imputer le crime d'avoir anéanti une population que l'on eût pu se concilier.

Le grand navigateur qui découvrit l'Amérique n'avait fait que planter sur ces terres nouvelles l'étendard de son pays et l'amour du lucre ne le porta pas à dépouiller les habitants des contrées sur lesquelles les explorateurs mettaient le pied.

Les *conquistadores* espagnols ne s'attardèrent pas à ravager les Antilles; des pays plus riches les appelaient et la paix des Caraïbes ne fut définitivement troublée que lorsque parurent des aventuriers, partis de France et d'Angleterre. Ceux-ci, cadets de famille sans fortune, soldats déboutés du service, hommes à la main prompte que menaçait la justice de leur pays, se trouvèrent par hasard assemblés, dans le but de tenter les bonheurs par delà les mers. Ils allaient avec l'insouciance de gens pour qui le passé a été décevant et devant lesquels l'avenir pourrait étaler des trésors. Où aborderaient-ils? Pendant les longs loisirs d'une traversée lente, ils s'interrogeaient mutuellement sans pouvoir fixer leur entreprise. Ils avaient quitté la Normandie et la Gascogne, la Champagne et l'Ile-de-France, ces provinces trop enveloppées des vulgarités d'une existence organisée et prévue. Ce qu'il fallait à ces hommes à la main forte et à l'âme inquiète, c'était une terre nouvelle, n'importe sous quelle latitude. S'ils se dirigeaient vers le Nouveau-Monde, c'est que des récits partout divulgués en dénonçaient les incalculables richesses et que l'Espagne en avait tiré des galions chargés d'or.

Animés de ces intentions, quelques-uns de ces aventuriers abordèrent à Saint-Domingue, s'y établirent en repoussant tous ceux qui leur interdisaient le séjour, commencèrent à cultiver, créèrent des plantations superbes et implantèrent une vivace colonie française dans une île espagnole.

D'autres débarquèrent un jour à la Martinique et, comme ils manifestèrent l'intention de ne plus en partir, les Caraïbes leur firent la guerre. Ce fut une lutte inégale et atroce. Les flèches empoisonnées des Indiens n'avaient pas la portée des armes à feu dont se servaient les Européens. Une fois les hostilités entamées, il n'y eut plus ni trêve, ni merci, d'autant plus que l'île était belle, que les habitants la défendaient avec obstination et que de nouvelles expéditions d'Europe renforçaient progressivement les premiers colons.

Les Caraïbes durent être aussi vaillants qu'ils eussent pu se montrer inoffensifs, si on avait voulu; ils laissèrent dans les forêts et dans les plaines les cadavres nombreux des leurs et ceux qui n'eurent pas le bonheur de mourir dans cette longue lutte ne furent plus assez forts pour résister. L'heure de la résignation sonnait pour eux : on eût dû leur savoir gré de leur obéissance. Il n'en fut pas ainsi.

Latins et Saxons n'étaient pas depuis assez longtemps grands propriétaires, pour profiter sagement de leur victoire. Animés par le souvenir des résistances vaincues, ils furent durs et cruels. Les Caraïbes, dépouillés de tous leurs droits, n'eurent plus même celui de ne travailler que dans la mesure de leurs forces. On les accabla par parti pris et beaucoup succombèrent à la tâche. Ainsi s'affaiblissait et mourait une race qui, après avoir accepté l'infériorité de sa situation nouvelle, aurait rendu les plus éminents services.

Livrés à eux-mêmes, les possesseurs du sol entreprirent de le mettre pleinement en valeur et ils y réussirent d'abord, aidés de cette initiative qui ne leur manquait pas. La Martinique fut, dès ce temps, renommée pour ses vastes champs plantés de cannes à sucre, pour son cacao et son café. Les premiers succès durèrent peu.

Pour vivre à la Martinique, ainsi que nous l'avons dit déjà, des Européens devraient gravir les montagnes et s'y fixer, car les parties basses, où les Indiens acclimatés n'ont aucunement à souffrir, sont fatales aux hommes nés sous les zones tempérées. Or les plantations bordaient les rives de la mer et couvraient les régions inférieures. D'autre part, c'est là surtout que le climat est doux et que ses charmes se font plus pénétrants. Les aventuriers, qui avaient vu le jour sur les bords de la Seine ou de la Loire, se laissèrent peu à peu déprimer par les ardeurs brûlantes d'un soleil de feu ; ils perdirent chaque jour une parcelle de l'énergie de leur esprit et des forces de leur corps. Ils respirèrent les miasmes des marais et furent frappés du coup de barre, la fièvre jaune, qui les décima. Des Français vinrent combler les vides effrayants faits par la mort; ils vinrent à intervalles presque réguliers et la population blanche ne s'accrut pas. Le sang indien mêlé au sang européen ne fut même pas une sauvegarde contre les atteintes cruelles d'un climat dont les caresses étaient meurtrières; les Caraïbes disparaissaient sans que l'apport de leur vitalité préservât les colons. Il fallut faire appel à une race plus robuste et plus endurcie aux excès d'une température torride. Ce fut alors que parurent les noirs.

Ils venaient des solitudes africaines et avaient respiré, là-bas, un air embrasé. Achetés par des traitants et transportés à des milliers de lieues de leur pays, ils apportaient leur insouciance rieuse, leur bonhomie et leurs vices. La nature du nègre n'est pas riche à l'égal de celle de l'Indien. Là où celui-ci s'attache et se dévoue, l'autre semble ignorer qu'il vit et ne cherche que de naïves jouissances. On peut faire de l'Africain un esclave, on n'en fera pas un serviteur. Qu'on lui impose le travail, il peinera sous le regard du maître et par crainte du châtiment; qu'on n'essaie pas d'émouvoir son indolence. Ainsi qu'un enfant rieur, il aura des gaietés exubérantes et des expansions passionnées, mais il oubliera sa gaîté pour une haine furieuse et passagère : la vie pour le nègre est interminablement ballottée par le caprice.

Partout où l'Indien s'est fusionné avec la race blanche, il a donné naissance à des nations viriles merveilleusement douées de ténacité, de force concentrée, de sérieux et de calme. Nous en avons de frappants exemples dans les populations du Mexique, de la Colombie, des Andes péruviennes et du Brésil. L'intelligence raisonnée des individus de la vieille Europe se complète par la sagacité résolue des hommes d'origine indigène et ces vertus sont celles qui conviennent le plus à la vie aventureuse et active que l'Amérique présente à ses habitants.

Moins heureux furent les résultats de l'immixtion nègre dans nos colonies. Sans doute, elle sauva les cultures dont le labeur écrasant dépassait les forces des immigrés européens, mais elle transforma aussi, de façon néfaste, la physionomie de l'île.

« Le noir, écrit M. Elisée Reclus, fainéante avec délices. Il prend le jour, la nuit, comme ils tombent du ciel, pour en jouir, non pour les consumer en travail des bras ou en contention de l'esprit. Ce qu'il adore, c'est l'orgie, le démènement des bonds furieux, les tournements et les danses, au rhythme de plus en plus précipité du tambour.

» Paresseux, il aime à cueillir le fruit, mais il a horreur de planter l'arbre. Labourer, bêcher, piocher, semer, extirper, abattre, cela ne lui va guère. Vivre tout juste, sur un arpent, des dons du généreux tropique, c'est en quoi il est passé maître.

» Son éternelle enfance ne cessera que sous le fouet de la nécessité, quand, les vallées chaudes où il pullule étant surpeuplées, il faudra ou travailler ou mourir.

» Pour l'instant, il lui suffit ici de l'arbre à pain, importé par bonheur dans les îles, du bananier, d'autres arbres aux fruits sucrés, quelques-uns admirablement délicats; et il cultive, le moins possible, dans un coin de son jardin, quelques plantes en dépassement de ses besoins

Indiens Caraïbes.

stricts, pour se faire un peu de monnaie dont il achètera du rhum, du tafia, de l'eau-de-feu. C'est bien de lui qu'on peut chanter : « Il aime à rire, il aime à boire. »

» Bâti de la sorte, il est resté, non pas tout à fait ce qu'il était en Afrique, avant la pratique du négrier, mais un nègre encore très différent de nous par l'esprit et l'âme. Devenu catholique (ou protestant dans la plupart des Antilles anglaises), il demeure à peu près païen et fidèle à son antique ferveur de croyance à la magie, aux sortilèges, à l'incantation, aux formules sibyllines. En vain, se promène-t-il la canne à la main, le cigare aux lèvres, digne du boulevard par ses gants, sa chaussure, sa cravate, son linge ; il n'a pas secoué tout l'homme d'autrefois, et plus d'un ne sait comment chasser les idées, les sentiments, les superstitions, les passions qu'il tient de la longue suite des ancêtres d'Afrique, hôtes du bois et de la savane. Et d'ailleurs, nous tous, hommes, nous luttons contre notre ascendance et nos descendants lutteront contre nous.

» Au fond, très bonnes gens dont l'heureuse puérilité se reflète gentiment, sur les îles demeurées francophones, dans le français qu'ils parlent et qui est à peu près le même que le créole de la Guyane et de la Louisiane.

» Le français nègre de nos Antilles est moins une langue qu'un patois plein de douceur, de langueur, très ennemi des *r*, comme le firent les incroyables au temps du Directoire ; et, surtout, il tient en un très grand mépris la savante architecture du discours, qui est une des meilleures gloires de l'homme. Dans la bouche des enfants, des jeunes femmes, il plaît infiniment, comme un gracieux babillage.

» Quand des noirs, injustement esclaves, on fit justement une race libre, les affranchis n'eurent aucun souci des maîtres qu'ils laissaient dans l'embarras sur leurs vastes domaines.

» Quelques-uns par vengeance, les autres par l'extrême amour de ne rien faire, ils refusèrent d'aider les blancs sur les champs de canne à sucre, dans la maison, à l'usine. Chacun se mit à vivoter de son mieux, celui-ci à la ville, dans les bourgs, d'une petite industrie facile, d'un semblant de métier ou de quelques corvées dures, mais bien payées et tôt faites, celui-là de son petit jardin, dans le vallon, près d'une onde pure, au pied d'un morne de la montagne. »

Il est cependant dans l'élément nègre une portion qui se différencie totalement de la masse dont nous avons retracé le portrait. Nous voulons parler des jeunes gens qui, échappant à la loi du travail ingrat, viennent en France faire ou compléter leur éducation. Ils sont l'élite des hommes de race noire et Paris exerce sur eux un tel prestige qu'ils ne seraient pas complètement heureux s'ils n'y vivaient quelques années. C'est une fascination à distance. Or, sauf la couleur et les traits de race que la civilisation ne réussit pas à effacer, quand vous les voyez sur les boulevards ou dans les réunions les plus correctes, ils vous paraissent absolument Français; ils le sont surtout par le cœur et par l'esprit, où seule persiste parfois, comme signe d'origine, une note étrange qui souvent est charmante.

Plus tard, quand ils reviendront à Fort-de-France ou à Saint-Pierre, leur connaissance des affaires leur permettra de jouer un rôle dans le va et vient continuel de transactions très actives et ils se mettront à la tête de grandes entreprises commerciales.

Il est, à la Martinique, un autre élément de population, introduit plus récemment pour suppléer au défaut des travailleurs noirs émancipés : ce sont d'autres nègres d'Afrique, engagés pour un temps déterminé et qui retournent ensuite à leur pays; ce sont aussi des coolies venus de l'Inde ou de la Chine. Peu nombreux, ils ne jouissent d'aucune influence et comptent à peine dans la population de l'île.

Nous connaissons les noms des premiers qui, pionniers de notre influence, s'établirent dans la Martinique au nom de la France : ce furent, en 1635, Charles Lyénard, sieur de l'Olive et Jean Duplessis, sieur d'Ossonville. Cette première occupation se faisait sur des terres où l'Espagne avait étendu sa domination et cependant l'Espagne, amoindrie, occupée ailleurs par des guerres européennes, ne s'y opposa pas de façon assez efficace pour conserver sa colonie. En ce temps, la période française de la guerre de Trente ans attirait sur les champs de bataille de l'Allemagne et des Pays-Bas toutes les forces vives de la péninsule hispanique et, si Richelieu dirigeait d'une main ferme les affaires de la France, Charles-Quint ne régnait plus au delà des Pyrénées. La seule résistance, ainsi que nous l'avons dit, fut celle des Caraïbes et elle cessa quand les Caraïbes ne furent plus un peuple.

Quelques années plus tard, à une date que rien ne précise mais qui fut certainement antérieure à 1658, Pierre Belair, sieur d'Esnambuc, dirigea vers la Martinique une expédition importante ; il était favorisé par le gouvernement français, qui lui avait octroyé des secours et il avait pour mission de coloniser. C'est à cette époque que commence réellement pour l'île martiniquaise une vie nouvelle. L'emplacement est choisi pour une ville qui ne fera que grandir : ce sera Saint-Pierre. La côte est facile et les vaisseaux choisissent de préférence ce point, où ils débarqueront les marchandises venues d'Europe.

En France, des compagnies ont été créées pour favoriser le développement de notre empire colonial et le progrès de notre commerce extérieur. Au nombre de ces compagnies, se trouve celle des Iles d'Amérique, tentative prématurée et que ne couronnera pas le succès, mais que suivront d'autres tentatives de même genre avec plus de bonheur. On ne savait pas encore utiliser les trésors des régions lointaines qui reconnaissaient l'autorité de la France; de part et d'autre, dans la métropole et aux colonies, il existait peu de besoins communs et le café était si peu connu en France que, trente ans plus tard, Mme de Sévigné, qui avait des prédilections pour Corneille, pouvait écrire : « Racine passera comme le café. »

La compagnie des Iles d'Amérique ne soutint pas la grandeur de de ses espérances et, ses affaires périclitant, la Martinique lui échappa. Du reste, à cette époque, les efforts produits n'avaient amené que l'embryon d'une colonie. Sauf en quelques basses terres, l'île restait intacte avec son rideau épais de bananiers, de cocotiers, d'arbres à pain, tous fournis par une nature spontanément généreuse et généreuse à l'excès.

Un certain Duparquet, ses héritiers ensuite, furent quelque temps les maîtres de la colonie martiniquaise. Puis, en 1664, la France étant débarrassée de ses querelles intestines et de ses démêlés extérieurs, lorsque le jeune roi Louis XIV présidait lui-même le conseil de ses ministres et prêtait l'oreille aux avis modestes d'un jeune surintendant qui devait être un ministre de génie, sous l'influence de Colbert, la métropole acquit de nouveau la Martinique et la donna à la Compagnie des Indes Occidentales. Ce fut une ère de prospérité.

Depuis lors, la colonisation grandit et s'étendit successivement à toutes les parties de l'île. Les productions de la Martinique connues et goûtées s'écoulèrent vers la France qui, de son côté, envoya à sa possession d'outre-mer les objets infiniment variés de son industrie. Les échanges se firent de plus en plus nombreux, les communications se multiplièrent et, s'il eût été plus étonnant, en ce temps, de voir à Paris un seul Martiniquais qu'il ne l'est aujourd'hui d'en voir un millier, il y eut des Français de France pour visiter l'île merveilleuse dont les fruits étaient si recherchés.

Ces accroissements et cette situation prospère devaient naturellement attirer l'attention des puissances maritimes de la vieille Europe et éveiller leurs jalousies, puisque Louis XIV ne cessait de guerroyer contre les coalitions. Le roi prétendit mettre la Martinique à l'abri d'un coup de main et, en juillet 1672, furent commencées les premières constructions de Fort-Royal, devenu maintenant Fort-de-France, depuis la chute de la Monarchie. Du reste, nos armes furent longtemps victorieuses. Les traités conclus après la guerre de Dévolution et la guerre de Hollande, affirmèrent hautement notre puissance, et la Martinique en profita pour grandir encore, développer l'admirable fécondité de son sol et révéler tous les trésors qu'elle renfermait.

Le traité d'Utrecht en 1714 ne la troubla pas. Bien que lassée et demandant grâce, la grande nation sur laquelle régnait Louis le Grand était encore trop redoutable pour que l'Angleterre osât lui imposer de grands sacrifices. Déjà, cependant, la Grande-Bretagne posait les fondements de cet empire colonial dont nous voyons de nos jours l'expansion colossale. En 1714, elle acquit Gibraltar et Minorque; elle nous demanda l'Acadie, Terre-Neuve et la baie d'Hudson; elle s'assura le droit de commerce sur les colonies espagnoles.

Pendant un demi-siècle, nul mouvement ne bouleversa la vie coloniale. En 1732, la Martinique contenait 72.000 habitants; c'était moins qu'au temps où les Caraïbes la peuplaient; c'était plus que pendant tout le xviime siècle. Vint la guerre de Sept Ans. On se battit partout, sur terre et sur mer. Tandis que Frédéric II de Prusse défendait vigoureusement ses conquêtes et que nous luttions contre lui, avec moins de succès que de courage, l'Angleterre, fidèle à son programme, poursuivait nos flottes sur toutes les mers et envahissait toutes nos colonies. Nous n'avons pas ici à raconter les glorieux épisodes des batailles navales, où nos marins furent vaillants comme toujours. C'est à vol d'oiseau que nous traçons les grandes lignes de cette histoire et nous courons aux résultats.

Québec et Montréal sont aux mains des Anglais et la nouvelle France n'existe plus. Pondichéry a été prise et notre empire des Indes s'écroule. En 1762, la flotte britannique s'empare de la Dominique, Saint-Vincent, Tabago, la Grenade, les Grenadilles, la Guadeloupe, toutes îles de l'archipel des Antilles, sur lesquelles s'était étendue la colonisation française. Le 13 février de cette même année, des soldats de la Grande Bretagne mirent le pied sur le sol de la Martinique et ils y restèrent jusqu'en février 1763. Alors les traités rendirent la Martinique à la France.

Mais nos pertes étaient incalculables. Les Antilles, dont nous avons cité les noms, passaient toutes à l'Angleterre, sauf la Martinique, la Guadeloupe et quelques îlots dépendant d'elle. Quand nos possessions américaines eurent été ainsi réduites, la Martinique devint plus chère à la France et prit une importance plus considérable.

Les guerres de la Révolution firent sentir leur contre-coup jusque dans le Nouveau-Monde. Cette fois encore, l'envahisseur ravagea les plantations des colons français et il ne se retira qu'en 1802, quand le traité d'Amiens eut rétabli la paix.

L'épopée du premier Empire, si glorieuse en Europe, eut sa répercussion dans les Antilles et, de nouveau, la Martinique nous fut enlevée. C'était en 1807. Elle resta en la possession de l'étranger jusqu'en 1814. Puis, de nouveau, les Anglais y firent une apparition en 1815. Enfin, la paix, définitivement rétablie, nous la rendait en avril 1816.

A dater de cette époque, aucune commotion, parmi les Etats européens, ne s'est fait sentir jusque dans les Antilles françaises. Réduites à de rares possessions, elles sont au moins restées nôtres et l'accroissement de leur vie industrielle et commerciale nous les a rendues précieuses à plus d'un titre. Elles sont le souvenir du temps où notre drapeau flottait fièrement au front et au cœur des Amériques ; nous pourrions en concevoir quelque tristesse, au contraste des siècles passés avec le siècle présent, si la Guadeloupe et la Martinique n'étaient un souvenir vivant et si elles ne se tendaient avec amour vers la mère-patrie.

Il est un préjugé trop répandu suivant lequel la France ne sait pas coloniser. Pour que le préjugé tombe, qu'on interroge seulement l'œuvre colonisatrice entreprise et poursuivie sur la Guadeloupe et la Martinique : cette œuvre parlera éloquemment. Puis, si elle se taisait, nous n'aurions qu'à éveiller d'autres voix. Quelles sont donc les contrées immenses dont s'enorgueillit l'empire colonial de la Grande-Bretagne ? Celles que nous, Français, avons dû leur céder et que nous avions colonisées avant eux.

CHAPITRE V

LA COLONIE FRANÇAISE

Les événements récents, sollicitant toutes les attentions, ont, depuis peu, porté les voyageurs à rappeler leurs souvenirs sur la Martinique et le rideau a été levé sur la vie de cette possession française de l'Océan, dont la vie ressemble étrangement à celle dont nous sommes témoins chaque jour. La distance aidant et les imaginations se livrant libre carrière, on est assez tenté de se figurer une colonie comme un de ces pays fantastiques où se passent des choses bizarres, telles qu'on peut en lire dans des contes des *Mille et une Nuits*. Rien n'est moins vrai.

Sans doute, au début de l'occupation, ce que trouvèrent les premiers colons peut défrayer les conversations et alimenter la curiosité des gens en quête de scènes peu banales. Des coutumes à nous inconnues, des conventions différentes des nôtres, des lois façonnées sur un moule qui ne nous a pas servi, réglementaient les rapports chez ces peuples neufs, avides d'une simplicité oubliée par les nations du vieux monde. C'est même ce qui fait le charme de certains romans anglais qui transportent leurs lecteurs au pays des Delawares et des Mohicans. C'est aussi ce qu'il y a de bien attachant dans les récits où nos missionnaires catholiques dépeignent les tribus sauvages qu'ils ont mission d'évangéliser.

Mais lorsque la colonisation date déjà de quelque temps, les points communs se dégagent entre les colonisateurs et les possesseurs primitifs du sol; les différences trop frappantes disparaissent une à une, un niveau unique s'établit; pour l'honneur de la France, nous aimons à constater ici que ce niveau fixé est celui-là même auquel se maintient la mère-patrie et auquel s'élèvent les peuples dont l'éducation est à faire.

Il nous faut bien, en parcourant notre histoire, reconnaître cette mission éducatrice dont notre pays a toujours eu conscience et dont il s'est souvent acquitté noblement. Essentiellement doué d'initiative, le Français a besoin de se communiquer et il se croit le droit de diriger, dans le monde, la course des idées. Partout à l'avant-garde de la civilisation, il veut dominer par son influence morale.

Nous ne sommes pas un peuple vaincu et nous prétendons établir toute autre chose qu'une comparaison; mais rappelons qu'autrefois, la Grèce, soumise, s'assimila Rome victorieuse et que les Grecs, désarmés, furent, par la culture de leur esprit et la perfection de leurs manières, les véritables maîtres de la capitale du monde. Il en fut ainsi de tout temps : l'esprit domina toujours la matière et les rois de la pensée furent les maîtres des hommes.

Quand, au ve siècle, le paganisme luttait encore contre la religion naissante du Christ, la Gaule donna le signal d'une adhésion franche à la morale et au dogme nouveaux, et l'Europe barbare, étonnée un moment, suivit insensiblement cet exemple. Lorsque les Croisades se précipitèrent, comme une trombe, vers les lieux qu'avait sanctifiés la présence du Sauveur, le mouvement prit naissance sur le sol français et partit de là pour se répandre en tous lieux.

Plus tard, les esprits s'égarèrent sans cependant oublier la tâche séculaire à laquelle notre vie nationale s'était consacrée, et l'aptitude providentielle octroyée à notre caractère, après avoir été employée pour le bien, servit au mal avec la même puissance. Ne notons-nous pas dans les excès de la Révolution française un prosélytisme ardent dont le but est de répandre partout les idées germées sur notre sol? La République d'alors, s'avançant armée au delà de ses frontières, proclame la naissance de républiques nouvelles, partout où la valeur de ses soldats l'a faite triomphante et parce qu'elle a érigé, comme un dogme, la déclaration des Droits de l'Homme et du Citoyen, elle tend à faire de cette déclaration le code unique de l'humanité.

Cette propension irrésistible, jetée un instant hors de sa voie, a été et doit être l'instrument du plus grand bien. C'est elle qui fait, ainsi que nous le verrons, de nos colonies, de petites et nouvelles France.

Allez à Alger; vous ne croirez pas avoir passé la mer et il vous semblera que vous êtes encore dans une de nos grandes villes de la Métropole. Devant vous, les larges avenues, les boulevards, les boutiques vous donneront l'illusion de nos avenues, de nos boulevards, de nos boutiques sises sur la terre de France. Vous coudoierez des hommes de toutes nations ; mais n'en est-il pas de même à Marseille et à Bordeaux ? Vous entendrez parler toutes les langues ; c'est ce qu'on entend aussi en notre pays. Le cosmopolitisme de là-bas n'est pas plus notable que celui de certaine grande cité qui fut toujours française. Les costumes, les mœurs sont identiques : seuls, le ciel et la nature ne sont pas les mêmes.

Dans l'océan Indien, Madagascar, nouvellement acquise, se façonne sur le modèle de la mère-patrie avec une rapidité qui fait prévoir dans cette île une transformation totale dans un avenir prochain, et Tananarive, nous dit-on, prend, à vue d'œil, le ton, les couleurs et les allures d'une ville française.

Un Français, récemment de retour de la Martinique, vient de dépeindre un restaurant de Saint-Pierre, où il a déjeuné. Rien, d'après son récit, ne ressemble mieux à un restaurant de France. Petites tables de marbre longeant les murs peints et lustres pendant au plafond orné de dessins ; chaises cannées, avancées aux côtés des tables, porcelaine et cristaux de France, menu presque français. Nous sommes loin de l'hospitalité rudimentaire offerte par les indigènes de l'Afrique à nos explorateurs et des mets grossiers aux assaisonnements invraisemblables que présentaient les Indiens à ceux qu'ils voulaient honorer. Rien ne manque ici, pas même, derrière le comptoir, la caissière, à laquelle un garçon d'hôtel vient faire contrôler l'addition. Il faut dire, cependant, que la caissière est une femme mulâtre et que le garçon est un nègre du plus beau noir. A cela près, on se croirait à Paris.

La population de l'île est, en ce moment, de cent soixante-dix mille âmes, en y comptant les troupes. Ce chiffre comprend les individus de toutes couleurs et de toutes races.

« Les recensements de nos Antilles, dit M. Elisée Reclus, ne distinguent plus que deux sortes de personnes : d'une part, les citoyens français, soit blancs, soit nègres, soit mulâtres ; d'autre part, les travailleurs engagés, soit Hindous, soit Africains, soit Chinois. Ils ne nous donnent pas le nombre des blancs (qu'on ne sait que par à peu près), ni celui des noirs, ni celui des mulâtres ; encore moins entrent-ils dans la spécialisation de ces derniers qui sont ou mulâtres, ou quarterons ou câpres.

» ..... Ces variétés, en se mêlant diversement entre elles, donnent, à l'infini, des dégradations, des nuances se rapprochant tantôt plus, tantôt moins de l'un des trois éléments primordiaux : l'européen, le noir, l'indien. Celui-ci, ayant été presque entièrement anéanti, en sa nation des Caraïbes, dès l'origine de la colonisation, compte pour très peu dans ces métissages ; tandis que, sur le continent voisin, dans l'Amérique du Sud, c'est l'élément prépondérant des nations, sauf en certaines parties du Brésil, du Chili, de la République argentine.

» Nègres ou mulâtres, les 140,000 « bruns et surbruns » de la Martinique ne semblent pas doués d'une grande vitalité. Gais, bien plantés, vigoureux, gaillards, ils le sont, mais leurs décès équilibrent presque leurs naissances et c'est à peine s'ils croissent en nombre.

» Les 20,000 travailleurs, engagés par les planteurs pour les travaux auxquels les noirs refusent maintenant de s'associer, ont été introduits à partir de 1853. On les divise en trois classes :

» Les engagés fournis par l'Inde, au nombre de 13 à 14,000 pour l'instant.

» Ceux qu'a prêtés l'Afrique, au nombre de 6,000, qu'elle a donnés plutôt, car les Africains se fondent sans résistance dans la masse noire et peu s'en retournent au pays natal, quand expire leur contrat d'engagement; tandis que beaucoup des Indiens repartent pour leur Bengale, leur Coromandel et leur Malabar.

» Les Chinois, qui ne vont pas même à 500. »

Si, maintenant, nous distinguons dans cette société les classes dirigeantes et les classes laborieuses, à ces derniers appartiennent les étrangers engagés par contrat, ainsi qu'une partie de la population noire ou brune. Les autres, nègres ou mulâtres, ainsi que les dix mille hommes de race blanche, sont à la tête du commerce et de l'industrie ou assument la charge de l'administration de l'île.

Pour un aperçu complet, il ne faut pas, en effet, négliger l'élément fonctionnaire qui représente, auprès des Martiniquais, le gouvernement de la mère-patrie. La France a pour habitude de donner à cet élément une importance considérable et si ce n'est pas une critique formelle que nous laissons couler de notre plume, ce n'est guère moins.

Fort-de-France, autrefois Fort-Royal, bâti en 1672, est devenu la capitale de la Martinique; c'est une ville de quinze mille âmes environ où le gouvernement français a centralisé les services publics, tandis que le commerce s'est, de préférence, reporté vers Saint-Pierre.

Groupée autour d'une rade très large, elle commande, au Nord, l'entrée d'un immense bassin qui creuse profondément le flanc de l'île et pourrait contenir des flottes nombreuses. Le souci de l'assimilation, qui est une grande préoccupation française, a voulu qu'elle eût sa cour d'appel, son tribunal de première instance, ses tribunaux de paix et de police. De là, un peu de mouvement dans une ville qui n'en aurait guère, mise, comme elle est, en dehors des principales transactions avec la Métropole. Ne nous représentons pas, cependant, Fort-de-France, comme une ville morte. Si la vie y est moins active, moins intense qu'à Saint-Pierre, c'est pourtant de là que rayonne, comme du centre, toute l'influence de la mère-patrie. C'est là que séjournent ordinairement le gouverneur de l'île, les employés, grands et petits, préposés à l'administration, les commandants militaires, les officiers et les troupes. Cela forme toute une cité, une société quelque peu fermée et qui parfois s'entr'ouvre pour de hautes personnalités appartenant au monde de la politique ou des affaires.

Fort-de-France, qui abrite une population à l'aise, est cependant moins riche que Saint-Pierre et cela se trahit dans son aspect. A l'exception des hôtels ou maisons qu'habitent les représentants de l'autorité civile ou militaire, les constructions presque uniformes dont se compose la ville n'annoncent pas la recherche du confort et la présence de fortunes considérables.

L'évêché de la Martinique a son siège à Saint-Pierre. Là, aussi, se trouvent un tribunal de première instance et des justices de paix. Là, comme à Fort-de-France, se tiennent les sessions des cours d'assises.

Dans l'île, sur divers points, des bourgs et des villages ont été bâtis : ils sont plus ou moins considérables suivant les besoins des habitants et la situation plus ou moins proche des exploitations agricoles. Ces bourgs sont nombreux et ils forment des communes : leur population appartient à la classe des travailleurs ou des nègres, petits propriétaires, qui vivent indolemment de rien ou de peu de chose.

Un service de paquebots réguliers relie la Martinique à Saint-Nazaire. L'importance des importations se chiffre par une moyenne de 528 navires entrant à la Martinique et jaugeant 95,000 tonnes environ. Les produits de l'île sont exportés, chaque année, par 525 navires, jaugeant environ 94,000 tonnes.

Enfin, dernière indication de cette nomenclature aride : c'est aux abords des villes et à l'approche des villages que se trouvent les usines, moulins à vapeur, fabriques d'indigos, sucreries, caféeries, poteries, où se façonnent, se macèrent et se préparent les matières premières, qu'a cueillies et assemblées la main des travailleurs.

Ces usines sont nombreuses et elles attestent une activité et une vie industrielle considérables. Les progrès introduits dans le machinisme par la science ont été transportés par delà l'Océan, jusqu'ici; certaines installations sont le dernier cri du progrès industriel. On trouve dans ces établissements, avec l'utilisation des forces naturelles, l'énergie puissante de la vapeur et les combinaisons savantes d'ingénieurs qui, certainement, étaient français.

Autour de ces sanctuaires du travail, c'est le mouvement incessant d'une ruche humaine; des hommes vont, d'autres viennent, les épaules nues et courbées sous de lourds fardeaux, les campagnes fécondées livrent leurs fruits et leurs richesses, et le tout s'entasse dans les usines, d'où tous ces produits des champs martiniquais ne sortiront que transformés et prêts à être livrés au commerce extérieur.

Bientôt, quand les hautes cheminées de briques auront envoyé vers le ciel des nuages de noire fumée, des radeaux, dont les éléments ont été pris dans la forêt voisine, seront ballottés, à proximité, sur une eau tranquille; la rivière calme qui les porte est, à quelques kilomètres plus haut, un torrent furieux qui mugit le long des flancs crevassés de la montagne; maintenant, après une dernière chute qui l'a apaisée, elle va rouler lentement ses eaux au milieu des terres basses qui descendent jusqu'à la mer. Avec elle, descendront paisiblement les radeaux que chargent des barils, des fûts, de longues et lourdes caisses. Ce n'est, du reste, que le commencement du voyage, car, bientôt, un navire, qui se tient à l'ancre dans la baie de Saint-Pierre, aura complété sa cargaison, toute de barils, de fûts, de longues et lourdes caisses et il voguera alors vers Saint-Nazaire ou Bordeaux.

Telle est, au dedans et au dehors, la vie des usines à la Martinique, vie enfiévrée et sans repos. Ce n'est cependant qu'une vie seconde, car la première a pour champ d'action les pentes et les plaines, où les plantations diverses ont été fixées.

Du pied des montagnes à la mer, les noirs ont défriché de vastes espaces dont le niveau est sensiblement uni et les ont débarrassés des arbustes, des lianes, des plantes folles qui s'y enchevêtraient dans un débordement de vie. C'est, pour le sol, la première préparation. Bientôt des fossés et des routes partagent ces espaces en carrés d'un hectare de superficie; on dirait les cases d'un immense échiquier. La terre est légère, jeune, sans fatigue et sans épuisement; ses productions antérieures n'ont été qu'un jeu pour elle; on sent qu'elle est prête à tirer de son sein tel rendement qu'on lui demandera. Très fortement nourrie par l'humus, elle n'a souvent pas besoin d'autre engrais : il reste à l'ouvrir profondément pour l'aérer et à la soulever par la charrue, pour permettre aux rayons du soleil de la pénétrer plus intimement. L'éternelle humidité qu'elle enferme s'échauffe alors aux feux qui tombent du ciel et le berceau est prêt, attendant qu'un germe y vienne grandir.

Des travailleurs, aux épaules nues, au torse ruisselant, ont secoué cette terre tout le jour, pendant de nombreux jours. Ces hommes de bronze, par la couleur et par la rigidité, se sont courbés longtemps sur les champs dont les chaudes émanations leur desséchaient la gorge. Maintenant, ils tracent profondément des sillons parallèles, à un mètre de distance l'un de l'autre, et ils y déposent des boutures qui sont les nœuds supérieurs des cannes à sucre récoltées précédemment. Puis on recouvre.

Le rejeton ne restera pas longtemps enseveli dans une terre où tous les ferments se sont donné rendez-vous et où tous les germes se gonflent avec une merveilleuse rapidité. Il fera bientôt son apparition à fleur du sol et grandira avec une étonnante vigueur. Entre temps, il faudra biner les intervalles laissés entre chaque plante pour que la chaleur et les vapeurs humides s'infiltrent plus facilement jusqu'aux racines. Si le ciel est d'airain, il faudra arroser abondamment; si les nuages fondent en déluges, il faudra détourner, vers les fossés, l'excès des eaux. C'est un travail continuel, une œuvre de fécondation et de préservation. Dans une zone où les inconstances de la nature sans équilibre multiplient les incidents, la vigilance est le devoir de tous les instants et, si les forces naturelles y sont exceptionnellement actives, l'homme doit souvent réprimer l'exubérance de ces forces mal dirigées.

La plante grandit et s'élève; ce qui la caractérise, c'est une tige droite, d'où lui vient son nom de canne et qui, suivant la plus ou moins grande fécondité du sol, atteindra à une hauteur de trois à dix mètres. Sur toute sa longueur, elle est divisée en tronçons de dix centimètres environ, par des nœuds que des feuilles longues enveloppent de leur gaîne. En haut, elle se couronne de fleurs en panicule blanc et soyeux. C'est une plante élégante, vivace et élancée, elle se rattache à la famille des graminées et au genre *saccharum*.

Les Espagnols trouvèrent la canne à sucre dans le sud de l'Afrique, d'où elle est originaire et, les premiers, ils l'importèrent aux Antilles où elle réussit admirablement bien. Longtemps, c'est d'elle seule que l'on tira le sucre nécessaire aux besoins de notre vie européenne ; en notre siècle, elle est détrônée par la betterave, plus robuste, moins délicate et qui ne nécessite pas un sol aussi favorisé. Si la canne donne quelques bons résultats dans les zones tempérées, c'est surtout sous la zone torride que son rendement est excellent. On ne consomme plus guère en Europe de sucre de canne.

Arrivées à maturité, après douze ou quinze mois, les tiges sont coupées en biseau, à trois ou quatre pieds de terre. On les divise en tronçons d'un mètre environ et on les porte au moulin à vapeur, où de lourds cylindres de fonte les presseront, les tritureront et en extrairont le suc. Les tiges de la canne sont intérieurement formées de cellules gorgées de sucre et ces cellules comprimées expriment leur contenu.

A l'usine, le sucre nommé *vesou* est débarrassé des matières ligneuses que la pression a broyées et réduites en miettes. On le chauffe alors à 60°, avec un peu de chaux; l'écume monte à la surface et l'on prolonge cette opération jusqu'à ce que le liquide clarifié marque 25° à l'aréomètre. Le filtrage dans une étoffe de laine, le repos dans des chaudières, puis dans des rafraîchissoirs et enfin dans des caisses percées de trous, d'abord bouchés, puis ouverts, purifient le sucre des matières étrangères qui lui étaient jointes et de la mélasse. On l'agite; il se cristallise en petits cristaux, premièrement imprégnés de sirop, puis desséchés et on le livre au commerce et aux raffineurs sous le nom de cassonade ou de sucre brut.

Nous n'avons écrit cet exposé étendu que pour donner une idée précise de ce qu'est la vie du travail à la Martinique et, ce faisant, nous n'avons encore entrevu que l'une des sources d'activité qui agitent la population de notre colonie.

Lorsque les cannes à sucre ont été attaquées et ne se présentent pas à l'état sain, où leur rendement donne de meilleurs résultats, on les emploie à la fabrication du rhum. Or les ennemis de la canne sont nombreux. Ce sont les termites ou fourmis blanches, les chenilles, les larves et surtout les rats. Contre ces derniers, il est vrai que les Martiniquais ont un auxiliaire redoutable, un serpent à la piqûre mortelle, le trigonocéphale, ou bothrop lancéole, ou vipère fer de lance. Chaque année, les victimes humaines de ce terrible reptile sont nombreuses et rien ne serait plus facile que de s'en défaire; il suffirait, pour cela, d'acclimater à la Martinique le secrétaire ou serpentaire, grand oiseau du Cap de Bonne-Espérance, qui attaque avec fureur et dévore avec délices les serpents les plus gonflés de poison. Mais on y a peu pensé. Qu'est-ce que cent vies d'hommes par an, quand le trigonocéphale fait une chasse acharnée aux rats dont il est très friand? On se contente de redouter la morsure du reptile, le jour, quand on traverse les plantations, le soir, quand on passe dans les galeries qui entourent les maisons et où pénètre le dangereux serpent, la nuit enfin, dans la chambre à coucher, où il se glisse parfois.

En raison de ses services, on a tenté de l'introduire dans quelques îles des Antilles qui ne le possédaient pas et où il n'a pu vivre. Rien n'explique mieux que ces détails le caractère étrange de l'existence aux colonies, et rien ne révèle davantage l'incompréhensible dédain de la vie que fait naître la langueur du climat martiniquais. S'il est un fatalisme intellectuel, né des vagues raisonnements d'une philosophie nuageuse, il est un autre fatalisme que produit et alimente la torpeur des sens et c'est ce dernier que beaucoup professent aux Antilles.

Nous n'avons rien dit de la culture du caféier et nous sentons qu'il nous faut être bref, car l'ennui naquit un jour de l'uniformité. La récolte et la préparation du café sont une des grandes richesses et une des grandes occupations des colons Martiniquais.

Le caféier, cet arbuste de cinq mètres de haut, aux rameaux arrondis, aux feuilles opposées, pédonculées, membraneuses, presque coriaces, demande des soins presque semblables à ceux que nous avons notés, quand il nous a fallu parler de la canne à sucre.

Originaire d'Arabie et de ces contrées chaudes que gouverne le Négus, il veut une température relativement élevée, de 10 à 35°. Ailleurs, on le cultive sur le flanc des montagnes et sur les pentes; à la Martinique, c'est dans les terrains bas qu'on le rencontre. L'impression produite est toute particulière à la vue d'une plantation de caféiers. Les arbustes sont plantés à trois ou quatre mètres l'un de l'autre; lorsque, âgés de trois ou quatre ans, ils sont en plein rapport, on les voit couronnés d'innombrables cerises ou drupes, dont la nuance varie entre le vert de tous tons et le brun clair. Dans les intervalles de chaque plant, croissent des bananiers superbes dont les larges feuilles protègent l'arbuste délicat contre les soleils trop vifs.

La genèse et la croissance du caféier ont donné lieu à des travaux nombreux. Les semis en pépinière ont été faits à l'équinoxe d'automne ou de printemps, puis, grâce à des arrosages fréquents, la graine a levé après un mois. Quand dix mois se sont écoulés, le plant a été repiqué et on l'a confié à une terre profonde, fraîche, saine, meuble et riche en humus.

Puis on l'a sarclé trois ou quatre fois et on l'a taillé. Ainsi préparé, il commencera, la quatrième année, à donner des fruits nombreux; l'âge de sa grande prospérité datera de là, pour durer de douze à quinze ans

9 Naples et le Vésuve.

et quand il atteindra, suivant les circonstances, sa trentième ou sa quarantième année, on le sciera à trois pieds du sol, pour lui permettre de pousser des rejetons.

Le temps de la récolte des cerises est le signal d'universels empressements : une fourmilière humaine agite du noir parmi le vert; les arbres sont dépouillés; on emporte dans de grandes bannes les cerises précieuses, jusqu'aux abris où elles seront transformées par des éliminations savantes. La pulpe du fruit est rejetée; elle est, du reste, de saveur fade. Mais elle enferme deux noyaux convexes extérieurement et de face plate à l'intérieur. La graine qu'ils enveloppent affecte la même forme. Pour la dessécher, on la dispose sur des claies inclinées en pente douce. D'autres procédés consistent à la faire fermenter dans un bain d'eau tiède. Alors, elle se dépouille du tégument mince et vert qui la recouvre et elle paraît blanche et nacrée.

A la Martinique, un hectare donne de 250 à 500 kilogrammes de graines de café et les frais d'exploitation s'élèvent environ à 350 francs. Le café de la Martinique a toujours joui d'une réputation méritée.

Nous pourrions encore parler de la culture du cacaotier, de l'igname, du manioc, de la banane, de la patate et nous consacrerions quelques lignes à la fabrication de l'indigo. Puis nous pourrions conduire nos lecteurs à travers les forêts amoindries qui couvrent les hauteurs et, constatant les ravages faits par la main de l'homme, y trouver l'indice d'industries nombreuses localisées dans les usines et les ateliers de la plaine.

Mais une vieille sentence latine nous revient à la mémoire : *Ne quid nimis*. Le législateur français du Parnasse a écrit à son tour :

Tout ce qu'on dit de trop est fade et rebutant.

Or nous croyons en avoir assez dit pour reproduire la physionomie exacte et suffisamment caractérisée de notre colonie de la Martinique.

CHAPITRE VI

LA MONTAGNE PELÉE

Hâtons-nous de dire qu'elle ment à son nom avec effronterie. Les souvenirs les plus reculés la présentent comme très chevelue, plus même qu'elle l'est maintenant et ce n'est qu'à sa cime que la végétation cesse, pour laisser paraître les rocs hérissés de pointes et les pentes chauves couvertes d'aspérités auxquelles elle doit son aspect lugubre.

A partir de la plaine, la forêt martiniquaise gravit les flancs de la montagne et l'entoure d'une ceinture verdoyante. Nous ne la décrirons pas, ce serait une redite. Remarquons seulement la vigueur avec laquelle des troncs élevés s'élèvent du fouillis des plantes plus humbles, pour respirer l'air d'en haut.

A mille mètres, la physionomie de la montagne se modifie brusquement et les grands arbres cèdent la place à des arbustes. Ceux-ci sont encore abondamment nourris et témoignent par leur expansion d'une vitalité intense. Peu à peu cependant, des dégradations se produisent, le niveau s'abaisse, les tons chauds du feuillage sont remplacés par des apparences fanées et languissantes; on soupçonne déjà, à la racine de ces plantes anémiées, un ver rongeur qui en épuise la sève et la dessèche. Les grandes herbes de la haute savane croissent encore, avec le même désordre et le même enchevêtrement, mais elles-mêmes vont se courber alanguies par la chaleur interne qui les brûle au pied et, tout à l'heure, en désespoir de cause, elles cesseront de tapisser le piédestal des grands rocs.

Le Mont Pelé s'élève à 1.550 mètres et son front sourcilleux paraît râpé et abrupt, tronqué de façon sinistre et se terminant par une dentelure inégale, derrière laquelle on devine des dépressions profondes. Ces dentelures ne sont pas toujours visibles et elles disparaissent ordinairement sous un voile épais de vapeurs, de brumes, de nuées, de pluies et d'ouragans ; jamais de neige.

Rien n'est naturel dans la physionomie maussade que le mont offre aux regards des touristes. Tandis qu'à cette altitude, les montagnes d'allures franches semblent poser sous les rayons d'un gai soleil, le Mont Pelé se dissimule à l'observation lointaine et ne consent à se révéler quelque peu que lorsque des souffles violents écartent brusquement le rideau dont il s'enveloppe.

Bien que certains aient représenté le spectacle des montagnes comme écrasant pour notre petitesse, à l'encontre de leur opinion, rien ne nous semble dilater la pensée et le cœur comme la vue des sommets ou blanchis par les neiges ou grisonnants sous un manteau de granit. Les masses ou la hauteur provoquent l'admiration ou même un étonnement stupéfait, elles ne font pas naître le sentiment déprimé d'une irrésistible tristesse. Quelque chose d'instinctif avertit chacun de nous et son impression est toute différente, suivant qu'il se trouve en face d'un géant inoffensif ou d'un monstre menaçant.

Des visiteurs, poussés par un zèle louable, ont, à diverses époques, gravi les pentes de la montagne, dans le dessein de reconnaître le cratère formé dans ses flancs. C'était aux temps où le Mont Pelé donnait toutes les marques d'un calme profond et semblait pour longtemps endormi. Leurs remarques étaient passées inaperçues, parce qu'elles ne disaient rien d'anormal et il y avait tant d'autres volcans dont les formes et les modifications offraient un aliment plus curieux aux recherches scientifiques.

Des bords frangés qui terminent en haut le cône formé par le mont, une vaste cuvette descend, en forme d'entonnoir, jusqu'à une plate-forme étroite couverte de matières ignées, colorées de façons diverses et des eaux dorment dans les concavités, formant un lac. Çà et là des vapeurs blanches jaillissent de fissures étroites presque imperceptibles ; ce sont elles qui composent au-dessus de la montagne les nuages lourds dont elle est constamment chargée.

Cette scène de caractère fantastique, déroulée devant les yeux d'hommes audacieux, nous rappelle les récits attachants auxquels nous nous sommes attardés autrefois.

Il est, dans l'île Havaï, une montagne imposante nommée Maunaloa. Dans la nomenclature des cimes les plus élevées, elle prendrait place à côté du Mont Blanc et constitue à elle seul tout le système orographique de l'île. Charles Wilkes, qui commandait une expédition scientifique, organisée par le gouvernement de Washington, entreprit, en 1840, d'étudier ce volcan dont les éruptions étaient devenues célèbres et il se proposa de pénétrer, aussi près que possible, des terribles bouches par lesquelles le monstre vomissait d'énormes quantités de lave. Dans ce but, il ne s'agissait pas simplement d'une promenade au pied de la montagne, mais d'une véritable expédition, demandant plusieurs jours et un séjour prolongé au lieu choisi pour servir d'observatoire. Le capitaine Wilkes s'assura donc des guides, des provisions de bouche, des instruments les plus aptes à favoriser une ascension et à rendre une descente moins périlleuse : cordes, échelles, bâtons ferrés et pointus, il pensa à tout. Deux cents hommes l'accompagnaient et presque tous, recrutés dans le pays, avaient la connaissance des plus petits sentiers. Surtout, Wilkes avait avec lui le docteur Jude, compagnon ordinaire de ses travaux et de ses recherches.

Les premiers jours de marche ne furent remarquables par aucun incident; la nombreuse troupe s'avançait comme une immense caravane et elle arriva sans trop de fatigue au pied du volcan.

« Jusqu'à ce moment, écrit M. Wilkes, je ne m'étais pas fait une idée exacte de la grandeur du Maunoloa et de son élévation. Le dôme entier paraissait d'une couleur bronzée; son profil nettement arrêté se détachait vivement sur l'azur foncé d'un ciel tropical.

» Des masses de nuages, flottant autour de lui, projetaient leur ombre sur ses flancs unis et lui donnaient les aspects les plus variés. Une brume bleuâtre, qui voilait légèrement toute la plaine, lui imprimait une profondeur apparente, contre laquelle luttait cependant la netteté avec laquelle on voyait le dôme. Pour la première fois, je compris l'immensité de la tâche que j'avais entreprise. »

Pendant qu'il contemplait la montagne dans son ensemble, un premier cratère latéral, celui de Kilauéa, était devant lui. A une hauteur de 1.200 mètres au-dessus du niveau de la mer, c'était un gouffre profond et noir et rien qu'un gouffre, dont le silence était mystérieux, car rien n'en sortait, ni feu, ni pierres brûlantes, ni torrents embrasés.

« Au fond du gouffre, écrit le capitaine, il y avait un endroit d'un rouge vif, d'où s'échappait une vapeur qui se condensait plus haut, en un nuage brillant et argenté. Ce nuage était cependant le plus beau que j'eusse encore contemplé et sa vue seule aurait compensé la peine que nous avions prise de venir aussi loin.

» Les explorateurs ne s'en tinrent pas à cette observation superficielle et, malgré les vapeurs brûlantes qui s'échappaient des crevasses, ils pénétrèrent dans le gouffre. Rien jusqu'alors n'avait pu en faire soupçonner l'étendue, ni le vide creusé au flanc de la montagne, et c'était toute une vallée souterraine que le capitaine avait devant lui. Un véritable océan de lave en ébullition émettait des lueurs brillantes qui illuminaient l'étendue. Le spectacle était féerique.

» Nous restâmes longtemps assis en silence sur le bord septentrional. L'un d'entre nous nous proposa enfin de tâcher d'atteindre le bord le plus voisin du lac. Nous nous mîmes sous la direction de M. Drayton et le suivîmes le long du bord occidental; mais, bien qu'il eut déjà examiné le terrain, la veille, il perdit sa route et, après avoir fait deux ou trois milles, nous nous retrouvâmes sur le bord supérieur. Nous résolûmes alors de descendre par le premier endroit qui nous paraîtrait convenable et nous finîmes par trouver un sentier escarpé. Nous fîmes plus d'une chute et reçûmes plus d'une meurtrissure dans l'obscurité, mais nous étions trop près du but que nous voulions atteindre pour revenir sur nos pas, sans avoir complètement satisfait notre curiosité. Nous atteignîmes enfin la saillie tant désirée et, nous approchant du bord, nous nous trouvâmes directement au-dessus du lac de feu, à une hauteur d'environ 500 pieds. La lumière y était si vive que je pouvais lire les plus fins caractères d'imprimerie. Ce lac, de forme ovale, a 1.500 pieds de long, sur 1.000 de large.

» Je fus frappé du silence qui régnait autour de nous. Le seul bruit que l'on entendît était un sourd murmure, semblable à celui que produit en bouillant un liquide épais. L'ébullition était plus violente du côté du nord, comme dans un vase dont un seul côté est soumis à l'action de la chaleur. Les vapeurs qui s'en échappaient constamment étaient assez légères pour ne pas gêner la vue; elles ne devenaient visibles que dans le nuage brillant qui planait au-dessus de nous et semblait s'abaisser et s'élever alternativement. Nous apercevions parfois des pierres ou des masses de matières rougies qui, lancées à une hauteur d'environ 70 pieds, retombaient ensuite dans le lac.

» Il semblait que le lac montait et n'avait plus que quelques pieds à franchir, pour dépasser ses rives. Lorsque je me mis à réfléchir sur la position dans laquelle nous nous trouvions, sur l'abîme de feu que nous dominions, sur les hautes montagnes de basalte qui nous environnaient de toutes parts, sur ces vapeurs sulfureuses et cette lumière éblouissante qui mettait fortement en relief ces masses énormes en fusion, j'eus peine à comprendre comment un réservoir de cette nature peut être ainsi limité et comment on peut sans danger le voir d'aussi près. Tout le monde gardait un profond silence; la physionomie de chacun de mes compagnons exprimait le même sentiment de terreur et d'admiration que j'éprouvais moi-même à un si haut degré, en présence d'une scène si bien faite pour l'exciter.

» Nul ne saurait, après un pareil spectacle, mettre en doute la théorie de la fluidité ignée du centre de la terre. Toutes les causes de combustion qui nous sont connues sont entièrement incapables de produire un effet semblable. Le lac bouillonnait comme une source, dont il ne différait que par la densité et la couleur du fluide.

» Il semble que les vagues de feu coulent vers le sud; cela provient de ce que l'ébullition étant plus forte du côté du nord, les flots qui s'y forment se dirigent du côté opposé.

» Vers minuit, nous retournâmes à nos tentes, très fatigués, mais l'émotion causée par une pareille scène nous empêcha de dormir. »

Après cette première étude du cratère de Kilauéa, le capitaine Wilkes raconte comment, après des difficultés presque insurmontables, il atteignit le faîte de la montagne et observa le cratère principal, le Makou-a-véo-véo. Là, de nouveau un spectacle d'une horreur grandiose lui était destiné. La coupe colossale qui couronne le Maunaloa s'emplissait tour à tour et se vidait de matières en fusion, desquelles jaillissaient des pierres et de la boue. Le ciel reflétait cette large masse étincelante et les jets lumineux émis par le volcan ressemblaient à des éclairs. Des bruissements sinistres, des grondements sourds accompagnaient l'ébullition de la lave et, quand celle-ci, débordant le large bassin qu'elle s'était creusée, rencontrait sur sa route des bouches ouvertes, communiquant avec les abîmes souterrains, des commotions violentes ébranlaient la montagne.

L'expédition revint au cratère de Kilauéa et nous laissons encore la parole à M. Wilkes.

« Je pensais que rien ne pouvait avoir un aspect comparable à celui que le grand lac brûlant présentait lors de ma première visite. Je fus cependant détrompé. Les plus brillants effets de la pyrotechnie auraient pâli devant le spectacle dont nous fûmes témoins. Ce que je puis dire de mieux, pour donner une idée de l'intensité de la lumière rayonnant de ce cratère, c'est qu'elle produisait des arcs-en-ciel dans les nuages qui passaient au-dessus de nous. Tout le fond du cratère, au nord du lac Judd, était couvert, sur un espace d'un mille et demi de longueur et d'un demi-mille de largeur, d'une lave fluide coulant comme des torrents d'eau, tantôt se séparant, tantôt se rejoignant, formant des rapides et des chutes sur toutes les saillies rocheuses. Ces torrents, d'un rouge cerise des plus éclatants, illuminaient tout le cratère. Le grand lac semblait grossir et s'animer plus loin; nous nous attendions à le voir à chaque instant déborder. Nous restâmes plusieurs heures à contempler les progrès des deux lacs; nous fûmes témoins de la formation successive de petits étangs de liquide incandescent; bientôt, ils se joignirent les uns les autres, débordèrent et lancèrent des torrents de lave dans les cavernes voisines. Nous ne pouvions nous arracher à ce spectacle; les événements du jour nous faisaient réfléchir à l'horrible situation d'un homme surpris au milieu de ces fleuves de feu.

» Le spectacle que nous avions devant les yeux était magnifique et valait la peine de faire un voyage autour du monde pour le voir. Le grand lac s'était abaissé de manière à disparaître à nos yeux, tandis que le petit débordait encore, ce qui prouve qu'il n'existe entre leurs feux aucune communication. J'étais heureux qu'il en fût ainsi, car cela devait me permettre de me rendre près du grand lac et de le mesurer exactement.

» Je partis de bonne heure avec une petite troupe dont faisait partie le lieutenant Budd. Nous cheminâmes par le sentier ordinaire et, après avoir atteint la saillie noire, nous en mesurâmes la largeur et relevâmes la hauteur de ses bords. Le lieutenant Budd descendit ensuite, avec une partie de nos hommes, au bas du cratère pour en mesurer la profondeur.

» Je me rendis, de suite, au grand banc de soufre, sur le côté oriental, en me guidant par les signaux que j'avais laissés la veille. Arrivés en face du lac Judd, nous nous approchâmes du bord de la saillie noire : l'air qui montait des profondeurs était presque brûlant. Toute la partie inférieure de l'espace était remplie de matières fluides qui paraissaient chauffées au rouge et coulaient encore vers le Nord. Mais la surface en était unie, comparativement à l'état dans lequel le docteur Judd l'avait trouvée la veille. Près de là, le rebord noir présentait plusieurs trous, d'environ deux cents pieds de diamètre et d'une grande profondeur. Au delà de ces trous, se voyaient d'innombrables crevasses, qui augmentaient à mesure que nous avancions vers l'extrémité sud, où je me hâtai de me rendre, afin de terminer cette portion de travail, avant que nos forces fussent épuisées. En passant au-dessus de ces crevasses, il nous fallut mettre la main sur la bouche pour éviter les bouffées de vapeur sulfureuse qui devenait de plus en plus suffocante.....

» Notre troupe semblait complètement perdue dans ce gouffre immense. Il faut quelque temps à l'œil pour embrasser toute la scène et s'y habituer un peu. Je ne fus donc plus étonné des différences que l'on trouve entre les diverses descriptions de ce volcan. Cette différence et le manque absolu de dessins exacts pris par les explorateurs qui m'avaient précédé, me mirent dans l'impossibilité de me rendre compte des changements qu'a dû subir ce cratère...

» Pour montrer combien il est difficile de se rappeler l'état du cratère et la position de ses diverses parties, je dois dire que l'un de mes compagnons soutenait que le cône, situé du côté septentrional de la saillie noire, s'était formé depuis notre dernière visite, bien qu'alors, comme lors de notre dernière exploration, ce cône fût l'un des objets les plus apparents du cratère. Nous ne pouvions lui persuader qu'il l'avait vu dans son premier voyage; il ne fut convaincu que lorsqu'il vit le dessin que j'avais pris à la chambre claire et dans lequel ce cône était très visible à l'arrière plan. »

Il est extrêmement rare que l'on puisse observer de près et, pour ainsi dire, sur la lèvre même d'une éruption, les phénomènes qui se succèdent dans le cratère et dans les entrailles d'un volcan en activité ; en existe-t-il beaucoup d'exemples, en dehors de celui que nous avons puisé dans les notes de M. Wilkes? nous ne le croyons pas. La soudaineté de beaucoup d'éruptions et les bouleversements terribles qu'elles entraînent avec elles interdisent aux humains de les contempler autrement qu'à distance et ce serait folie de braver le monstre jusque chez lui quand il entre dans ses accès de fureur. C'est ce qui rend si précieux le compte rendu donné par le capitaine américain et l'exposé de ses observations scientifiques au Maunaloa.

Nous avons noté par quelques traits la physionomie ordinaire du cratère creusé au sommet de la montagne Pelée. Rien n'eût pu nous faire soupçonner les phénomènes intérieurs qui accompagnèrent vraisemblablement l'éruption de 1902, si nous n'avions eu devant nous la description, prise sur le vif, d'un cratère secoué, se prêtant à une observation calme et posée pendant le développement de la crise.

C'est déjà l'histoire de la catastrophe que nous avons écrite, mais une histoire plus intime, quoique moins sûre. Les phénomènes volcaniques très variés, très différents les uns des autres, prennent place, cependant, dans des classifications toujours les mêmes et, s'ils se produisent avec des intensités très variables et dans des proportions étagées sur une échelle infiniment graduée, ils n'en ont pas moins des traits communs qui se retrouvent partout.

Nous assisterons donc par la pensée au spectacle terrifiant qui eut pour théâtre le sein du volcan et, tandis que les nuages lourds, chargés de gaz asphyxiants, se répandront au dehors, tandis que la pluie de cendres brûlantes et de rocs calcinés ensevelira une ville entière sous les décombres, nous verrons au cœur même du cratère s'ouvrir les bouches béantes et instables, desquelles sortira la mort. Nous contemplerons le flot brûlant qui bouillonne et éclate en milliers d'étincelles, traçant dans le ciel son image en traits de feu.

Quelle est aujourd'hui la disposition du cratère dans la montagne Pelée ? Nous ne pouvons le dire, car chaque éruption produit des transformations considérables qui, parfois, modifient du tout au tout la configuration d'une montagne. Le Vésuve a changé de formes et les rapports des commissions scientifiques, envoyées pour l'étudier, ont noté, dans son cratère, tantôt sept ouvertures principales et tantôt trois. L'Etna, aussi, a paru se jouer des observations dont il était l'objet et il s'est plusieurs fois dénaturé lui-même, tandis que les savants complétaient, en les défigurant, les données qu'ils avaient précédemment livrées à la curiosité publique. Le travail incessant qui se produit au sein de la terre se trahit ordinairement en ces lieux par d'insensibles changements, mais quand ce travail procède par secousses, les ébranlements sont plus absolus et leurs conséquences plus notables. La montagne Pelée a, depuis deux mois, revêtu des formes qu'elle n'avait pas jusqu'alors et le bouleversement qui se révèle au dehors se manifeste certainement au dedans.

En considérant les choses au point de vue du désastre qui a mis la France en deuil, la ville de Saint-Pierre était naturellement exposée aux menaces de tout cataclysme occasionné par le réveil du volcan. Douze kilomètres la séparent de la montagne et elle est si bien le centre du cirque de hauteurs qui s'étagent autour d'elle, qne toutes les petites rivières dont la source est sur le flanc de la chaîne viennent aboutir et converger sur ce point. Les pentes s'inclinent graduellement dans une même direction et si des fleuves de cendres et de boue coulaient sur cette région, leur cause les portait naturellement vers la ville.

Du reste, la catastrophe. dont les tristes récits sont en ce momen- dans toutes les mémoires, n'est pas la première qui ait désolé la Martit nique. D'autres antérieures ont produit des effets moins désastreux, mais n'en ont pas moins profondément secoué ce sol tourmenté. Le Morne-

Rouge, les pitons du Carbet sont montagnes de nature volcanique et, s'il ne faut pas leur attribuer la responsabilité de phénomènes terrifiants dont la course n'est pas en eux, ils ont été cependant le théâtre de commotions terribles que l'histoire n'a pas oubliées.

Depuis les premiers jours de sa colonisation, les cataclysmes de la nature n'ont cessé de s'abattre sur la Martinique. Tremblements de terre, raz de marée, ouragans d'une violence inouïe, la petite île ne se remettait d'un malheur que pour tomber dans les affres d'un nouveau.

En 1657, eut lieu le plus violent tremblement de terre qui ait épouvanté l'île depuis qu'elle est habitée. Les secousses se succédèrent, avec des interruptions, pendant deux heures. Les maisons furent horriblement ébranlées et toute la population, remplie de terreur, crut que la terre, où elle était agenouillée, implorant la clémence du ciel, allait s'engloutir sous elle. Les navires en éprouvèrent également les effets en mer. L'eau en bouillonnant se retirait subitement sous eux et ils retombaient en craquant.

Vers la fin de 1724, ce fut une inondation due aux pluies de l'hivernage en août, septembre et octobre; l'inondation recouvrit les campagnes de dix pieds d'eau et fit des dégâts incalculables.

Le 7 juillet 1747, à six heures un quart du matin, une terrible secousse de tremblement de terre vint, de nouveau, terrifier la population.

En 1753, en trois mois, on ne compte pas moins de trente-trois tremblements de terre; la même année, le 1er octobre, un coup de vent terrible jeta les bateaux à la côte et ravagea les campagnes déjà si éprouvées.

En 1756, le 1er novembre, se ressentit, à la Martinique, le contrecoup du fameux tremblement de terre de Lisbonne, quatre heures après l'événement; à la Trinité, la mer, à trois reprises, s'éleva à deux pieds au-dessus du niveau normal et se jeta à l'assaut du rivage. Le 12 septembre, un cyclone fait naufrager vingt-cinq bateaux et goëlettes, renverse des maisons, écrase des personnes. Le 26 du même mois, nouveau tremblement de terre.

La nuit du 13 au 14 août 1766 est une des plus terribles dont la colonie ait gardé le souvenir. Au milieu de l'obscurité la plus complète, un cataclysme épouvantable se déchaîna.

Il y eut 440 morts et 580 blessés ; 80 navires, grands et petits, se perdirent. Toutes les plantations furent détruites; on craignit pendant longtemps la famine.

En 1766, dans la nuit du 17 au 18 août, pour échapper au même sort, tous les bateaux et goëlettes mouillés à Saint-Pierre durent lever l'ancre et fuir vers la haute mer; le raz de marée endommagea toutes les propriétés riveraines. Le lendemain, éclatèrent deux secousses de tremblement de terre.

En 1776, en 1780, nouveaux tremblements de terre. Cette dernière année, le 10 octobre, à Saint-Pierre, un cyclone fit périr mille personnes, le raz de marée fit disparaître 150 habitations. L'histoire a conservé le souvenir de cette funeste journée sous le nom de Grand Ouragan. En mer, sur un convoi de cinquante navires français, six ou sept seulement échappèrent.

Nouveaux tremblements de terre en 1788, 1813, 1817, 1823 ; mais, c'est surtout de 1823 à 1828 qu'ils furent nombreux. Entre temps, le 26 août 1825, un cyclone ravageait la colonie. En 1838, tremblement de terre ; un second, le 11 janvier 1839, détruisit presque complètement Fort-Royal, aujourd'hui Fort-de-France. Ce tremblement de terre engloutit l'hôpital militaire et fit quatre cents victimes ; sur huit cents maisons, quatre cents furent jetées à terre.

Du 8 janvier au 1er juin 1843, l'île n'a ressenti pas moins de deux cents secousses, ayant toutes nécessité la fuite des habitants.

Et, comme si la petite île n'était pas assez éprouvée, son volcan principal se mit, au milieu du siècle dernier, à jouer un rôle dans toutes ces catastrophes successives.

Il y a dix ans à peine, le 18 août 1891, la Martinique était terriblement éprouvée par un cyclone. Les édifices de Fort-de-France furent détruits, des villages entiers dans l'intérieur de l'île furent balayés par le vent, plus de quarante bourgades, dit un témoin, furent effacées de la carte de la Martinique ; trente navires furent submergés ou jetés à la côte ; cinq cents personnes périrent.

D'autres petites Antilles ne sont pas en meilleure situation. A la Guadeloupe, le volcan de la Soufrière est toujours en ébullition et nous savons quelle part a été réservée à l'îlot de Saint-Vincent dans le désastre de 1902.

Silencieux depuis cinquante ans, le Mont Pelé ne laissait pas soupçonner qu'un terrible réveil pût soudainement révolutionner l'île ; sans doute, le cratère fumait toujours et révélait la présence de fissures mal fermées, mais la Guadeloupe était bien autrement émotionnée par les grondements souterrains qui, à des intervalles très rapprochés, se faisaient entendre dans les entrailles de la Soufrière. Cette montagne, aux rocs déchiquetés et convulsés, n'a jamais cessé d'être menaçante. A ses pieds est bâtie la Pointe-à-Pitre, une ville qui est au volcan guadelupien ce qu'est Saint-Pierre à la montagne Pelée. La Guadeloupe, mise à l'écart du cataclysme, a pu offrir des secours et un refuge aux malheureux affolés de la Martinique qui survivaient à la catastrophe.

Fort-de-France, à trente-cinq kilomètres de Saint-Pierre, dans le sud, est situé non loin du massif montagneux, dont le piton du Carbet forme le nœud. Jadis, éclipsée par Saint-Pierre, dont la population et l'importance commerciale avaient grandi au delà de toute mesure, cette ville est maintenant le centre le plus considérable de l'île.

Telle a été l'œuvre néfaste de la montagne Pelée. En nous attardant sur les ruines amoncelées, nous ne pouvons pas ne pas penser à l'inexorable destin des choses d'ici-bas et une mélancolie profonde se dégage d'elle-même de ces considérations. L'œuvre humaine grandit et semble défier les injures des temps. Les hommes savent que d'autres hommes leur succéderont et, éphémères dans leur existence, ils le sont moins dans leurs projets qui souvent dépassent les courtes limites de la vie. Quand des générations, s'étendant à travers les siècles, ont collaboré à une entreprise durable, que faut-il pour que tout soit renversé ? Un de ces mouvements insensibles qui se produisent au sein de la terre et qui ont mis des années à se produire. Cela, c'est l'ordre des choses et c'est en même temps le dessein de Dieu qui, heureusement, ne veut pas que les ruines soient éternelles.

CHAPITRE VII

SÉRIES DE VOLCANS

Il semble que certaines périodes dans l'histoire du globe terrestre soient plus spécialement destinées aux bouleversements et troubles cosmiques. Ceux-ci procèdent par séries et, s'ils sont plus graves sur certains points, y répandent une terreur plus profonde, leur menace s'étend au loin sur la surface de la terre, portant à d'énormes distances le contrecoup des secousses qui ont désolé un pays.

Après l'éruption de la montagne Pelée, les volcans des Andes ont donné des signes d'agitation; dans l'Amérique centrale, une recrudescence d'activité s'est fait remarquer dans les phénomènes dont les hauteurs volcaniques sont le théâtre; le Vésuve n'est plus paisible et si les nouvelles qui nous viennent du sud de l'Italie sont loin d'être alarmantes, cependant, on prévoit le renouvellement d'éruptions qui, depuis le siècle dernier, sont devenues très fréquentes. Enfin, des secousses de tremblements de terre se sont fait sentir sur plusieurs points du globe, dans l'Espagne en particulier et, si les ondulations terrestres n'ont pas produit de désastre, elles dénotent, cependant, un mouvement universel, dont la source est dans une activité plus grande des feux souterrains.

Il est tout naturel d'en inférer qu'un lien étroit réunit ces diverses manifestations et que, nous paraissant isolées, elles ont, cependant, les unes avec les autres, des communications dont les voies nous échappent. L'immense foyer qui brûle incessamment dans le centre de la terre est le noyau duquel rayonnent les conflagrations qui amincissent indéfiniment l'écorce terrestre. Cette écorce elle-même et les masses incalculables de matières qu'elle fournit à la combustion sont l'aliment de ce feu. Que ces matières soient plus ou moins aptes à raviver l'éternel incendie, qu'elles se prêtent plus ou moins à des dilatations incommensurables et nous comprenons qu'il y ait dans les manifestations volcaniques des périodes de repos et d'autres brusquement troublées. Rien ne mesure la longueur des époques où le monde respirera en paix et celle des temps où il halètera sous des menaces de mort, rien, si ce n'est l'ordre éternel fixé par Dieu et la succession mécanique des mouvements que nous dirions dirigés par la fatalité, si ce mot avait un sens.

Notre seule action est la passivité; tout se fait en dehors de nous et sans nous, et de même que, dans l'histoire de l'homme, une main toute puissante a toujours paru, dirigeant parfois les événements au sens opposé de celui que lui assignaient les prévisions humaines, quand des catastrophes terribles et surnaturelles ont éclaté dans la vie des peuples, leurs causes inexpliquées ont été justement attribuées à une volonté plus haute, troublant un instant l'ordre des lois naturelles; un mot désigne en notre langue ces manifestations extraordinaires de l'action divine : c'est le miracle. Cependant, si la science, à notre époque, approfondit un certain nombre de ces prodiges surnaturels, elle y trouve que le miracle s'est produit souvent au moyen d'instruments enfermés dans les forces de la nature et seulement déviés, pour un moment, de leur mode d'emploi ordinaire. Ainsi, nous lisions récemment, dans un recueil de questions scientifiques et controversées, l'explication très logique des dix plaies d'Egypte, jusqu'au point où elles sont explicables. Creuser le mystère jusqu'à l'endroit où il se dérobe est plus raisonnable que le nier.

Quand viendra le jour prédit de la fin de notre monde, Dieu, pour anéantir notre planète, aura-t-il recours à des moyens dissimulés jusqu'à ce temps dans sa toute-puissance? N'y aura-t-il pas seulement une distension des orbes planétaires ; parmi eux, une déviation que l'immensité de leur circuit rendra infinitésimale pour l'ordre de l'univers et dont les effets, pour nous, seront une pluie d'étoiles ? Y aura-t-il, pour arracher les montagnes de leurs fondements, une énorme déchirure de l'enveloppe terrestre, arrivée à l'extrémité de sa résistance, et la diffusion du feu central qui s'éteindrait par épuisement ? Tout est mystère, tout est incertain, si ce n'est la parole qui ne passe pas et la constatation déjà faite que Dieu se sert de petites causes pour de grands effets.

Cratère du Vésuve.

Des considérations, moins à perte de vue que celles où nous nous sommes lancés, ont dernièrement attiré l'attention sur la multiplicité de commotions souterraines, survenues en une même époque et organisées comme par séries. Dans différents journaux, des articles traitant ce sujet ont fait entrevoir tout ce que pouvait faire redouter au monde la ceinture de volcans qui l'entoure et dont les parties les plus distantes ont entre elles une si intime connexion.

Nous empruntons au *Petit Journal* l'article suivant, en date du 12 juillet, et qui a pour en-tête : « Des Antilles au Caucase. »

« Les grandes tristesses sont comme les grandes beautés. Elles attirent invinciblement. On voudrait — et l'on ne peut — se détacher d'elles.

» Voici déjà de longues semaines que les catastrophes des petites Antilles, Martinique et Saint-Vincent se sont produites et l'on est encore tenté d'y revenir. D'autant plus que, par intervalles, la nature se charge de redonner au sujet de l'actualité par de nouvelles éruptions du Mont Pelée et de nouveaux tremblements de terre survenus en Turquie ou au Mexique, au Caucase ou dans l'Amérique centrale, ici ou là.

» Ici ou là... C'est justement sur cette expression vague que nous voudrions attirer aujourd'hui l'attention, car il paraît justement que ce n'est pas, à proprement parler, ici ou là qu'il faudrait dire, puisque toutes ces modifications violentes de l'activité souterraine, en dépit des apparences et malgré l'énormité des distances, sont assez intimement liées entre elles.

» Ce n'est donc pas par hasard qu'une secousse sismique est signalée en Europe, tandis qu'une éruption surgit en Amérique, et les derniers faits observés, le tremblement de terre du vilayet de Salonique et les éruptions volcaniques du Nicaragua et de la Martinique, ne se sont pas suivis de peu sans raison.

» Les savants qui s'occupent spécialement de géologie et de géographie souterraines, vous diront pourquoi ces coïncidences, plusieurs fois constatées depuis six mois, peuvent se produire, ces différentes manifestations étant, à travers l'étendue, la répercussion d'une même activité sur des systèmes géologiques similaires.

» Un membre de l'Institut, directeur de la carte géologique de France, M. Michel Levy, vient même de publier une fort intéressante étude sur cette sorte de questions qu'il traite, comme il convient, moitié sur des données scientifiques certaines, moitié à l'aide de fécondes hypothèses.

» Prenons donc, si vous le voulez bien, une mappemonde et envisageons la face de la terre qui comprend, d'une part, le bassin méditerranéen et, de l'autre, l'Amérique centrale, y compris les Antilles, ces deux groupes de terres étant séparées par l'Atlantique.

» On peut considérer le méridien qui coupe en deux l'Atlantique comme l'axe de symétrie, suivant lequel s'ordonnent ces deux parties de l'une des forces du globe. Eh bien ! à considérer ces deux parties avec attention, moins au point de vue purement géographique qu'au point de vue géologique, on arrive à découvrir, entre elles deux, de singulières analogies.

» Le bassin méditerranéen fait pendant, en général, au bassin de la mer des Antilles et particulièrement la portion orientale de ce bassin méditerranéen.

» Il ne s'agit pas, en effet, de trouver une ressemblance de formes entre les côtes d'ici et de là. Les bouleversements qui ont provoqué les découpures des côtes et l'établissement des mers actuelles ont été des plus fréquents, des plus variés et, naturellement, il en est résulté des différences sensibles dans la configuration des continents.

» Ce qu'il faut plutôt envisager, c'est la direction des grands plissements montagneux et la position des arêtes de ces plissements, c'est l'emplacement des fosses profondes — terres ou mers — limitées par ces arêtes.

» Or, ne trouvez-vous pas une analogie surprenante, nous le répétons, entre la forme de la fosse intérieure comprise, en Amérique, entre la chaîne de l'Amérique centrale (du Mexique à la Cordillère des Andes) à l'ouest, la chaîne de la Cordillère des grandes et des petites Antilles, au nord et à l'est, et les monts de Colombie au sud ; et, d'autre part, celle de la fosse européenne comprise entre la chaîne qui, à l'ouest, va de la Sicile au Tyrol, en passant par les Pyrénées ou les Appennins et les Alpes ; au nord, les Alpes autrichiennes, les Karpathes et la mer Noire ; à l'est, les monts du Caucase et, au sud, les montagnes de la mer Egée?

» Les nœuds volcaniques correspondent eux-mêmes entre eux.

» Voici les volcans d'Arménie et du Caucase qui répondent, sur une des faces, aux volcans du Mexique, du Nicaragua et du Guatémala. Voici la chaîne volcanique Vésuve-Etna qui rappelle, sur l'autre face extrême, la chaîne des petites Antilles, Mont Pelé et soufrière de Saint-Vincent. Au nord et au sud, au contraire, dans les deux cas, forts plissements non volcaniques. Enfin, dernière analogie, tandis que la Cordillière des Andes s'élance vers le sud et forme, dans l'Amérique du Sud, une ligne évidente de partage des eaux, ne voyons-nous pas filer, d'un angle de la fosse méditerranéenne, les monts d'Erythrée qui, coupant la mer Rouge, s'enfoncent dans l'Afrique orientale, faisant, eux aussi, le grand départ des eaux entre les deux versants d'un continent?

» L'hypothèse intervient, sur ces données, pour supposer que les deux fosses en question se sont creusées presque simultanément, s'enfonçant verticalement pour des raisons semblables. Dès lors, quoi d'étonnant à ce que, dans l'un ou l'autre de ces régimes géologiques, à peu près similaires, l'activité souterraine se manifeste presque aux mêmes époques et de la même façon, par l'intermédiaire des immenses et mystérieuses conduites sous-marines de l'Atlantique?

» Et maintenant, voulez-vous quelques dates à l'appui? Prenons-les dans l'année même.

» 13 février, tremblement de terre de Schemaka, au Caucase, et 18 février, tremblement de terre du Guatemala : les deux faces externes correspondantes.

» 6 mai, tremblement de terre en Espagne; 8 mai, catastrophe de Saint-Pierre, et 10 mai, Saint-Vincent; 14 mai, secousses à Oloron et dans les Pyrénées, et 20 mai, nouvelle éruption de Saint-Pierre : les deux faces internes correspondantes.

» Puis, 4 juin, secousse dans le Caucase à Bakou, suivies de tremblement de terre au Guatemala, le 8 juin.

» Enfin, tout dernièrement, éruptions au Guatémala et à Saint-Pierre, concordant avec des secousses sismiques près de Salonique.

» Assurément, vous pourrez objecter maintes remarques de détail et même critiquer ces rapprochements de dates, en les déclarant faits pour les besoins de la thèse. Il est bien évident qu'en ces sortes de matières, il reste toujours place au doute, même quand les apparences semblent donner raison à une théorie.

» Il n'en est pas moins vrai que l'on ne peut pas ne pas être frappé des similitudes de structure des deux bassins que nous avons étudiés et de la correspondance des manifestations constatées de part et d'autre, pendant ces six derniers mois, où l'activité intérieure a été, évidemment, plus forte que d'ordinaire; où, en tout cas, elle s'est manifestée extérieurement plus visiblement et plus douloureusement aussi pour l'humanité.

» Enfin, dernier argument, les savants qui ont analysé les matières crachées par le Mont Pelé et la soufrière de Saint-Vincent en ont trouvé certaines qui se retrouvent fréquemment dans notre régime méditerranéen.

» La conclusion, c'est que les deux portions du globe qui ont fait l'objet de cet article semblent avoir été faites ce qu'elles sont, à peu près à la même date, dans l'histoire de la formation de notre planète, donc, qu'il y a forcément entre elles des analogies singulières, donc, que les phénomènes cosmiques aussi ont des chances d'y apparaître à peu d'intervalle les uns des autres.

» Ainsi nous voilà prévenus. L'Amérique centrale n'est pas si loin de nos contrées qu'elle en a l'air et, quand ce ne serait que pour nous — j'entends pour nous autres Européens, plus ou moins proches de la Méditerranée, — il serait maladroit de nous désintéresser trop de ce que font les montagnes et volcans des Antilles, du Mexique, du Guatémala, voire du Nicaragua et des républiques équatoriales. »

Cette théorie ingénieuse de Michel Lévy concorde en tout point avec celle plus complète qu'a émise M. de Lapparent sur la distribution des volcans. Frappé par ce fait que les montagnes volcaniques forment généralement la bordure des terres baignées par les Océans, M. de Lapparent a cherché à reconstituer les lignes dont les sommets à éruption formaient les points principaux et c'est sur cette étude qu'il a basé une hypothèse dont la vraisemblance s'impose.

Suivant une remarque du géologue allemand Léopold de Buch, les bouches volcaniques sont généralement rangées en ligne droite, parfois en ligne un peu infléchie et dessinant un tronçon d'une courbe gigantesque. C'est ce que nous notons dans la disposition des volcans de l'Amérique centrale et des Andes, chez ceux des Antilles, du Japon et chez d'autres. Quand, au contraire, ils sont réunis en groupe étroit formant cercle, il y a toujours, parmi eux, un volcan plus important, qui prime les autres et dont les éruptions sont plus fréquentes et plus considérables.

D'après M. de Lapparent, le globe terrestre serait sillonné par un certain nombre de grandes rides, plis profonds tracés à la surface, dépressions accentuées dont les abîmes sont naturellement dissimulés sous les masses profondes des flots. Trois de ces dépressions sont longitudinales et s'étendent dans la direction d'un pôle à l'autre ; une quatrième aurait été creusée transversalement et n'occuperait qu'une face de la terre.

Si l'on jette un coup d'œil sur une sphère représentant un globe terrestre, la justesse de cette observation apparaît immédiatement. Entre les deux Amériques, d'un côté, et de l'autre les côtes occidentales de l'Europe et de l'Afrique, se creuse la grande dépression que couvrent les eaux de l'Atlantique. D'une largeur moindre que sa longueur, ce pli imprimé à la surface terrestre commence au pôle nord pour finir dans les glaces des mers antarctiques.

Même remarque, en ce qui concerne le Pacifique. Là encore, les terres occidentales des deux Amériques d'un côté, et, de l'autre, l'Asie continuée par une longue rangée d'îles, jusque dans les régions les plus australes, paraissent être les bords d'un immense bassin dont le fond inconnu disparaît dans les gouffres qu'emplissent les flots de l'Océan.

Une troisième dépression, longitudinale elle aussi, est celle de l'océan Indien. Sans avoir toute l'étendue des deux premières, puisqu'elle est interceptée au nord par les masses imposantes du continent asiatique, elle court, comme les rides de l'Atlantique et du Pacifique, jusqu'aux extrémités les plus reculées des solitudes du pôle sud.

Enfin le pli transversal, qui semble destiné à relier les autres, part de la mer des Antilles et, traversant l'Atlantique, court à travers la Méditerranée, jusqu'aux rives orientales de la mer Noire. C'est cette dernière dépression qu'a étudiée en la décomposant M. Michel Lévy.

Or, si l'on débarrasse la surface de notre globe des mille accidents de détail, qui peuvent gêner une vue d'ensemble, n'est-il pas vrai que notre terre nous paraît comprimée par un immense anneau circulaire et fermé, qui, dans deux de ses points de contact, toucherait aux pôles aplatis et dont une ramification, branche libre, courrait d'en bas aux terres les plus méridionales de l'Asie?

Chacun de ces immenses bassins a des bords apparents, une sorte de ligne de partage des eaux, ordinairement grandiose et colossale, dans les proportions du bassin lui-même. Ici, entre la dépression du Pacifique et celle de l'Atlantique, c'est la longue digue formée par le continent américain. Là, entre la dépression Atlantique et celle de l'océan Indien, nous trouvons toute l'Afrique depuis le Maroc et l'Egypte jusqu'au Cap de Bonne-Espérance.

La ligne est moins marquée entre l'océan Indien et le Pacifique. Mais, là encore, que l'on suive sur la carte et l'on rencontre, du nord au sud, des groupes d'îles se continuant dans une direction unique et paraissant être les aspérités d'une longue épine dorsale dont les creux seraient enfouis sous les eaux. Ces îles, ce sont, avec le Japon, les Kouriles, les Moluques, les Philippines, les îles de la Sonde, les îles Salomon, Santa-

Cruz, les Nouvelles-Hébrides, Viti, la Nouvelle-Zélande qui se rattache aux terres antarctiques.

Keith Johnstone a compté deux cent soixante-dix volcans actifs, dont cent quatre-vingt-dix, au moins, se trouveraient dans les îles. On porte à quatre cents le nombre des volcans éteints. Sont-ils tous éternellement endormis et ne sortiront-ils pas, quelque jour, de leur torpeur séculaire? Humboldt, dont les travaux, en cette matière, font autorité, a dressé une liste de quatre cent sept volcans. Tous ces chiffres sont approximatifs et peuvent soudainement être réformés, en raison des volcans nouveaux qui se forment et apparaissent de la façon la plus inattendue. Du reste, le nombre des volcans sous-marins est toujours un mystère et ceux-là, que l'on ignore, ne sont ni les moins nombreux ni les moins actifs.

Quoi qu'il en soit, la disposition d'un plus grand nombre de ces volcans est chose certaine : ils sont placés sur les bords des grands bassins dont nous avons décrit les contours.

Ici encore, c'est à la carte du globe que nous demanderons d'appuyer notre hypothèse. Si nous partons de la Terre de Feu à l'extrémité méridionale de l'Amérique, nous suivons une immense rangée de volcans. Ils longent l'Océan et appartiennent successivement au Chili, à la Bolivie, au Pérou, à l'Equateur. Nous trouvons là, sur le parcours des Cordillères, qui nulle part ne sont plus imposantes et plus majestueuses, l'Aconcagua et l'Antuco. Le premier atteint une hauteur de presque sept mille mètres au-dessus du niveau de la mer. L'Antuco est situé sous 37° de latitude sud. C'est une montagne très régulière et qui, toujours embrasée, lance constamment vers le ciel des colonnes de flammes et de fumée.

La ligne se continue : ce sont les volcans de l'Amérique centrale; ils sont au nombre de vingt-cinq, entre l'isthme de Tehuantépec et l'isthme de Panama ou de Darien. Ce sont, partout, monts volcaniques dominant les plaines et qui, placés en ligne droite, paraissent prolonger la grande chaîne des Cordillères. De loin et de l'Océan, ils ressemblent à une armée de géants chargés d'interdire l'accès de l'Amérique. Nous remarquons dans l'état de Costa-Rica, le volcan de Cartago : plus haut c'est le pic de l'Orizaba. Sur la route, dans le Nicaragua, se trouve le Coseiguina, dont l'éruption de 1835 a laissé un si terrible souvenir. Là aussi, mugit le volcan de Masaya, que l'on a surnommé l'enfer de Masaya, tant l'aspect en est terrifiant et les colères redoutables.

Si nous remontons jusque dans le Mexique, nous arrivons au Popocatepelt. Le géant cache dans les nuages son front couvert de neiges éternelles. Il dort depuis des siècles, épuisé sans doute par les excès de sa fureur aux temps anciens et, depuis la découverte du Nouveau-Monde, il n'exhale plus que de la fumée mêlée de cendres. Mais nous nous hâtons et n'avons même pas nommé le Pichincha, le Cotopaxi et le Sangay.

Les volcans suivent encore la grande chaîne des montagnes, qui court sur le côté ouest de l'Amérique du Nord. Nous sommes à l'Alaska; ce sont encore des volcans. Les îles Aléoutiennes sont volcaniques.

Le Kamtchatka, c'est déjà l'autre côté du bassin et c'est une presqu'île hérissée de montagnes fumantes qu'emplissent les feux souterrains. Le Japon, qui lui fait suite, a ses volcans lui aussi. Les Philippines présentent le même aspect d'une nature tourmentée, prête à toutes les conflagrations et oscillante sous la poussée des incendies intérieurs.

Là nous touchons à l'immense archipel de l'océan Indien; plus de cent volcans s'y livrent à tour de rôle aux jeux lugubres qui désolent cette malheureuse région. Nous avons écrit le nom des îles qui forment la séparation entre le Pacifique et la mer des Indes. Une rangée secondaire de volcans a pour grandes étapes Bornéo, Java et Sumatra; l'autre descend au pôle par les Nouvelles-Hébrides et la Nouvelle-Zélande.

Les volcans de Java sont célèbres dans l'histoire des grands cataclysmes. D'après M. Horner, cette île renferme plus de cent montagnes ou collines volcaniques, dont les unes ont depuis longtemps cessé d'émettre des feux, mais dont les autres jouissent d'une redoutable activité. Citons le Gountour, ruine déchiquetée et creusée de noirs sillons, dont chaque éruption modifie profondément la forme. Non loin de Gountour, sont quatre autres volcans, parmi lesquels se trouve le Papandayang qui, en 1883, se déchira lui-même les flancs et laissa paraître en sa place sept pics enflammés. Nommons aussi le Gelungung, dont l'éruption soudaine, en 1823, bouleversa toute la région environnante, élargit les vallées, nivela les hauteurs et fit d'innombrables victimes.

En 1883, pendant que le Gountour était en pleine éruption, le volcan de Krakatoa, situé dans le détroit de la Sonde, s'abîma dans les flots qu'il fit bouillonner, sous des torrents de matières en fusion.

Il y a dans les terres antarctiques deux volcans que les récits des voyageurs signalent comme les plus monstrueux et les plus formidables de leur espèce : ce sont l'Erebus et le Terror. Nous n'en savons que peu de chose, car ils sont aux terres antarctiques.

La dépression de l'océan Indien se borde à l'Occident par les volcans des îles Crozet, Saint-Paul, Amsterdam, par les hauteurs volcaniques des îlots proches de Madagascar et par celles qui dominent la côte orientale d'Afrique et la chaîne des monts Erythrées.

Autour de l'Atlantique, sur la rive est, les principaux volcans sont ceux des îles Jean'Mayen et Bird's island et les volcans islandais au nord; puis, en allant vers le sud, les volcans des Açores et des Canaries, ainsi que du Cap-Vert, les volcans de la Guinée et de Fernando-Po. Dans l'île de l'Ascension et à Sainte-Hélène les feux sont éteints. Notons au passage le pic de Ténériffe et, parmi les volcans islandais, l'Hécla, le Krabla et l'Orœfe. Il serait intéressant de s'attarder un instant, auprès de chacune de ces montagnes, singulières par leur aspect et les phénomènes étranges qui s'y produisent. Notre plan ne nous le permet pas.

Enfin, la dépression méditerranéenne, que M. de Lapparent appelle encore dépression intercontinentale, ne manque pas de sa ceinture de volcans. Un seul coup d'œil de gauche à droite, nous découvre d'abord les volcans des Antilles, dont nous avons déjà fait la connaissance, puis les volcans européens : en Italie, le Vésuve; en Sicile, l'Etna, le Stromboli; les volcans du Caucase, l'Ararat en Arménie. Puis la ligne va, par l'Indo-Chine, rejoindre la ceinture volcanique de l'océan Indien, qu'lle touche par Sumatra.

Telle est, dans toute son étendue, l'hypothèse de M. de Lapparent sur la disposition des volcans à la surface de la terre. Appliquée à l'immense majorité des sommets qui déversèrent au dehors le trop plein des fournaises souterraines, cette théorie ne laisse de côté que quelques rares exceptions : ainsi les volcans éteints de l'Auvergne et ceux qui sont encore en activité dans l'Asie centrale. Même pour les uns et les autres, des explications plausibles peuvent être présentées, qui justifient l'isolement de ces volcans en dehors des lignes tracées et laissent intacte l'hypothèse générale.

Chercherons-nous maintenant le pourquoi du système et la raison d'être d'une régularité que nous avons seulement constatée? Pour cela, il nous faudrait interroger les manifestations volcaniques dans leur origine première et plonger jusque dans les causes des volcans. Nous nous réservons de le faire plus tard, dans une étude uniquement consacrée à ce sujet.

Qu'il nous suffise aujourd'hui de considérer l'immense réseau de feu qui ceint notre globe et l'enveloppe comme d'une guirlande étincelante.

Dépouillant de leur horreur les cratères embrasés qui vomissent la ruine et la mort, nous voyons en eux des flambeaux éclatants qui, sans doute, projettent leur rayonnement dans l'infini des espaces. L'observation attentive du soleil a découvert dans son disque lumineux des points plus brillants, qui paraissent émettre des torrents de flammes mobiles. Dans l'étincellement de l'astre, centre de l'univers, ces points enflammés ont un éclat plus vif : ils sont peut-être les ouvertures gigantesques de fournaises, toujours rougies et sans cesse emplies d'une combustion intense.

Les volcans de la terre, considérés de loin et de haut, ne seraient-ils pas aussi ces points plus brillants dont la lumière plus vive se distingue sur un fond plus mat? Si, à des distances de millions de lieues, un œil pouvait se fixer sur eux, ne produiraient-ils pas sur cet œil, par le vacillement de leurs feux mouvementés, ce scintillement qui part des étoiles pour venir jusqu'à nous?

Ce qui nous paraît grand, au delà de toute mesure, à nous qui regardons de près et sommes gênés par les détails, gagne en pureté et perd en étendue, à mesure qu'on le regarde de plus loin. Notre globe terrestre n'est qu'une microscopique sphère, balancée dans les espaces et les volcans monstrueux ne sont que des points infiniments petits, laissant jaillir un rayon qui se perd : les énormes distances tempèrent les rayons et les éteignent à demi.

S'il en est ainsi, combien doit être grande l'œuvre de Dieu dans le soleil et dans les étoiles, puisque nous y voyons quelque chose et qu'ils sont si loin !

CHAPITRE VIII

ESQUISSES

Loin d'être tous façonnés sur le même modèle, les volcans offrent, dans leur aspect, d'innombrables variétés et ils revêtent toutes les formes, depuis celle du pic superbe qni s'élance majestueusement vers le ciel et dont le cratère final n'est qu'une interruption disparaissant dans la rectitude des lignes, jusqu'à la montagne écrasée, surbaissée, aux renflements nombreux, aux multiples crevasses ignivomes. Errer à travers ces monstres, c'est faire la promenade de l'intérêt le plus saisissant et nous allons lui consacrer ce chapitre, ne serait-ce que pour nous reposer des hautes et abstraites conceptions scientifiques par la vue toujours variée d'un diorama vivant.

Dans cette course, la montagne Pelée ne peut attirer toute notre attention : auprès de certains de ses congénères, ce volcan n'est qu'un pygmée. Quelques notes cependant :

L'*Opinion*, journal de la Martinique, raconte en ces termes plusieurs ascensions faites par la mission scientifique des Etats-Unis et la manière dont elle détermina l'emplacement des cratères formés par l'éruption de mai.

« Pendant les quatre journées que les membres de la mission sont restés au Morne-Rouge, ils eurent l'occasion de monter deux fois sur la montagne Pelée. Ils ont été les premiers à prendre la route du volcan, depuis l'éruption du 8 mai dernier. Arrivés à une altitude d'environ

1.104 au-dessus du niveau de la mer, ils élevèrent un tumulus de roches sur le flanc de la montagne. De là, ils découvrirent une bouche de cratère. D'après leur évaluation, la partie la plus élevée de ce dernier se trouve à une hauteur de 1.250 mètres au-dessus de la mer. Cette mesure leur a été fournie par un baromètre anéroïde. Toujours, selon leur calcul, la pointe la plus élevée de la montagne est, en ce moment, une crête de cratère, située sur le versant nord-est. Ils construisirent en ce point un nouveau tumulus de pierres. Lors de leurs deux ascensions, qui eurent respectivement lieu les 18 et 20 juin, ils constatèrent la disparition du lac des Palmistes, auquel s'est substitué le nouveau cratère.

» Le 24 juin, ils gravissaient de nouveau la montagne, cette fois sur la pente ouest. Ils suivirent l'arête qui sépare la rivière blanche de la rivière sèche. Ils édifièrent un troisième tumulus sur la bouche du cratère, surplombant la grande vallée par où s'est écoulée la lave qui a englouti l'usine Guérin. Enfin, le 26 juin, ils faisaient une dernière ascension de la Pelée et, se frayant un passage dans la direction du sud, puis du sud-est, ils parvinrent jusqu'à leur premier tumulus. »

Les métamorphoses des volcans sont nombreuses et fréquentes, nous en avons ici un exemple. L'éruption a déformé le cratère, en a ouvert de nouveaux, a modifié la contexture de leurs bords, a fait des brèches énormes dans les murailles construites de masses rocheuses, a desséché un lac et transformé la montagne. Si l'on a décrit le Mont Pelée, une description nouvelle est à faire.

Ces phénomènes se retrouvent partout dans les monts soumis à l'influence volcanique.

En 1788, l'abbé Spallanzani monta sur l'Etna et observa que le cratère, à son ouverture supérieure, mesurait un mille et demi de circonférence. Les bords, fendus de distance en distance, étaient dentelés et formaient plusieurs marches d'un escalier fait pour des géants. La caverne intérieure n'avait pas une largeur de plus d'un sixième de mille ; elle offrait au fond un espace sensiblement plan, au milieu duquel s'ouvrait un orifice circulaire de dix mètres de largeur environ qui était le puits du cratère. Tandis que, dans toute l'étendue de la cuvette, des vapeurs légères jaillissaient du sol crevassé, le puits laissait échapper une épaisse colonne de fumée qui s'élevait d'abord perpendiculairement et s'étendait ensuite, formant panache, sous le souffle du vent. Au fond du puits, l'observateur put, en raison du calme profond où se trouvait le volcan, apercevoir un liquide embrasé qui bouillonnait avec des soubresauts. Parfois, l'ébullition portait la masse en fusion jusqu'à la lèvre même du puits et, en d'autres moments, celle-ci retombait sur elle-même avec des craquements secs et sonores qui ressemblaient au bruit du métal heurté contre le métal. C'étaient alors des retentissements sourds et profonds dont l'origine paraissait être très bas, dans le sein de la terre. Par intermittences, des blocs de lave et de pierres étaient projetés dans l'espace. Ceux qui retombaient dans le puits émettaient un son mat, comme s'ils avaient touché une pâte lourde et molle.

Sur une autre cime, se trouvait un second cratère, que Spallanzani observa. Or, les rapports écrits vingt ans auparavant, après les ascensions de Riedesel, d'Hamilton et de Brydone, ne constataient que la présence d'un seul cratère, d'une seule bouche au milieu d'un entonnoir large de deux milles et demi; ils ne mentionnaient pas la plaine nivelée dont parle Spallanzani; à sa place, d'Orville avait vu une petite élévation conique, dont le sommet tronqué vomissait des vapeurs et qui était une montagne dans le sein d'une autre montagne.

Nous avons devant nous des vues photographiques de l'Etna. Rien ne saurait rendre l'aspect tourmenté de ces cimes éventrées, de ces tumulus sans nombre qui se terminent par des fumerolles. Les rocs y ont été déchiquetés et ils pendent sur le vide; des restes de laves, des scories à la surface abrupte et rude tapissent le fond des cavernes à ciel ouvert, au dessus desquels des masses noircies forment une apparence de voûte. Des eaux stationnent dans le bas-fonds et les lacs de petites proportions qu'elles y dessinent sont, çà et là, envahis par de minuscules promontoires rocheux, qui ressemblent à la tentacule d'une énorme pieuvre.

Or, vu de l'extérieur, l'Etna est d'une beauté à laquelle on ne saurait refuser la grâce. Les châtaigneraies qui ont grandi à ses pieds témoignent d'une végétation luxuriante et les dômes de verdure qui le couronnent recèlent des abris frais et parfumés.

A mesure que l'on monte, la scène change : les aiguilles de rocs sont plus nombreuses, le gazon disparaît par larges plaques et il ne reste bientôt plus, sous les pieds, que des cendres glissantes, des sables et des scories.

« Je vis bien, écrit l'abbé Spallanzani, comme je l'avais, du reste, éprouvé plusieurs fois dans les périls que les voyages et surtout ceux de montagne peuvent offrir, qu'il suffit d'avoir un certain courage physique pour voler sur le bord des précipices sans aucun accident, au lieu qu'une terreur panique, qui surprend dans quelque cas dangereux, ôte le cœur nécessaire pour poursuivre sa route ou même pour retourner sur ses pas. »

Les ascensions de montagnes volcaniques offrent, en effet, des émotions et des dangers qui ne se rencontrent pas quand on monte à l'assaut des cimes les plus escarpées sur une montagne ordinaire, fût-elle le Cervin ou la Yung-Fraü. Même en faisant abstraction des réveils soudains du monstre menaçant et de l'imminence de la mort, si l'on s'approche trop du théâtre de ses fureurs, il y a encore des obstacles que présentent seuls les environs des volcans et devant lesquels il faut se mettre en garde. Les pentes sont glissantes, les rocs auxquels il faut s'accrocher ont été ébranlés, les coulées de laves à traverser offrent une surface unie et glacée sous laquelle les matières en fusion ne sont pas encore refroidies. Enfin, lorsque après bien des fatigues l'on veut poursuivre plus loin son observation, si l'on descend dans le cratère, ce sont ordinairement des pentes à pic, le long desquelles il faut se faire descendre, avec l'incertitude de pouvoir remonter.

Voici un récit qui a toute la saveur d'un conte fantastique et toute l'authenticité d'un rapport sincère. Il est d'un chroniqueur espagnol du XVIe siècle, Oviedo, qui fut en même temps un des explorateurs les plus audacieux se lançant à la recherche des phénomènes volcaniques.

Oviedo nous transporte dans l'Amérique centrale, là où les volcans, taillés à pic, s'élèvent si haut qu'il est presque impossible d'en atteindre les sommets. Oviedo avait choisi, pour en faire l'objet de ses observations, un pic fameux pour ses débordements et dont le passé comptait nombre de faits épouvantables. Il se nommait le pic de Masaya, et les Espagnols, terrifiés par les ravages régulièrement opérés par le volcan, l'avaient nommé *El infierno de Masaya.* Oviedo qui, dans sa vie aventureuse, avait assisté à de nombreuses éruptions, ne trouve rien de comparable aux colères du Masaya, auquel il décerne la suprématie dans le royaume volcanique.

« Je sais, écrit-il, que plusieurs Espagnols ont envoyé à l'empereur des descriptions de ce volcan et que d'autres, à leur retour en Espagne, ont fait le récit de ce qu'ils ont vu. Je ne doute nullement de la vérité de leurs assertions et me réjouis, au contraire, d'avoir à parler d'un sujet si bien connu, car il ne me manquera pas de témoins qui pourront certifier l'exactitude de ma relation. Un grand nombre de ceux qui prétendent avoir visité la montagne n'ont fait que la voir à distance; il en est peu qui l'aient gravie. Quelques personnes affirment que la lumière que projette le volcan est assez vive pour que l'on puisse lire à une distance de trois lieues; je ne puis confirmer ce fait.

» Ainsi que je l'ai dit, je quittai l'habitation de Machuca au milieu de la nuit et j'avais presque atteint le sommet de la montagne au lever du soleil. Il ne faisait cependant pas assez clair pour que je pusse lire mon bréviaire à un quart de lieue du sommet. Pourtant, la nuit était assez obscure, ce qui faisait paraître la flamme plus brillante. J'ai entendu dire à des personnes dignes de foi que, lorsque la nuit est très sombre et pluvieuse, la lueur du cratère est tellement vive que l'on peut lire à une distance d'une demi-lieue. Je ne veux ni nier, ni affirmer ce fait, car, à Granada ou Saltoba, lorsqu'il ne fait pas clair de lune, toute la campagne est éclairée par la lueur du volcan que l'on peut voir de 16 à 20 lieues, distance à laquelle je l'ai vue moi-même. Néanmoins, on ne peut pas dire que ce soit précisément une flamme qui sort du cratère ; c'est plutôt une fumée aussi brillante qu'une flamme ; on ne peut la voir à cette distance que pendant la nuit et non pendant le jour.

» Mais revenons à mon excursion. J'étais accompagné par un cacique, dont le nom de baptême était Dom Francisco et qui, dans la langue des Chorotégans, s'appelait Natatime.

» J'avais, en outre, avec moi, un nègre et deux Indiens fidèles. Bien que le nègre fût un homme sûr, je reconnais que j'eus tort de me mettre en semblable compagnie, mais j'en pris mon parti, tant était vif le désir que j'avais de réussir dans cette entreprise...

» Ce qui m'étonna le plus, ce fut une circonstance que me rapporta le commandeur Francisco, de Bobadilla ; lorsqu'il gravit la montagne de Masaya avec quelques autres personnes, le cratère, me dit-il, se trouvait au milieu du plateau et les matières en fusion arrivaient à quatre brasses du sommet; ce n'était, cependant, que six mois après mon voyage. Je suis, néanmoins, persuadé qu'il me dit la vérité, car c'est un homme digne de foi et, de plus, j'ai entendu dire à Machuca qu'il avait vu la lave arriver jusqu'au bord du cratère.

» Dans le fond du second cratère, j'ai vu des matières en combustion, liquides comme de l'eau et de la couleur de l'airain. Le feu qui y brûlait me parut plus violent qu'aucun autre que j'aie vu. De temps en temps, ces matières s'élevaient en grandes masses à la hauteur de plusieurs pieds ; quelquefois, ces masses restaient suspendues aux flancs du cratère et y brûlaient assez longtemps pour qu'on pût répéter six fois le *Credo* ; après s'être éteintes, elles avaient l'aspect des scories d'une forge. Je ne saurais croire qu'un chrétien pût contempler un pareil spectacle sans penser à l'enfer et se repentir de ses péchés, surtout en comparant cette poignée de soufre embrasé à l'incommensurable grandeur du feu éternel qui attend ceux qui sont ingrats envers Dieu.

Explosion du Vésuve.

» Au milieu du premier cratère, on voyait voler en cercles un grand nombre de perroquets, de l'espèce à longue queue, appelée *Jijaves*. Je ne pouvais voir que leur dos, car j'étais beaucoup plus élevé qu'eux. Ils font leurs nids dans les rochers, au-dessous du spectateur. Je jetai quelques pierres dans le gouffre et en fis jeter aussi par le nègre, mais je ne pus jamais distinguer l'endroit où elles tombaient, ce qui prouve clairement combien était grande la hauteur à laquelle je me trouvais. Quelques personnes ont assuré que, lorsque les perroquets voltigent dans l'abîme et que l'on regarde fixement, il semble que l'on voit, non pas du feu, mais du soufre. Je ne suis pas éloigné de partager cette opinion, mais j'en laisse la décision aux hommes mieux instruits que moi en ces matières... »

Non loin de là, sur le côté oriental de la montagne, Oviedo vient d'apercevoir une colonne de fumée s'échappant d'un gouffre noir ; c'est un second cratère : il s'en approche et, dans un moment où le vent s'emparant de la fumée la rejette, il croit distinguer, au fond de l'ouverture béante, quelque chose qui ressemblait à des charbons noircis. Dom Francisco lui dit alors qu'au temps de ces ancêtres, cette bouche était la seule par laquelle le volcan émît des vapeurs et des matières embrasées.

« Il n'existait entre les deux bouches, poursuit le chroniqueur, qu'une séparation formée par quelques rochers. Le sol est couvert d'arbres stériles ; un seul d'entre eux portait des baies jaunes, de la grosseur d'une balle de fusil, nommées *Nanzi*. Elles sont bonnes à manger et les Indiens prétendent qu'elles guérissent les maux d'entrailles. On ne voit sur la montagne que des corneilles et les perroquets dont j'ai parlé.

» Une circonstance remarquable, qui m'a été rapportée par Francisco de Bobadilla, c'est que les matières en fusion montent quelquefois jusqu'au sommet du cratère, tandis que je ne les ai vues qu'à une grande profondeur. Ayant pris des informations à ce sujet, j'ai appris que, lorsqu'il pleut beaucoup, le feu monte, en effet, jusqu'au sommet ; car la cavité se remplit des eaux qui y coulent de tous les côtés de la montagne et reste pleine jusqu'à ce que l'eau ait disparu sous l'influence de la chaleur. Ce point est confirmé par ce qu'Olaus Magnus dit des volcans d'Islande, qui ne consument pas les matières combustibles placées auprès d'eux, mais l'eau qu'elles contiennent. Il doit en être de même à Masaya ; car, tandis que l'on croit voir des flammes à une distance d'une lieue et demie, il semble que ce soit, au lieu de flammes, une fumée incandescente qui couvre toute la montagne. Si c'était du feu, il ne laisserait ni arbres, ni feuilles, ni verdure, au contraire, toute la montagne est couverte d'arbres et d'herbe jusqu'au bord du cratère.

» Je passai là deux heures à regarder et à dessiner. A dix heures, je repartis pour Granada ou Saltoba, qui se trouve à trois lieues de Masaya. Non seulement dans cette ville, mais aussi à deux lieues au delà, le volcan donnait autant de lumière que la lune quelques jours avant d'être dans son plein.

» J'ai entendu dire au cacique de Tendiri (Nindiri), qu'il est souvent allé, avec d'autres caciques, sur le bord du cratère et qu'il en sortait une vieille femme, avec laquelle ils tenaient des conseils secrets. Ils la consultaient pour savoir s'ils devaient faire la guerre ou conclure une trève avec leurs ennemis. Ils ne faisaient rien sans lui avoir demandé conseil, car elle leur disait s'ils devaient être vainqueurs ou vaincus; elle leur prédisait aussi la pluie, le résultat de la récolte de maïs prochaine, enfin tous les événements futurs, et toujours ses prédictions se réalisaient. Dans ces ascensions, on lui sacrifiait des victimes humaines qui s'offraient volontairement. Il ajoutait que, depuis que les chrétiens étaient venus dans le pays, la vieille femme ne s'était plus montrée qu'à de longs intervalles, qu'elle leur avait dit que les chrétiens étaient méchants et qu'elle ne voulait avoir aucun rapport avec les Indiens, jusqu'à ce qu'ils eussent chassé les chrétiens.

» Je lui demandai comment ils descendaient dans le cratère; il me répondit qu'il y avait, autrefois, un chemin, mais que la cavité s'était élargie peu à peu et avait détruit le sentier. Je le questionnai également sur l'aspect de la vieille femme et sur ce que faisaient les caciques après avoir tenu conseil avec elle. Il me répondit qu'elle était toute ridée, que sa chevelure était peu abondante et droite, ses dents longues et aiguës, comme celles d'un chien, que sa peau était plus foncée que ne l'ont ordinairement les Indiens, qu'elle avait les yeux caves et brillants; en un mot, il me la représenta semblable au démon et c'était lui, sans nul doute. S'il m'a dit la vérité, il est incontestable que les Indiens étaient en relations avec l'Etre infernal.

» Après le conseil, la vieille femme rentrait dans le cratère pour ne plus en sortir qu'à l'époque du conseil suivant. Les Indiens parlent souvent de cette coutume et de bien d'autres; dans leurs livres, ils représentent le diable, avec autant de queues et aussi maigre que nous le faisons nous-mêmes, quand nous le peignons aux pieds de l'archange Michel ou de saint Barthélemy. Je crois donc qu'il s'est montré à eux; son image est dans leurs temples, théâtres de leurs diaboliques idolâtries.

» Il y a, sur les bords du cratère de Masaya, un monceau de tasses, d'assiettes et de plats en très bonne poterie faite dans la contrée. Les uns sont brisés, d'autres entiers. Les Indiens les y portaient pleins de toutes sortes de mets qu'ils y laissaient, disant que c'était pour que la vieille femme les mangeât. Leur but était de lui plaire ou de l'apaiser dans les moments de tempête ou de tremblement de terre ; aujourd'hui encore, ils lui attribuent tout le bien et tout le mal qui leur arrive. Quant à la matière ignée dans laquelle, au dire du cacique, la vieille se retirait, elle me parut semblable à du verre ou au métal des cloches à l'état de fusion. Les murs intérieurs du cratère sont faits d'une pierre dure en certains endroits, mais presque partout cassante. La fumée sort du cratère du côté de l'est, mais elle est portée à l'ouest par la brise. Il s'en échappe aussi un peu du côté du nord.

» La montagne de Masaya est à six ou sept lieues de la mer du Sud et à 12° 1/2 de l'équateur. — J'ai dit maintenant tout ce que j'avais promis de dire. »

Tout n'est évidemment pas à retenir dans le rapport d'Oviedo et nous pouvons sourire au ton d'enfantine simplicité avec lequel il raconte les chimériques apparitions de la sorcière du volcan. Avoir souri, ce sera beaucoup et nous aurons vu, en outre, avant les constatations faites à notre époque, combien peu les siècles changent les allures de volcans.

Après cette esquisse vieillote, nous pouvons en tracer une plus moderne et nous lui donnerons pour sujet une des scènes les plus merveilleuses qu'ait jamais contemplées le regard de l'homme. Il y a quelque trente ans, on l'ignorait encore et, bien qu'on y soupçonnât des beautés naturelles de premier ordre, tant de difficultés semblaient en interdire l'accès que nul effort sérieux n'avait été fait pour y pénétrer. Il fallut des révélations partielles pour qu'une commission scientifique, organisée par les Etats-Unis, sous la direction de M. Hayden, se lançât à travers les zones rocheuses et les champs de neige du *Far-West :* le succès dépassa toutes les espérances.

Ce que le Sénat de Washington et la Chambre des représentants ont décrété devoir être désormais la parc national des Etats-Unis est un territoire qui s'étend près des sources de la rivière de Yellowstone et dans le bassin où elle coule. Il est situé entre les territoires d'Idaho, de Wyoming et de Montana ; il couvre près de dix mille kilomètres carrés. C'est là que le Missouri, le Madison, la rivière des Serpents et celle d'Yellowstone prennent naissance, dans des vallées entourées de massifs montagneux dont les cimes sont couvertes de neiges éternelles.

Ces massifs montagneux sont ou volcans éteints ou volcans en pleine activité et le bassin où le Yellowstone prend naissance, fut autrefois un cratère. Aussi, en raison de la proximité des feux souterrains, les sources thermales sont-elles abondantes. Elles jaillissent des flancs des montagnes, ou bouillantes ou tièdes, et, poussées par une pression énorme, elles s'élèvent parfois en l'air sous la forme de jet aux courbes gracieuses.

Le Yellowstone, resserré dans un lit que coupent des barrages de rochers, bondit contre ces obstacles, qu'il franchit enfin. Après un faible parcours, il se jette dans un lac encadré de hauteurs à pic et dont la forme est celle d'un éventail déployé. Quand la rivière sort de là, elle trouve un bassin resserré, comme une gorge étroite, entre des murailles à pic. Son volume s'en accroît, elle bondit, se précipite et s'élance enfin du haut d'un rocher de cinquante mètres d'élévation. C'est splendide. La chute dégage un voile de vapeurs dont les extrémités inférieures trempent dans l'écume et se mêlent au bouillonnement des eaux. Pour un peu, le Yellowstone échapperait à l'attention concentrée autour de la cascade, si, bientôt après, la rivière ne courait de nouveau à une autre chute aussi considérable qui l'enferme dans un immense bassin circulaire, entouré de tous côtés par des montagnes abruptes.

Les rocs volcaniques et les pierres précieuses de composition variée abondent sur toute la route. Les volcans fument sur le *Crater hill* (montagne des cratères); on se trouve littéralement entre les excès de l'eau et du feu. Ici, ce sont les mugissements de la rivière furieuse; là, ce sont les sifflements aigus que produisent les matières en fusion, quand elles se livrent passage par d'étroits goulets. Entre ces deux côtés si différents de la scène, le sol est pavé de laves, de scories aux pointes aiguës et de matières métalliques dont les reflets scintillent; on y trouverait d'immenses trésors si on prenait la peine de les cueillir sous ses pas et si l'esprit absorbé n'était tout entier à la grandeur du spectacle.

Ici, les bouches volcaniques sont par milliers et chacune joue son rôle : les unes lancent vers le ciel des colonnes de fumée qui s'élèvent droites, protégées qu'elles sont contre les souffles de la brise par le cirque des montagnes enveloppantes ; les autres vomissent des torrents de boue qui s'élèvent à quatre cents mètres pour retomber lourdement dans des bassins où des boues antérieurement vomies n'ont pas encore établi leur niveau.

Puis, parce que tous les phénomènes de l'action volcanique paraissent s'être donné rendez-vous dans cette région bizarre et grandiose, des geysers, sources d'eau chaude et fontaines jaillissantes, sont rangés par milliers dans une vallée de forme ovale, qu'on a nommée le Trou-du-Feu. Les colonnes d'eau qu'ils élèvent dans l'espace ont, quelques-unes au moins, un volume considérable qu'on ne peut pas évaluer à moins de deux mètres de diamètre et leur hauteur est parfois de quatre-vingts mètres.

L'un de ces geysers, le *Castel,* prend naissance dans une colline relativement étroite et haute de quinze mètres. Ce monticule est creusé à son sommet par un cratère profond, aux bords capricieusement dentelés et qu'emplit une nappe d'eau d'une limpidité parfaite. C'est du sein de cette eau transparente que monte soudain un bouillonnement et qu'une colonne liquide, véritable trombe, surgit. Elle s'élève, hésite, comme alourdie par son poids, monte à dix mètres de hauteur et retombe, mêlant ses eaux à celles du cratère. Pendant ce temps, des mugissements profonds se font entendre dans les entrailles du sol pour éclater, comme un violent coup de tonnerre, toutes les fois que se produit l'éruption liquide et les bruits souterrains décèlent la violence du travail intérieur qui fait frémir cette région convulsée.

Par un contraste étrange, de magnifiques forêts de pins ont grandi sur les flancs basaltiques des monts et l'élancement de leurs troncs, la vigueur de leurs ramures révèlent la chaude fécondité d'un terrain qu'humectent constamment les vapeurs des geysers.

Il existe vers le Nord une vallée fermée, impénétrable, véritable entonnoir gigantesque qu'entourent des remparts élevés, où aucune brèche n'est signalée à la vue. Cet endroit mystérieux et clos avec tant de soin doit contenir des secrets merveilleux et des phénomènes d'un caractère surprenant doivent s'y produire. Quand on en approche, la première remarque est que toutes les sonorités ont été éveillées dans ce cirque colossal. Les notes les plus aiguës, qui ont place dans l'échelle des sons, s'y mêlent aux grondements puissants des basses prolongées. Ce sont des bruits saccadés, des éclats qui déchirent l'air, tandis que de sourds murmures l'emplissent. On a donné à ce lieu le nom de Caverne-du-Diable et, jusqu'aux dernières années du siècle précédent, nul homme n'avait été assez audacieux pour pénétrer dans ce sanctuaire de toutes les merveilles et probablement de toutes les horreurs.

Du reste, aucune expédition ne présentait plus de difficultés. Les hautes murailles, qui forment à la caverne un rempart inviolé, sont composées de masses coupantes d'obsidienne, du verre fondu. Lorsque la commission scientifique américaine entreprit de se frayer une voie jusqu'au cœur de ce cirque, il lui fallut ouvrir une brèche dans les murs. On y arriva par le moyen du feu et de l'eau ; l'obsidienne entra en fusion et l'aès de la vallée fut permis.

Plus que partout ailleurs, c'est un rassemblement de tous les phénomènes grandioses que peuvent produire les forces naturelles mises en action. Une montagne a surgi au centre du vallon et elle est couverte d'un tapis de gazon verdoyant. Le piédestal où elle s'est assise domine les lieux d'alentour et, comme si tout devait être harmonieux dans ce chef-d'œuvre, les pentes qui s'inclinent vers le fond de la vallée sont sillonnées horizontalement par des plis parallèles, grands anneaux concentriques, plus étroits en haut et qui vont en s'élargissant jusqu'à la plaine. Leurs bords resplendissent de mille couleurs variées : c'est un parterre ou c'est un écrin. Eux-mêmes, ils sont blancs d'une blancheur incomparable et ils servent de bassins à une eau transparente, qui couvre d'émail les matières précieuses dont ils sont composés.

Cette eau découle du sommet et des flancs de la montagne qu'on nomme la montagne Blanche. Un premier jet bouillant jaillit au centre et retombe en cascades irisées de toutes les nuances de l'arc-en-ciel. Autour du geyser central, ainsi que des courtisans autour de leur roi, des ruisseaux sulfureux et fumants s'élancent dans l'espace; les courbes se mêlent, les jets se heurtent et se brisent et l'eau retombe dans le premier bassin, pour descendre de là dans un bassin inférieur, puis dans un autre. C'est un spectacle féerique, inimaginable, digne des splendeurs chimériques des Mille et une nuits. On croit rêver et pourtant, tout cela existe, tout cela vit, s'agite, murmure et gronde. Dans le parc national des Etats-Unis, c'est l'attraction la plus haute, celle qu'on goûte davantage et cette Caverne du Diable donne à l'imagination l'idée d'un coin du Paradis terrestre.

Après tant de splendeurs passées sous nos yeux, l'esquisse d'un geyser d'Islande serait terne. Les mêmes couleurs broyées ne pourraient faire un tableau égalant en agrément celui dont nous avons retracé les principaux traits. Passons à un volcan qui n'ait pas de fontaines jaillissanies, de piédestal d'onyx, d'anneaux aux nuances chatoyantes et jetons les yeux sur le Stromboli.

C'est presque un volcan sous-marin. Arrivé à fleur de mer, il dresse son front au-dessus des vagues et si, autrefois, il y fut noyé, ce fut dans un passé antérieur aux temps de l'histoire. Le Stromboli était déjà connu quand vivait Aristote et, déjà aussi, ses éruptions continues n'avaient rien des fureurs de l'Etna ou du Vésuve. A travers les temps, le volcan des îles Eoliennes ne s'est pas départi de sa modération. Peut-être faut-il attribuer cette sagesse à ce qu'il ne s'enferme jamais dans les silences sournois, dont ses congénères sont coutumiers. La fournaise qui brûle à son sommet brûle éternellement.

A le voir en plein jour, c'est un piton au flanc ras, paresseusement appuyé sur de larges contreforts qui plongent leurs bases dans la mer. Sur le gris noirâtre qui est sa teinte générale, des plis de tons plus accentués sont les lits de la lave, quand, débordant des brèches du cratère, elle va se mêler aux flots, produisant avec une intensité qui rend toute comparaison impossible, le sifflement mat du fer rouge trempé dans l'eau.

Pendant la nuit, sa noire silhouette est d'un effet plus saisissant. Sa masse sombre s'enténèbre davantage, au contraste des feux épandus qui projettent dans le ciel les lueurs rouges de l'incendie.

On peut approcher par mer du volcan et, du haut d'une barque, il est possible d'en observer le cratère, non sans être gêné dans cette observation, car la mer est souvent agitée par des tempêtes, quand la montagne se dispose à une action plus violente.

La plage est couverte d'une poussière fine dont l'origine est évidemment volcanique : ce sont des morceaux de lave qui, en roulant, s'effritent eux-mêmes et vont être couverts par des jets nouveaux. Lorsque le volcan éclate, une frange haute et d'un rouge sombre couronne la cime du Stromboli ; elle s'enveloppe de fumée et bientôt s'élance dans les airs. Puis la colonne compacte retombe sur le flanc de la montagne, bondit, s'émiette, puis roule sur la pente qui est presque perpendiculaire. Les matières plus pesantes qu'elle enferme se livrent à des soubresauts, tandis que la partie plus liquide rase la terre où elle laisse quelque chose d'elle-même ; les blocs de lave, grands et petits, semblent lutter de vitesse dans une course vertigineuse ; enfin les plus gros se précipitent dans la mer et ils y sont suivis par les masses solides ou liquides que le cratère a rejetées hors de son sein.

Pendant les quelques heures que Spallanzani passa au pied du volcan, en 1788, les éruptions se succédèrent avec une rapidité effrayante. Parfois les secousses intérieures ne soulevaient pas le flot brûlant au-dessus de la crevasse de la montagne ; d'autres fois, c'était une pluie formidable de pierres calcinées. Alors, sous la poussée venue du dedans, les rocs rougis montaient dans le ciel à une hauteur de cinq cents mètres et, dans cette course aérienne, ils traçaient des rayons de feu.

L'amiral Smith, dans ses mémoires, a consacré au Stromboli une page remplie de souvenirs émouvants. Nous citons :

« J'allais, un jour, sur ma chaloupe canonnière, de Milazo à Stromboli, lorsque s'éleva un vent furieux du sud-est, qui me mit dans l'impossibilité de jeter l'ancre en face de San-Bartolo, où les vagues s'élevaient à la hauteur des maisons. Il ne nous restait qu'un moyen pour n'être pas jetés sur les côtes de la Calabre, alors occupées par Murat; c'était de nous réfugier sous le cratère, dans une baie de la pointe de Sciarraza. Nous restâmes là, pendant un jour et deux nuits, abrités en partie contre les vents et la tempête, mais non sans courir les plus grands dangers. Le cratère vomissait une pluie incessante de pierres rougies qui, chassées avec une épouvantable rapidité, venaient tomber tout près de nous; d'autres faisaient explosion dans les airs avec un fracas horrible et leurs fragments retombaient autour de nous comme des éclats de bombes. Les explosions se succédaient rapidement : à peine s'écoulait-il entre chacune d'elles un intervalle de cinq à dix minutes; des détonations semblables à celles de l'artillerie se faisaient entendre à chaque éruption et un immense éclair jetait sur la mer en fureur sa lumière éblouissante. C'était un spectacle terrible, mais splendide. De temps en temps, lorsque le vent tournait un peu, nous étions obligés d'interrompre notre contemplation, pour chercher, sous le pont, un refuge contre la pluie de cendres et de sable fin qui couvrait instantanément le navire et y répandait une chaleur suffocante. Voyant que la tempête conservait toujours la même violence et qu'il m'était impossible de rentrer à San-Bartolo, je résolus de gravir un ravin à pic qui se trouvait entre nous et le cratère; je ne voyais que ce moyen d'atteindre le rivage. C'est là une des plus difficiles entreprises que j'aie jamais tentées, et je l'aurais abandonnée volontiers, lorsque j'eus fait la moitié de cette périlleuse ascension; mais la mollesse du sol, uniquement composé de cendres et de fragments de lave, qui roulaient sans cesse sous nos pieds, pour tomber dans la mer, nous rendait la retraite impossible. Il fallait continuer de grimper; enfin, presque complètement épuisé, à bout de forces, j'atteignis le sommet du ravin, où je trouvai les deux prêtres de l'île, qui me félicitèrent sur le succès inouï de ma téméraire entreprise et me prodiguèrent tous les secours dont ils pouvaient disposer. »

Le Stromboli n'a pas vécu des siècles sans se transformer et varier le nombre de ses cratères. Bien que, de loin, il paraisse former un cône très régulier, il porte cependant deux cimes à son sommet. Une petite plaine étroite les sépare et dans cette plaine se trouvaient, en 1788, cinq bouches volcaniques, qui laissaient passage à des vapeurs. D'autre part, cette plaine s'abaissait à ses extrémités et se creusait profondément : c'est de ces cavités que sortaient les matières ignées.

Une chose remarquable dans le Stromboli et que nous ne pouvons pas ne pas noter, avec les explorateurs que cette découverte remplit d'étonnement, c'est la présence de grottes profondes à la base de la montagne et au niveau de la mer. La plus considérable de ces excavations est une crique, située immédiatement sous le cratère, entre le promontoire de Sciarazza et celui de Zarrosa. D'après un raisonnement très naturel, cette crique devrait être depuis longtemps comblée par les masses de matières spongieuses que le volcan rejette et que la mer charrie. Or, elle est loin d'en être là et, tandis que sur les côtes, la profondeur du fond sous-marin est de 7 à 35 mètres, dans la crique, les eaux atteignent de 80 à 150 mètres de hauteur. On a pensé que cet abîme était le dépôt des laves que la mer recevait du Stromboli : ces matières, une fois emmagasinées, seraient par des communications souterraines rendues au volcan.

Nous terminerons ce chapitre d'esquisses par un article de Thomas Grimm sur les monstres assoupis qui, dans la pensée de l'écrivain, sont les volcans éteints.

« L'impression causée par l'effroyable désastre de la Martinique est trop profonde pour que tout ce qui a trait aux volcans ne soit pas lu avec intérêt. En dépit de ce que nous avons appris à l'école, on ne pouvait s'imaginer puissance aussi formidable et aveugle que celle de ces feux souterrains, qui ont jadis modelé des mondes et qui se révèlent encore à nous par des manifestations d'une telle violence.

» Certes, d'autres catastrophes semblables ont eu lieu de nos jours, mais elles se sont produites loin de nous, dans des pays à demi-ignorés, dont le nom même ne disait rien à la grande masse du public.

» Cette fois, c'est une terre française qui est atteinte et que l'action du fléau menace de détruire. Et l'effroi s'est emparé de tous ceux qui voisinent avec quelques-uns de ces monstres assoupis : les volcans éteints, qui sont le pittoresque du paysage, l'élément d'une fertilité inépuisable ou la carrière où les villes vont chercher les matériaux de leurs édifices. Ces monts, jadis en feu et qui reposent depuis des centaines et des centaines de siècles, vont-ils reprendre leur furie ?

» En ce qui concerne la France centrale, cela semble bien douteux. Ils sont loin de la mer et, d'autre part, presque tous les volcans en activité sont dans des îles ou au bord de la mer. Il y a un lien mystérieux entre l'Océan et le foyer insondable, qui renferme les forces les plus aveugles de la nature.

» Aussi les habitants de l'Auvergne, dont les vallées heureuses et la belle Limagne doivent aux laves et aux cendres décomposées l'extraordinaire fertilité de leurs campagnes, peuvent-ils dormir tranquilles. Leurs volcans, selon toute apparence, resteront l'originalité du paysage et, par les lacs de leurs cratères, les admirables réservoirs où se reflète le ciel bleu des beaux jours.

» L'Auvergne n'est pas seule à posséder ces monts d'origine ignée. Bien d'autres phares que ces puys brûlèrent autrefois, alors que se formait le sol qui devait être la Gaule. Il en est toute une rangée, au long de notre beau Rhône, le fleuve de la lumière, dans lequel se mirent presque autant de châteaux ruinés qu'il s'en mire dans le Rhin. La vieille cité d'Agde s'abrite au pied d'un cône, dont la mer baigne le pied et qui lui a fourni les pierres dont elle est construite.

» L'effet de ces monts, de ces coulées de laves, des roches brusquement dressées est étrange : Les paysages de l'Auvergne, du Vélay surtout et de quelques parties du Vivarais sont inoubliables. En beaucoup de points, on pourrait se croire au lendemain de l'éruption, tant la roche d'origine ignée est restée nette, aucune végétation n'ayant pu avoir prise sur cette surface rugueuse et noire. C'est là qu'il faut aller pour comprendre ces forces aveugles et pour s'expliquer comment, en quelques minutes, une des plus florissantes villes de nos colonies a disparu.

» Rien d'étrange comme ces paysages, témoins muets de cataclysmes si lointains que l'on n'a pu retrouver sous les couches épaisses de laves, de basalte et d'autres roches plutoniques, de traces d'une vie humaine. On peut en conclure qu'aucun être ayant appartenu à notre race n'a contemplé le spectacle de tous ces monts ignivomes, versant sur leurs pentes les roches fondues, qui constituent aujourd'hui comme la carapace du pays et ces longues plaines en pente appelées *chèvres*.

» Les monts de l'Auvergne proprement dite, c'est-à-dire ceux de nos départements du Puy-de-Dôme et du Cantal, sont les plus connus et les plus réputés de ces volcans en léthargie ou bien morts à jamais. Ils le doivent à la foule qui se presse autour des eaux bienfaisantes du Mont-Dore, de la Bourboule, de Saint-Nectaire et de tant d'autres stations balnéaires. Les eaux, leur composition et leur nature sont le dernier effort des forces plutoniques.

» Mais, si l'on veut voir, dans toute leur étrangeté et leur splendeur, les roches issues des volcans, c'est loin de cette région classique. Les plus belles colonnes basaltiques, ce qu'on appelle des *orgues*, sont dans le département de la Corrèze, où elles dominent, de très haut, la gentille ville de Bort, assise sur les bords de la Dordogne, dans une vallée qui serait célèbre par sa beauté, si elle n'avait le tort d'être en France.

» Il en est d'autres, à peine moins belles, plus fières, plus étonnantes, dans la haute vallée de l'Allier, entre Langeac et les sources de cette grande rivière, et dans la vallée supérieure de la Loire. Ici, les paysages sublimes, étranges, pittoresques, horribles aussi, se succèdent : orgues dressées au sommet de parois immenses, rangées de colonnes assises sur des couches de gravier ou de sable, révélant que des rivages furent couverts comme Saint-Pierre l'est aujourd'hui, se montrent aux yeux des voyageurs étonnés, qui roulent dans un wagon vers Alais et Nîmes.

» Au haut, à près de mille mètres d'altitude, s'étalent des plaines moroses et froides, mais fertiles aussi, couche de lave décomposée, ayant gardé une inconcevable quantité de blocs de lave que les habitants recueillent, pour en faire la clôture des champs, divisant ainsi la région en une infinité de damiers grisâtres. Au-dessus de ces plaines, des monts coniques de faible élévation commandent d'immenses horizons. Si l'on gravit quelqu'un de ces cônes écrêtés, on a parfois la surprise d'y trouver endormi un beau lac circulaire, enfermé entre des pentes raides.

» Ce sont les cratères de volcans, ou, mieux encore, l'effet de prodigieuses bulles de gaz qui ont éclaté, laissant à leur place le vide béant dans lequel s'amassèrent les eaux. Le lac du Bouchet, près du Puy, est le plus curieux de ces réservoirs d'eau pure, mais il a pour rival le lac d'Issarlès, aux confins du Velay et du Vivarais, au sein d'un paysage d'une saisissante étrangeté.

» En Auvergne, le lac Pavin ne le cède pas au Bouchet et à Issarlès. Lui aussi, est d'une régularité absolue, tandis que ses voisins : Chambon, Aydat, Monteineyre, ont des rives plus capricieusement découpées, mais d'autres : Servière, Guéry, Chauvet offrent toujours la forme circulaire des cratères éteints.

» L'Auvergne a plutôt de grandes coulées, comme les chèvres épandues au flanc de cette chaîne du pays dont je parlais l'autre jour. Dans une de ces nappes solidifiées, au-dessus de Volvic et de Riom, ont été creusées les fameuses carrières de lave dont sont sorties les villes voisines. La roche extraite est susceptible d'être taillée. Presque indestructible, elle donne, par l'alternance des assises avec des pierres blanches ou fauves, un grand caractère aux édifices.

» Autour du Puy et, de là, jusqu'au Rhône, les forces plutoniennes ont produit d'autres transformations du paysage primitif. Il y a moins de volcans apparents que dans l'Auvergne, mais on y rencontre encore bien des cônes superbes. Puis, ce sont les dykes volcaniques, roches isolées, semblables à quelque prodigieux jet de lave qui aurait été figé en arrivant à l'air.

» Quand ces dykes sont volumineux, ils ont servi de bonne heure de forteresse. Les seigneurs féodaux y ont juché leurs châteaux, en apparence inexpugnables. Le plus étonnant de ces sites est dans le département de l'Ardèche, au bord du Rhône, face à Montélimar. C'est la petite ville de Rochemaure, construite en basalte et dont les murs noirs sont dominés par le dyke qui porte le château. On ne parvient à celui-ci que par de raides sentiers et une véritable escalade. Avant l'artillerie, une telle position ne pouvait être réduite que par la famine.

» Cette même région de Rochemaure est entièrement volcanique. Il y a là des volcans autrement considérables que ceux d'Auvergne et dont le cratère domine superbement toutes les montagnes du Vivarais, puis, par delà, la Rhône regarde l'immense plaine de la Drôme que semblent borner les monts du Diois et la chaîne blanche des Alpes, superbe et majestueuse.

» Chose singulière, les bords de la Méditerranée française ont peu de traces de l'ancienne activité volcanique. Il n'y a guère à citer que la montagne de Saint-Loup, au-dessus d'Agde et quelques autres petits sommets de l'Hérault. La montagne de Saint-Loup est un magnifique piton sur lequel on a érigé un sémaphore, gardien de ces mers dangereuses. Elle est entièrement de laves et de scories et montre nettement la forme du cratère d'où s'épanchèrent les laves. Mais, là encore, il n'y a pas de souvenir humain des éruptions.

» Le populaire, il est vrai, avait eu l'intuition des scènes violentes qui durent se produire au-dessus d'Agde. Le cratère, en patois languedocien, s'appelle encore *fourniguière*, c'est-à-dire, le four. Les pentes couvertes de scories sont des *crémades* ou terres brûlées. Les roches qui les hérissent sont des *peyres de riouré* et les étymologistes font venir *riouré* des deux mots phéniciens : *ri* montagne et *our*, feu. Les Phéniciens auraient donc reconnu l'origine de la montagne de Saint-Loup, en la baptisant Montagne de feu.

» Mais cela est sans doute imagination de savants. Quand les Phéniciens apportaient la civilisation sur ces rivages, le volcan d'Agde était, sans doute, depuis bien des siècles endormi. »

Il est autour des volcans éteints de l'Auvergne et du sud-est de la France une hypothèse qui tend à justifier leur isolement en dehors de la distribution générale des volcans. Cette hypothèse, pour n'être pas une certitude, n'en est pas moins appuyée.

Les études géologiques dont notre sol a été l'objet ont fait découvrir dans cette partie de notre pays des dépôts calcaires qu'on expliquerait difficilement, si l'on ne suppose l'existence d'un grand lac d'eau douce. Cela remonte évidemment à des époques très reculées et il ne reste, de cette mer intérieure, aucun indice historique. Néanmoins, comme nous n'en sommes plus à reculer devant la possibilité d'un bouleversement et de secousses sismiques, modifiant radicalément la forme d'une contrée, il nous faut bien tenir compte de ces dépôts calcaires et supposer que, jadis, ce qui constitue quelques-unes de nos provinces était noyé sous les eaux.

Du coup, cela explique que des séries de volcans aient au nord et à l'est bordé ce grand lac et, puisque une affinité remarquable existe entre les mers et les feux souterrains, nous entrevoyons toute une période éruptive secouant les pics éteints, qui dorment maintenant à quelques pas de nous.

Nous avons terminé ces esquisses et nous ne croyons pas pourtant pouvoir rentrer dans le silence sans avoir adressé un hommage ému à la vaillance de ceux qui se firent les pionniers de la science et montèrent à l'assaut des volcans. Les noms de quelques-uns de ces hommes, que nous appellerions volontiers des héros, sont déjà venus sous notre plume. Pour ne pas nous lancer dans une nomenclature longue et difficile, rappelons simplement un souvenir.

Il y a cinquante ans environ, un observatoire a été fondé près du Vésuve, et M. Palmiéri y a passé la plus notable partie de sa vie. Là, entouré de sismomètres et d'instruments d'une sensibilité parfaite, il étudie les moindres frémissements qui agitent le sol. Quand le monstre entre en fureur, l'illustre savant se voit parfois isolé du reste du monde, par des nuages de fumée et par une mer de feu ; c'est alors surtout qu'il contemple avec amour et qu'il note les degrés des colères volcaniques.

CHAPITRE IX

CAUSES DES VOLCANS

Sous l'impression des tristesses profondes, l'esprit se replie et, tendant vers un seul point douloureux toutes les énergies qu'il possède, il ne vit plus que de sa tristesse et de lui. L'un et l'autre même ne font qu'un, car, par une assimilation dont il a le secret, l'esprit s'identifie tellement avec l'objet qui l'absorbe que son travail en est l'éternelle reproduction. Ces réflexions nous sont suggérées par le souvenir persistant de la catastrophe dont notre colonie des Antilles a été victime.

Un fait, quelle que soit son importance, paraît n'occuper qu'un faible point dans le temps; il nous appartient de lui communiquer une part de la puissance créatrice qui nous a été déléguée et d'étendre ce fait au delà de toutes limites. Si son existence a été courte, de la durée d'un éclair, nous en prolongeons la puissance illuminatrice et nous lui ménageons une autre vie, dont les conditions de l'espace et du temps ne déterminent pas la fin. Qu'avons-nous fait pour cela? Nous avons fait poser devant nous, sous toutes ses faces, l'événement dont le souvenir nous était cher ; nous l'avons étudié en lui-même, nous en avons creusé les détails, nous en avons suivi les contours, et parce que toute chose limitée offre un aliment insuffisant à notre esprit que les limites impatientent, nous avons amplifié le sujet en y mettant quelque chose de ce monde réduit qui habite en nous. Nous avons posé des questions et cherché le pourquoi de nos tristesses, nous avons interrogé l'espèce d'atmosphère dont un

Pompéï.

fait s'enveloppe, les tenants et aboutissants auxquels il se rattache et, sachant, par instinct et par raisonnement, que la véritable connaissance des choses demande aussi la connaissance des causes, nous nous sommes lancés dans l'analyse profonde et lointaine des différentes forces dont la résultante seule avait soulevé notre intérêt.

Ainsi, nous avons vu, depuis trois mois, les feuilles périodiques agiter les problèmes complexes qui se rapportent aux éruptions volcaniques et les hommes de science, construisant sur une donnée nouvelle, fouiller de nouveau les secrets terribles de la nature. Le centre de leurs préoccupations était cette montagne Pelée qui venait de mettre au jour une manifestation stupéfiante des énergies cachées sous notre sol ; ils avaient cela en vue, quand ils énuméraient les influences nombreuses qui peuvent réveiller les volcans assoupis.

Ce sera aussi notre pensée et ce sera notre excuse pour un chapitre rempli de déductions scientifiques. Le cataclysme de 1902 s'est posé, non seulement comme un fait brutal, mais encore comme un problème cent fois entrepris et jamais résolu. Avant de regarder en face la catastrophe, nous comptons les causes de destruction qui l'ont produite et, ce faisant, nous pensons bien aimer ceux qui ont été frappés et ceux qui sont morts.

Depuis deux siècles, les causes des éruptions volcaniques ont donné lieu à des théories nombreuses. La question s'imposait si brutalement et se dissimulait sous tant d'ombre que les opinions affluaient, très éloignées les unes des autres. Nous exposons les principales avant de manifester nos sympathies pour l'une d'elles.

On pensa d'abord que les éruptions volcaniques étaient dues à l'embrasement des couches de houille et de pyrites mises en contact avec l'eau, et Lemery imagina son volcan artificiel : un peu de limaille de fer, un peu de soufre en poudre, un peu d'eau et le contact de l'air ; la masse se chauffait au rouge. Cette explication, en faveur pendant un temps, parut ensuite une ingénieuse expérience de laboratoire et rien de plus. Comment, en effet, supposer que les gaz développés par la combustion de ces matières, prises même en énormes quantités, puissent suffire à soulever les masses de l'écorce terrestre et déterminer les phénomènes puissants qui accompagnent les éruptions? Buffon et Bernardin de Saint-Pierre s'attachèrent à cette hypothèse en la modifiant quelque peu. Le premier y ajouta la nécessité du voisinage de la mer et le second fit appel aux fermentations végétale et animale, enflammées spontanément et se livrant de temps à autre à une excessive activité.

Au commencement du XIXe siècle, sir Humphry Davy émit une théorie nouvelle. Les éruptions volcaniques, d'après lui, auraient pour cause la combustion incessante de métaux enfermés dans les couches de l'écorce terrestre. Ces métaux seraient le calcium, le sodium, le potassium et le magnésium qui, à la température ordinaire, s'enflamment au simple contact de l'air et de l'eau.

Après le savant anglais, Gay-Lussac mit en présence l'eau, surtout l'eau de mer et les chlorures métalliques, et fit naître de là les fluides gazeux qui soulèvent l'enveloppe de la terre et les matières ignées qui constituent la lave.

Nombre d'autres théories ont été imaginées; il serait fastidieux de les parcourir et, ce qui semble plus sûr, c'est d'établir à la base d'une opinion plus probable la croyance populaire à l'existence d'un feu central. Cette conviction, qui se retrouve dans tous les esprits, ne fait que planer à la surface de la question, mais il est difficile de ne pas reconnaître la certitude morale sur laquelle elle s'appuie.

Ayant pour elle des traditions plus que séculaires, elle est conforme au sentiment de tous les peuples dont la vie est entrée dans le domaine de l'histoire et, à l'origine des temps, nous la voyons si profondément imprimée dans tous les esprits qu'elle revêt les caractères d'une de ces notions primitives que l'humanité trouva dans son berceau.

La terre, d'après cette hypothèse, marcherait vers un refroidissement progressif et continu, indépendant des périodes glaciales ou torrides qui ont intervenu dans ses évolutions. Ces périodes, dont l'histoire soupçonne plutôt qu'elle constate les délimitations, car, s'étendant à travers des siècles nombreux, elles sont peu prodigues d'exemples à l'appui de la règle, ont été reconnues et fixées au moyen de recherches géologiques, dont plusieurs appartenaient au domaine de la paléontologie et ces périodes ne sauraient être, du reste, que des accidents autour d'une réalité qui les domine.

Le refroidissement de l'écorce terrestre, s'attaquant aux couches superficielles et extérieures, n'aurait pas pénétré jusqu'au sein de la terre et, quand on descend à une certaine profondeur au dessous du sol, on constate, en effet, une élévation progressive et constante de la température. Alors qu'à la surface, les révolutions des saisons produisent les impressions de chaleur et de froid, une inaltérable égalité règne dans les exploitations houillères qui se sont poussées assez profondément vers le centre. Cette progression est-elle indéfinie? S'arrête-t-elle à une certaine limite? Au sein d'un foyer immense, occupant le centre de la terre et enfermant dans les cavités d'une sphère colossale les masses incalculables des matières qu'une ignition prolongée fait toutes prêtes à devenir les éléments d'une éruption, faut-il supposer, grâce à la pression énorme des couches massives superposées, qu'une puissante source de calorique existe, répandue dans toutes les couches inférieures, avec des degrés d'énergie qui ne feraient que croître à mesure que l'on s'approche du centre et que la compression opérée par l'enveloppe extérieure pèse davantage? Alors, les matières susceptibles de combustion seraient l'objet de combinaisons préliminaires qui, une fois nées, détermineraient fatalement et, comme par la détente d'un ressort, les explosions qui percent l'écorce de la terre.

Deux systèmes sont en présence, le premier, celui des matières éruptives toutes préparées ; le second, celui d'une action immédiate, dirigée vers un but déterminé dans l'espace et dans le temps.

Ceci n'est pas un argument, mais plutôt le corollaire de l'un ou l'autre de ces deux systèmes et une vue plus large naissant de leur aperçu.

Quand le Créateur procéda à son œuvre, dans le principe des temps, nous nous le représentons volontiers ne s'attardant pas aux détails de l'univers, mais donnant, avec les rudiments et les principes constitutifs des mondes, la loi féconde du développement et de la progression par laquelle les mondes devaient devenir ce qu'ils sont. Notre globe n'eût été dans le principe qu'une nébuleuse créée, dont les milliers de parcelles eussent été animées de mouvements que dirigeaient et réprimaient les lois de l'attraction. Ainsi, nous apparaissent encore des nébuleuses que révèle seule à l'œil nu la pâleur du firmament et qui peut-être seront unies un jour et fondues en un même monde. La chaleur et le mouvement sont choses qui se tiennent et ces deux grands agents eussent été les principes constitutifs qui, prenant les matières informes au sortir du chaos, les eussent groupées et organisées. Des buées persistantes ne sont-elles pas nées de la matière primitive, embrasée ou seulement surchauffée et roulant sur elle-même, mise en contact avec les espaces indéfinis saturés d'humidités chaotiques? Ces buées, vapeurs alourdies, ne se seraient-elles pas déposées pour former la première et légère couche sur laquelle d'autres vapeurs se seraient reposées et solidifiées pendant des siècles sans nombre, jusqu'au temps où l'éloignement de la chaleur centrale croissant, un équilibre se serait établi entre les ardeurs à longue distance venues de l'intérieur et le refroidissement qui tombait du dehors? Même maintenant, si nous admettons l'hypothèse d'un refroidissement progressif, ne serait-ce pas que cette grande évolution continue son cours depuis que l'homme a paru sur la scène pendant une période dont l'étendue, comparée aux périodes antérieures, n'est que celle d'une minute mise en face d'un siècle ?

Nous n'appliquerons pas ces considérations anx mondes innombrables qui peuplent l'univers et nous n'établirons pas ces trois séries des mondes qui ont vécu, de ceux qui vivent et de ceux qui vivront. Cela nous entraînerait loin en dehors de notre plan et nous en avons assez dit pour que l'admiration soit irrésistible en nous, en face de l'œuvre d'un Dieu dont l'action dépasse ce que nous pouvons imaginer.

Les causes directes qui influent sur les catastrophes volcaniques auraient donc, comme principe, l'existence d'une source énorme de calorique fixée au centre de la terre. Nous appelons à l'appui de cette opinion une étude récente publiée par M. Thomas Grimm.

Après avoir avancé qu'il croit peu à l'extinction totale des volcans. même quand des siècles se sont écoulés sans que les monstres aient paru sortir de leur léthargie, M. Thomas Grimm appuie sa proposition sur la nature même de ces monts ignivomes.

« Il est absolument acquis à la science, dit-il, qu'à une profondeur variant entre 25 et 30 mètres, la terre est, pour ainsi dire, dans un état constant de chaleur. Plus on descend, plus cette chaleur s'accroît. L'accroissement moyen est d'un degré pour 33 mètres de profondeur, de sorte qu'à la distance de 3 kilomètres, au dessous du point de la chaleur constante, la température du sol doit être de 200 degrés. Si cette loi physique se continue régulièrement — et c'est l'avis des géologues — on trouverait à une profondeur de 100 kilomètres plus de 3,000 degrés de chaleur, température suffisante pour faire fondre tous les corps que nous connaissons.

» La forme du globe terrestre, les bouleversements dont sa surface a été le théâtre, l'accroissement progressif de la température à mesure que l'on s'enfonce dans la profondeur du sol, les éruptions volcaniques qui l'agitent encore, tout prouve que notre planète a été autrefois dans un état complet d'incandescence. La mince croûte que nous habitons recouvre un océan de feu. Lorsque la puissance du calorique est poussée à son extrême degré, un crèvement de la surface terrestre se produit. Quand il réussit, le crèvement se traduit par un volcan ; si, au contraire, la force impulsive n'est pas assez grande pour faire éclater la croûte terrestre, ce second phénomène constitue le tremblement de terre.

» Il y a donc une indiscutable parenté, une corrélation étroite entre les volcans et les tremblements de terre. Les premiers sont la maladie chronique du jaillissement calorique intérieur; les seconds ne sont qu'une indisposition, une souffrance momentanée de la planète...

» Les volcans sont des espèces de cheminées ou conduits souterrains qui établissent une communication temporaire ou permanente de l'intérieur du globe à sa surface. On en connaît à peu près deux cents qui fonctionnent à plus ou moins d'intervalle. Presque tous sont situés dans des îles ou sur le bord des continents, circonstance qui s'explique par la résistance plus faible que doivent opposer aux agents intérieurs les pentes continentales qui descendent et plongent dans les bassins des mers. »

Ces dernières lignes de Thomas Grimm nous font toucher aux causes occasionnelles des volcans et posent la question suivante : Pourquoi les volcans abondent-ils en certaines régions, généralement limitrophes des océans ou entourées par eux, plutôt qu'en d'autres qui sont uniquement continentales?

Déjà, nous avons suivi la disposition générale des sommets par lesquels s'épanche le feu intérieur. Nous avons tracé des lignes qu'on pourrait appeler les *circuits plutoniques* à la surface du globe. Ainsi, nous n'avons fait que constater un fait existant et nous n'en avons pas cherché les raisons. C'est maintenant qu'il nous appartient de le faire, autant que raisons il peut y avoir, là où les probabilités les plus sérieuses sont toujours exposées à être mises en doute.

Le rôle que l'on attribue aux infiltrations marines dans les éruptions des volcans semble être une explication insuffisante, bien qu'en nombre de cas elle enferme une portion de vérité. Il est certain que, sur nombre de ses côtes, la mer, par le choc incessant de ses vagues profondes, a creusé dans les terres les grottes qu'on pourrait, de préférence, appeler des abîmes sans fond et qui réserveraient des stupéfactions à qui pourrait les visiter. Quand ces cavernes sous-marines ont été devinées, ainsi que cela a été fait sous le cratère du Stromboli, on a été étonné de les trouver démesurément profondes et la disparition de matières que les eaux y engouffraient a porté à croire qu'elles ouvraient, sur leurs flancs ou dans leurs parois inférieures, des conduits qui les prolongeaient jusque dans d'autres cavernes dissimulées au sein de la terre. L'exploration en était impossible, tant les deux extrémités, comme le corps de ces boyaux souterrains, étaient inabordables.

D'autre part, dans l'histoire des éruptions, une remarque souvent faite a été celle des énormes quantités de vapeurs d'eau et de gaz qui ont été rejetées. Les eaux vaporisées ne seraient-elles pas celles que la mer introduit dans le cœur des vastes cavernes où bouillonnent les matières en fusion ? Ces gaz, dont l'expansion immense a forcé les parois des cratères et soulevé les rocs amoncelés, ne seraient-ils pas le résultat de combinaisons où l'eau serait entrée comme élément ? Sans doute, nous le pensons et tout nous y autorise. L'invasion des flots dans les cavernes brûlantes a dû produire instantanément d'énormes volumes de vapeurs qui ont rempli les vides encore laissés autour des combustions centrales. Les parois formées de hautes masses ont résisté quelque temps à la pression et, forcées enfin, se sont déchirées sous l'effort violent.

Nous trouverions encore à cette hypothèse une probabilité nouvelle dans les désordres qui se manifestent parfois en mer, quand un volcan du voisinage entre en activité. Les flots sont agités et les vagues se heurtent ; de véritables tempêtes soulèvent les masses profondes de l'élément liquide, et, ce qui montre que ces tempêtes ont leurs causes dans des bouleversements allant de bas en haut, c'est qu'au même temps le ciel est serein et l'atmosphère calme. Il est tout naturel que les excroissances du feu intérieur cherchent à se répandre, non seulement par la cheminée ouverte verticalement jusqu'à la surface, mais par cet autre exutoire, la caverne sous-marine, dont l'eau de mer a fait crever la paroi.

Nous avons fait la part belle à l'hypothèse des infiltrations sous-marines et nous ne voulons pas, cependant, que cette part absorbe celle d'une autre hypothèse plus générale dont la base est plus encore posée dans la nature même des choses.

Dans un chapitre précédent, nous avons incidemment dit un mot d'un phénomène de torsion, sous l'influence duquel s'usent insensiblement les bases des continents qui plongent dans les océans. Si, naguère, nous avons affirmé l'existence de grottes sous-marines, cela a été la simple constatation d'un fait. La cause de ce fait gît tout entière dans cette torsion, ce mouvement tournoyant et heurté, qu'imprime aux eaux la rotation de la terre.

Dès lors, il n'est plus besoin, pour expliquer les volcans, d'avoir recours à des infiltrations marines et de supposer des communications souterraines, mettant en contact l'Océan et le feu central ; il suffit de l'usure incessante, tenace, que pratiquent, sur certaines parties de l'enveloppe terrestre, les assauts répétés des flots.

On doit supposer que la pression du feu intérieur est la même sur tous les points de l'immense paroi sphérique, par laquelle il est limité. Si donc un volcan s'ouvre sur un point plutôt que sur un autre, c'est qu'en ce point précis, la paroi est plus mince ou moins résistante. Or, deux causes principales contribuent à la faiblesse et à l'amincissement de l'écorce terrestre : l'une, à l'intérieur, est la disposition oblique des couches sur certains points de la sphère, l'autre à l'extérieur, est l'usure de la surface.

Dans les ouvrages traitant de géologie, des coupes verticales, faites suivant un plan qui fendrait la surface de la terre et irait au centre, exposent la succession des terrains sous la forme de couches concentriques et superposées. Si, sur la rotondité du globe, une dépression quelconque a été produite, les couches suivent généralement cette dépression d'une façon à peu près régulière, avec cette note spéciale que souvent les couches perdent de leur épaisseur, ce qui, finalement, atténue l'obliquité.

S'il est, à la face de notre planète, des dépressions considérables, ce sont évidemment celles que creusent les océans. Qu'on se représente donc, sur le plan interne de l'écorce terrestre, aux points qui correspondent à l'inclinaison des continents vers les mers; qu'on se représente, dis-je, les couches les plus intérieures de l'enveloppe se présentant obliquement à l'assaut que donnent les bouillonnements et les gaz dilatés. Il y a, dans le plan circulaire, quelque chose qui ressemble à une solution de continuité ; c'est là où la sphère s'infléchit, où commence l'obliquité. Là, une déchirure est plus facile; les énergies du feu central se groupent mieux dans l'angle aux faces incorrectes, où leur poussée se disperse moins que sur une surface plane. Or, cet angle tient, à l'intérieur, la même place symétrique qu'occupent au dehors les côtes des continents et si une fissure s'ouvre en bas, en haut elle se nomme un volcan.

Nous passons à une autre cause par laquelle s'explique également l'amincissement partiel et local de l'enveloppe terrestre ; je veux dire le phénomène de torsion, dont les effets ne se produisent qu'aux lieux de contact de la terre et des mers.

L'émiettement des rocs qui soutiennent nos falaises ne nous donne qu'une faible idée de ce qui se passe à la base même des continents, touchés par les océans, et pourtant cet émiettement existe. Là, les flots, retardés dans leur course inégale par la résistance de l'air n'ont que des fureurs bénignes et les coups de bélier qu'ils assènent aux côtes ne pèsent que le poids des eaux en mouvement. Il en est autrement dans les profondeurs océaniques. Là, l'élan des masses liquides qui se précipitent contre la terre, se multiplie infiniment par l'incalculable pression qu'exercent sur les couches profondes les couches étagées jusqu'à la surface. C'est l'impression qu'éprouve le scaphandrier quand il est arrivé bien bas dans les abîmes ; il lui semble qu'un fardeau énorme pèse sur ses épaules et sur tout son corps.

Or, si la sape donnée par les eaux est de nature à produire des effets de destruction considérables, ajoutons qu'elle s'exerce sans trêve ni repos et qu'elle creuse incessamment le travail de ses mines. En voici la raison.

Dans son évolution sur elle-même, du couchant à l'orient, la terre entraîne dans sa course deux éléments, dont l'un solide et l'autre liquide. En raison de sa fluidité, l'eau suit de manière imparfaite le mouvement de rotation qui lui est imprimé et, ne réussissant pas à se maintenir immobile dans la place qui lui est assignée, elle se heurte, par une sorte de réaction, contre les matières solides de la surface terrestre qui obéissent passivement à l'impulsion donnée. De là, les chocs de tous les instants sur toutes les côtes des continents, chocs d'autant plus terribles que les molécules de l'élément liquide, ayant moins d'adhérence, cet élément est moins entraîné et que la vitesse de rotation de la terre est plus considérable.

Il n'est pas possible que ces heurts, dont nous avons expliqué la puissance, n'amincissent pas de façon bien effective la paroi qui sépare les eaux et les royaumes ignés, et, si l'écorce terrestre n'est pas partout transpercée de part en part, si même elle l'est rarement, elle perd, cependant, assez de sa résistance pour que les langues de terre qui longent les océans soient les lieux fatalement prédestinés où sévissent les volcans.

En exposant ces hypothèses qui jettent sur les éruptions volcaniques et leur localisation un jour assez net, nous sentons bien n'avoir pas tout dit sur la question et des aperçus nouveaux peuvent naître ; quelques-uns sont nés déjà. Les phénomènes de la nature, s'ils sont simples dans leur manifestation, sont, en général, très complexes dans leur genèse et pourles produire, des agents nombreux font converger leurs efforts. Là, où chacun de ces agents, pris à part, serait insuffisant, la résultante de leurs forces fait trouée et cette résultante est souvent obtenue par des liens invisibles, formant un faisceau des énergies dispersées et qui semblent dirigées en des sens contraires.

Nous croirions commettre un contre-sens, si nous introduisions le moindre souffle léger d'une brise poétique dans une question d'ordre tout scientifique. Pourtant, n'est-ce pas, une coordination admirable celle qui, groupant les infiniment petits du travail naturel, creuse un roc par la chute répétée d'une goutte d'eau, vaporise la gouttelette, dessèche la cavité minuscule par un rayon de soleil, renouvelle les mêmes opérations, dans le même ordre, des milliers et des milliers de fois et transperce enfin le granit impénétrable. Si l'admiration prend son origine dans la disproportion de causes contrastant avec leur effet, l'admiration doit s'exercer beaucoup dans la contemplation de la nature et, quand elle s'interroge pour se raisonner, il lui faut souvent remonter vers l'auteur tout-puissant de toutes choses.

Le feu central est certainement une des causes efficientes produisant les éruptions volcaniques : il en est d'autres qui, près de cette influence principale, viennent établir leur influence secondaire.

Naguère, M. de Lapparent, s'expliquant sur la catastrophe de la Martinique, déclarait impossible de prévoir, même de manière vague, les bouleversements qui ont leur origine dans le centre de la terre ; ce que l'on pouvait seulement affirmer, c'est que les Antilles, placées près d'une dépression profonde de la terre, qui fuit très-bas sous les eaux de l'Atlantique, étaient échelonnées sur une cassure de l'écorce terrestre : dès lors, souvent éprouvées, déjà, par des cataclysmes appartenant à l'ordre des phénomènes plutoniques, elles pouvaient s'attendre à toutes les épreuves. Des savants ont relevé ces affirmations et, puisque notre seul rôle se résume à la prévision des malheurs futurs, par la considération des malheurs passés, ils ont voulu jouir de cette triste consolation.

Nous sommes heureux d'avoir sous les yeux les opinions émises par lord Kelwin, par un astronome belge, Diéricks, et un savant français, M. de Parville.

Les uns et les autres, ils font intervenir l'influence des astres et, en particulier, celle du soleil sur la terre, pour expliquer les secousses sismiques et les éruptions qui se sont multipliées en ces derniers mois.

D'après lord Kelwin, la terre, eût-elle été d'acier, n'aurait pu résister aux actions du soleil et de la lune, combinant leurs forces attractives dans une direction unique. Il devait en résulter, dans la forme de notre sphère, des modifications notables, en raison de la tension des parties plus proches du globe vers le soleil et vers la lune et ces modifications ont entraîné des déformations parallèles dans le centre de la terre.

M. Diericks, dont l'opinion est semblable, a pensé que si, avant le mois de mai 1902, on avait pu jeter dans les cavités du centre terrestre un regard curieux, comme il était facile de surveiller le ciel, on aurait surpris le grand travail intérieur duquel viendrait la catastrophe et on aurait pu même fixer la date de l'éruption du 7 au 9 mai.

Ce jour-là, en effet, les forces attractives du soleil et de la lune atteignaient leur maximum de puissance, car le soleil et la lune étaient à la plus courte distance de la terre et l'un et l'autre passaient au zénith : d'autre part, les deux attractions opéraient dans une même direction. Un énorme travail de tendance a dû se faire dans l'écorce terrestre et précisément aux Antilles, plus directement soumises à l'attraction dans ces circonstances. Ce qui devait se produire, comme résultat de cette tension, s'est produit; une cassure s'est faite dans l'enveloppe terrestre, dont les forces attractives étiraient les formes sphéroïdales. et nous savons le reste.

Ce qui est très probant en faveur de l'hypothèse, c'est que M. Diericks avait prédit, pour le commencemet du mois d'août, une nouvelle crise; les coïncidences redevenaient les mêmes; le soleil, revenant vers l'Equateur, devait, ainsi que la lune, se trouver perpendiculairement au-dessus des Antilles; les mêmes influences célestes devaient se produire; sur terre et sous terre, le même travail. Or, est-il nécessaire de demander avec quelle exactitude la montagne Pelée a réalisé les pronostics des savants?

« Le soleil et la lune, dit M. de Parville, dont l'attraction détermine nos colossales marées terrestres et souterraines, étaient non seulement en périgée, mais rapprochés en déclinaison et en ascension droite, au point que l'explosion de la montagne Pelée a coïncidé avec une éclipse totale de soleil. La circonstance du périgée lunaire, coïncidant avec une éclipse, sera d'autant plus significative pour les initiés que le soleil et la lune passaient littéralement au zénith de la Martinique, pendant la terrible période. Ainsi la montagne Pelée est située par 15° de latitude, alors que le soleil dardait ses rayons par 17° 1/2, soit à peine deux degrés en dehors de la verticale surplombant le cratère et la lune, presque exactement 17°, soit plus près encore du point considéré. Enfin, le jeudi 8, jour de l'Ascension et jour de l'explosion, qui envoya dans les airs le cône supérieur du volcan, c'est à huit heures du soir que se présentait le périgée lunaire; notre satellite se rapprochait de nous jusqu'à 340.000 kilomètres.

J'ajouterai encore, continue M. de Parville, une raison que l'on a oubliée pour légitimer les effets des deux astres, c'est le voisinage de la lune et du soleil de l'Equateur. La lune se trouve le plus près possible de l'équateur en 1902, avec ses déclinaisons minima de 18°, et l'analyse mathématique montre que, dans ces conditions, les forces attractives passent par un maximum. »

Nous compléterons ces conclusions, déduites des observations astronomiques, par une étude que nous empruntons au *Petit Journal*, où elle a paru sous la signature d'Emile Gauthier.

« La question des éruptions volcaniques a déjà été traitée ici à plusieurs reprises; mais le problème est si passionnant que l'on m'excusera d'y revenir. D'ailleurs, elle est toujours, hélas! d'actualité. Le Vésuve offre aux touristes le spectacle de ses fumées et le Stromboli fait entendre des détonations fréquentes, pendant que la montagne Pelée continue à faire des siennes. Quatre longs mois n'ont pas suffi pour épuiser sa frénésie, qui ne cesse, pour ainsi dire, de s'épancher à jet continu en torrents de flammes, de gaz fulgurants, de poussières incandescentes et de laves en fusion, avec accompagnement d'éclairs et de tonnerres. A chaque éruption nouvelle, elle agrandit la sphère de son action désastreuse.

» On se demande avec épouvante et stupéfaction quel foyer géant peut alimenter ainsi, sans trève, une énergie destructive, se chiffrant par des millions de calories et de chevaux-vapeur et par des millions de mètres cubes de matières incendiaires et toxiques.

» Abasourdie, balbutiante, désorientée, la science orthodoxe ne sait plus que dire. C'est en vain que les spécialistes les plus autorisés de France et d'Amérique se sont rendus sur place et se sont approchés du cratère, aussi près qu'ils l'ont pu, sans risquer inutilement leur vie, pour essayer, entre deux éruptions, de se rendre compte de ce qui se passe. Les uns et les autres sont revenus bredouilles; ils ont constaté le phénomène, ils l'ont analysé minutieusement et ils ont décrit, en détail, le mécanisme et les effets, mais ils ne l'ont point expliqué.

» Ici, les conjectures ont beau jeu. Toutes, cela va de soi, également invérifiables, aucun des procédés d'investigation, dont notre misérable science est si fière, n'étant à la mesure du problème. Toutes, par conséquent, également incertaines et précaires.

» Parmi ces conjectures, il en est une cependant qui, si vague, si flottante, si confuse encore qu'elle paraisse, offre assez de vraisemblance théorique pour donner un commencement de satisfaction à l'esprit du penseur.

» C'est celle qui consiste essentiellement à dire que les causes de la catastrophe de la Martinique, comme de tous les cataclysmes du même genre, doivent être cherchées, en dehors des phénomènes purement terrestres, parmi les forces cosmiques qui gouvernent l'espace infini.

» Aucune, en effet, des actions terrestres, je veux dire des actions dont le petit amas de boue, que nous appelons la terre, est exclusivement le siège ou l'instrument, ne saurait être invoquée; aucune, pas même le fameux feu central, dont l'hypothèse est, du reste, fortement contestée. C'est ailleurs, en dehors et au-dessus de la terre, parmi les énergies astrales, qu'il faut chercher la puissance supérieure dont les caprices sont susceptibles de déterminer des conséquences aussi colossales et aussi désastreuses.

» On en arrive ainsi à conclure que c'est sans doute la faute du soleil, et cette conclusion, à y regarder de près, n'est pas aussi paradoxale qu'elle en a l'air.

» Tout le monde sait que le soleil, centre de notre système planétaire, qui lui doit l'existence, est, pour ainsi dire, l'âme même de la terre, comme de toutes les autres planètes. Toutes les forces qui opèrent dans les entrailles, comme à la surface de la terre et qui y commandent tant de mouvements divers, sont des émanations directes du soleil. C'est au soleil que nous devons, non seulement la chaleur et la lumière, mais encore l'attraction, l'électricité, le magnétisme, l'affinité chimique, la vie végétale et animale. C'est le soleil qui engendre et entretient la circulation des eaux et des vents, de la sève et du sang. Pas un fait ne s'accomplit ici-bas qui ne soit, directement ou indirectement, dans le présent ou dans le passé, sous la dépendance de ses radiations souveraines.

» Si la terre tourne sur elle-même et roule sur son orbite, si des courants réguliers et des orages intermittents agitent son atmosphère, si l'excès d'eau de ses océans, de ses lacs et de ses fleuves s'élève sous forme de vapeur, jusqu'à la région des nuages, pour en retomber bientôt, sous forme de pluie, de neige ou de grêle, si ses flancs recèlent assez de combustibles et de métaux divers pour défrayer les besoins croissants de l'industrie intensive, si l'herbe pousse, si les moissons mûrissent, si les animaux respirent, si l'homme travaille et pense, c'est parce qu'il y a un soleil, pour mettre tout, harmonieusement, en branle.

» Rien d'étonnant que les peuples anciens, inspirés par le triple instinct de l'admiration, du respect et de la reconnaissance, aient, si longtemps, adoré le soleil, le seul dieu visible dont ils eussent la compréhension.

» En termes plus précis, on peut dire que le soleil apparaît comme une gigantesque source d'énergie, non seulement calorifique et lumineuse, mais encore (en vertu du principe de l'équivalence et de la corrélation des forces) électro-magnétique, dont le rayonnement vibratoire influence à distance les globes obscurs qu'il traîne à sa remorque, à commencer par la terre.

» D'où cette conséquence, que ses moindres vicissitudes, ses moindres perturbations doivent retentir ici-bas.

» Ce n'est pas d'aujourd'hui, au surplus, ni même d'hier, qu'on a remarqué une singulière corrélation entre les variations des taches solaires, par exemple, qui sont les symptômes des crises dont l'atmosphère du soleil est le théâtre, avec certains phénomènes terrestres, tels que les oscillations de la température et du magnétisme, les auroles boréales, les cyclones, les tremblements de terre, etc.

» Le savant professeur Zenger, de l'Université de Prague, a même constaté que les recrudescences de l'activité volcanique coïncidaient, en vertu d'une sorte de parallélisme et de symétrie, avec la courbe des taches solaires, lesquelles sont soumises à certaines lois de périodicité. Il a même dressé à ce propos des tableaux comparatifs, d'autant plus saisissants que leurs enseignements sont confirmés par les travaux d'un autre savant, d'au moins égale envergure, de sir Norman Lockyer, pour une période de plus de soixante-dix années.

» Il peut donc y avoir concordance, pour ne pas dire relation de cause à effet, entre les perturbations solaires et les éruptions volcaniques, et, lorsque telles ou telles régions du soleil, où les phénomènes électro-magnétiques atteignent leur maximum, viennent en regard de telles ou telles régions de la terre, particulièrement effervescentes et instables, il n'en faut pas davantage pour mettre le feu aux poudres.

» Tout prête à croire que c'est une projection de ce genre qui a dû se produire à la Martinique et dont l'ébranlement dure encore. Une fois, en effet, débouchée la cheminée de la montagne Pelée, les vapeurs et les gaz sous pression se sont donné libre carrière, balayant tout sur leur passage, réveillant à la ronde les forces endormies dans les profondeurs, faisant éclater, l'une après l'autre, les mines souterraines, à la façon d'un chapelet de cartouches de dynamite, qui sautent successivement, par sympathie, à la suite de l'explosion de la première.

» Et la pétarade continuera jusqu'à ce que le volcan ait vidé toutes ses réserves éruptives, comme une bouteille de champagne, qui continue de travailler, tant qu'il y reste une seule bulle d'acide carbonique — à moins que la réapparition des mêmes causes ne provoque à la même place ou ailleurs des effets analogues, sinon plus terribles encore.

» Précisément, l'année 1902 correspondait à l'une de ces exaspérations de l'activité solaire, qui reviennent à peu près tous les dix ans. Par dessus le marché, l'action perturbatrice du soleil se compliquait et s'aggravait, au commencement de mai, de l'action de la lune. Les deux astres, en effet, se trouvaient, au moment de l'éruption qui a coïncidé avec une éclipse totale de soleil, sur la même ligne, additionnant ainsi leurs influences et cela, juste au zénith de la Martinique.

» Dès lors, tout s'explique facilement et l'explication est d'autant plus vraisemblable que, le 8 mai, au moment précis de l'éruption, tous les instruments magnétiques du monde entier se sont mis, à l'envi, comme sur une consigne universelle, à battre la breloque, attestant ainsi qu'un souffle de tempête venu d'en haut s'abattait, à cette heure-là, sur le globe. Malheureusement pour la Martinique, le pétard de la montagne Pelée se trouvait précisément sur la trajectoire du bombardement solaire. On sait — et on comprend — le reste !

» L'homme, hélas ! quel que soit le raffinement de sa science, qui, parfois, confine au miracle, l'homme ne pourra jamais rien, ni sur le soleil, ni sur la lune. Ces astres sont trop haut et trop loin. Mais il y a pourtant quelque chose de consolant à penser que, si nous ne pouvons agir utilement sur eux, nous pouvons, au moins, en calculer d'avance les mouvements et les phases, avec la certitude mathématique que les astronomes savent mettre dans leurs prévisions.

» M'est avis que si les spécialistes veulent se donner la peine de s'entendre, de se coaliser et de coordonner leurs efforts, comme ils l'ont déjà fait pour la carte du ciel, ils finiront par apprendre à prédire les éruptions volcaniques et les tremblements de terre, comme on prédit les ouragans, et par pouvoir dire, à quelques semaines et à quelques myriamètres près, qu'à telle date, telle région fera bien de se tenir sur ses gardes.

Il leur suffira de savoir, en effet, qu'à telle date, le soleil, la terre et la lune occuperont telles positions respectives et que cette conjonction, aggravée par un maximum d'activité solaire, menacera plus particulièrement tel point de la croûte terrestre.

» Les habitants du pays menacé sauront ce que cela signifie et ils se déroberont par la fuite au probable péril, imitant ainsi les animaux qui, s'inspirant de leur seul instinct, témoignent par une agitation insolite, plusieurs jours avant la catastrophe, qu'il est temps de s'en aller.

» Auquel cas, il sera difficile, fût-ce même dans un intérêt électoral,

L'Etna (Sicile).

d'obliger les gens à rester, sous le prétexte qu'il n'y a rien à craindre, au pied d'un volcan en gésine. »

L'astronomie a parlé et son langage précis a tous les accents de la vérité. Interrogeons encore et pour un instant les calculs de la géologie et si nous ne pouvons ensuite conclure à la solution du problème, au moins aurons-nous assemblé toutes les données qui permettent d'y prétendre.

L'écorce terrestre, dont nous avons beaucoup parlé déjà, a, suivant quelques géologues, une épaisseur de quatre-vingts kilomètres ; d'autres ne lui en accordent que vingt environ et c'est peu, si l'on considère les étendues immenses qui restent entre cette enveloppe et le centre de la terre.

Ces vastes étendues sont occupées par une véritable mer souterraine, mais une mer de feu, contenant des matières en fusion et y ajoutant sans doute lorsque, par son travail, elle lèche et entame les couches inférieures de l'enveloppe terrestre. On suppose du reste que les matières adjacentes au feu central présentent des caractères identiques à ceux que l'on observe sur les bords et dans l'intérieur des cratères. Là comme ici, ce doivent être des découpures profondes et des aspérités auprès de concavités énormes que l'océan brûlant emplit, pour s'étendre plus avant encore, dans les interstices des couches et y laisser de véritables lacs de feu.

Ainsi imaginée, l'œuvre de combustion serait envahissante et si les progrès en sont lents, ils contiennent cependant une menace. Du reste, il est certain que les attractions solaire et lunaire étendent jusque là leur influence et font naître des marées qui échappent à l'observation.

Ces causes réunies, dont les origines sont ou intérieures ou du dehors tendent à la destruction de l'écorce terrestre qui, seule, est une barrière élevée entre les feux du ciel et ceux de la terre. Un jour viendra-t-il où cette écorce longtemps dévorée s'affaissera, réduite en lambeaux? Le travail mystérieux qui se continue, depuis le commencement, à travers des séries de siècles sans nombre, durera-t-il encore pendant d'incalculables séries de siècles? C'est le secret de Dieu et nous n'avons pas à le pénétrer. Notre tâche plus humble se meut dans un cercle plus étroit.

Si les causes déterminant les éruptions volcaniques ont été longtemps un mystère absolu et restent mystérieuses encore, divers phénomènes accompagnant les crises ont non moins intrigué les explorateurs.

Nous nous sommes lancé à la recherche des causes; notre étude ne serait pas complète, si nous ne disions un mot des différentes hypothèses imaginées, pour expliquer les torrents de boue, les émissions de gaz asphyxiants, les mugissements souterrains et les coulées de laves.

Les volcans murmurent et grondent : pour quelques-uns d'entre eux, c'est un état chronique. Pour d'autres, c'est seulement l'indice d'un malaise, dont on calcule la gravité d'après l'intensité des bruits souterrains. Lorsqu'une crise est prochaine, ces bruits s'accroissent et se répètent plus fréquemment; ils sont brusquement interrompus, pour reprendre ensuite avec plus de ténacité et, ordinairement, ils se grossissent jusqu'à ressembler à des coups de tonnerre violents ou à des décharges furieuses d'artillerie. Quand le Krakatoa s'abîma dans les eaux, on crut si bien, dans la ville d'Atjéh, à une attaque subite d'un ennemi pourvu de canons, que le commandant du district envoya une colonne au secours des villes menacées. Le retentissement de l'éruption s'était étendu jusqu'en Cochinchine, à Ceylan et dans l'Australie : c'était à près de mille lieues.

Comment expliquer ces bruits formidables ? On a pensé que la combustion intérieure, s'attaquant aux matières qu'elle fondait, en dégageait des quantités énormes d'hydrogène et que ce gaz, conduit par des canaux souterrains, pénétrait dans les cratères et y faisait explosion au contact de l'air. D'autres attribuent à la vapeur d'eau ces détonations effrayantes et la représentent, brisant les laves et se heurtant, par bonds désordonnés, contre les flancs de la montagne volcanique. Du reste, la direction de laquelle partent les bruits souterrains indique bien qu'ils prennent naissance à la base même des monts ignivomes. C'est là que se font les dernières manipulations, précédant immédiatement les crises éruptives. C'est là que les lourds fragments de laves se morcellent, que les pierres se détachent et roulent entraînées dans le bouillonnement de la masse fluide et tout ne va pas sans des heurts répétés, dont les échos des cratères multiplient la sonorité.

Parmi les phénomènes volcaniques que révèlent les éruptions, on a noté le rejet de torrents boueux dont le volume était considérable. Le cas est rare en Europe, mais il s'est rencontré fréquemment au Japon et Humboldt en cite des exemples.

L'origine de ces singulières éruptions semble être tout entière dans le mélange de l'eau et de matières terreuses, dissoutes par les vapeurs. L'action volcanique produit des effets très différents, suivant la nature des éléments de l'écorce terrestre auxquels elle s'attaque. Tandis que les métaux se fondent et, non délivrés de leurs impuretés, forment la lave avec ses scories, les matières réfractaires à la chaleur subissent une désagrégation, plutôt qu'une décomposition. Elles entrent alors, mêlées à l'élément liquide, dans le mouvement de bas en haut qui les pousse dehors.

Quelques volcans ne rejettent pas ou rejettent peu les coulées de laves. Leurs projections renferment surtout des masses de cendres et des gaz répandus en un énorme volume. Cette particularité s'explique par le défaut de forces éruptives, par la quantité insuffisante des matières aptes à entrer en fusion et, enfin, par l'apport trop peu considérable des eaux destinées à favoriser les combinaisons chimiques qui s'opèrent sur une vaste échelle dans ces immenses laboratoires. En général, cependant, ces agents de destruction se trouvent presque tous réunis dans les éruptions volcaniques et nous en ferons la constatation dans celle de la montagne Pelée, en 1902.

Nous terminons ce long chapitre par quelques considérations sur les causes qui ont déterminé la catastrophe de la Martinique.

On peut distinguer dans ce cataclysme quatre phases : une phase préparatoire, une période d'éruption, l'explosion et enfin la phase de répercussion.

Des tremblements de terre préparèrent la catastrophe ; leurs oscillations étaient si faibles qu'on n'y prit point garde et, d'autre part, rien n'étonnait dans ce fait, tant les habitants de la Martinique sont habitués aux secousses sismiques et tant le voisinage du volcan en justifiait l'apparition. Ces secousses ont pourtant contribué pour beaucoup à l'éruption et, sans négliger les autres causes de tout ordre dont l'influence a pu être considérable, il faut bien se représenter que ces tremblements de terre, motivés sans doute par des coïncidences appartenant au domaine de l'astronomie, ont creusé dans la terre des fissures par lesquelles l'eau de la mer s'est frayé un chemin vers le foyer central. Cette eau donnant naissance à des vapeurs, les fissures se sont peu à peu élargies jusqu'au moment où elles ont laissé pénétrer dans les couches ignées de véritables torrents. Combien de temps a duré ce premier travail ? Probablement tout le temps où la montagne Pelée a donné des signes d'agitation.

Quand la vaporisation se fut accrue en raison du volume d'eau toujours plus considérable qui servait à l'alimenter, il est venu un moment où, resserrées, comprimées, les vapeurs ont eu besoin de se frayer une route vers l'extérieur. Or, la poussée s'exerçant sur tous les points à la fois, finit par ébranler la paroi, là où elle était le plus faible, c'est-à-dire au fond du cratère. Cela a été le premier acte de la période éruptive.

Le cratère une fois débouché, la vapeur a fusé par cette ouverture et, dans son élan désordonné vers l'air libre, elle a entraîné avec elle des scories, de la terre, des roches brûlantes et des cendres. C'est elle qui, contenant l'origine du mouvement d'ascension, a convoyé les matières de nature diverse qui se trouvèrent mêlées aux masses gazeuses. De là aussi, l'explication de ce fait que les phénomènes dont s'accompagne une éruption volcanique se succèdent avec une effrayante rapidité et se produisent, pour mieux dire, simultanément. La cause prochaine qui leur donne naissance est pour tous la même : cendres, boues et laves ne sont que des expectorations du volcan, effectuées par le même mouvement de répulsion. Une épaisse colonne de lave poussée par la formidable pression de cette vapeur surchauffée, s'est élevée d'abord jusqu'au bord du cratère pour se déverser ensuite sur les flancs de la montagne, tandis qu'un épais nuage de cendres couvrait les alentours en obscurcissant le ciel.

Composée d'hydrogène et d'oxygène, la vapeur d'eau, chauffée à des températures si élevées, se dissout et dégage ses éléments primitifs dont tels sont les rôles : l'hydrogène isolé brûle énergiquement et produit les flammes immenses que l'on aperçoit au sommet de la montagne ignivome. Ces flammes même sont chaudement et diversement colorées par la présence de sel minéraux. L'oxygène, à son tour, en raison de sa puissance comburante, active les ardeurs du foyer où se fondent les matières les plus réfractaires à la combustion et, comme dans ces matières, il se trouve des éléments dégagés par la fusion et qui, au contact de l'oxygène, forment des mélanges détonants, le bruit de ces détonations répétées, véritables décharges d'artillerie, ébranle la montagne et l'air. Les ondes aériennes sont violemment déplacées et des courants atmosphériques sillonnent l'espace en tous sens, déchaînant de véritables tempêtes.

D'autre part, les chlorures qu'enferme l'eau de mer se combinent avec l'hydrogène pour se résoudre en acide chlorhydrique ; le soufre, décomposé par la chaleur, est dans l'état le plus propice pour des combinaisons où l'hydrogène entre comme élément et d'où proviennent des quantités incalculables d'acide sulfhydrique. L'air saturé de ces gaz est impropre à la respiration et les acides chlorydrique et sulfhydrique ont été les gaz asphyxiants qui ont semé la mort dans les habitations et les rues de la malheureuse ville de Saint-Pierre.

Enfin, nous en arrivons à l'explosion. Les dégagements que nous avons notés n'ont pas épuisé le contenu des grands réservoirs souterrains ; la soupape est trop étroite et bien que chaque instant en élargisse l'ouverture, les bouillonnements intérieurs deviennent de plus en plus violents ; l'eau marine pénètre constamment dans les cavités de la montagne ; les détonations se succèdent et, comme elles ont lieu dans des espaces presque clos, elles ébranlent de plus en plus les flancs du mont volcanique. Il arrive un temps où la cheminée ne suffisant pas aux évacuations, la pression augmentant sans cesse et les combinaisons chimiques se développant avec une progression hors de toute mesure, la montagne se fend par une large crevasse de son sommet jusqu'à un point quelconque de sa hauteur et déverse, à loisir, les larges fleuves ruisselants et dévastateurs qu'elle recélait en son sein. C'est l'heure des grandes ruines et des ravages immenses portés au loin ; rien plus ne refrène la fureur du monstre ; les régions environnantes sont envahies par des ruisseaux de feu dont la longueur varie suivant les pentes, dont la largeur est parfois de plusieurs kilomètres et qui atteignent jusqu'à dix mètres de hauteur. Ce sont les inondations brûlantes dont les effets fantastiques noient toute une contrée sous un déluge dévorant. L'énorme masse bondit parfois dans un élan gigantesque quand elle rencontre un obstacle qu'elle franchit ; d'autres fois, elle s'acharne et renverse tout ce qui lui barre la route. Les cendres en ignition, les roches bouleversées, les parcelles de laves broyées, comme par un instrument d'une puissance inconnue, voltigent, montent et redescendent pendant que la lave rampe sur le sol. Pendant ce temps, les gaz asphyxiants mêlent leurs actions délétères à toutes les horreurs de cette scène atroce et la mer que les vapeurs ont repoussées jusqu'au delà des conduits souterrains par où elle s'était infiltrée, la mer revient furieusement à l'assaut de ses rivages.

Des faits d'une si sauvage grandeur expliquent bien que leur contrecoup se fasse sentir à des distances étonnantes. Ne faut-il pas d'abord poser, comme première base de notre raisonnement, que tous les volcans sont reliés entre eux par un noyau commun qui est la source de calorique et d'embrasement située au centre de notre globe ? Or, lorsqu'en raison des infiltrations marines, la pression est devenue intolérable sur un point, il est de toute nécessité qu'elle se fasse sentir sur toute la surface des matières embrasées. Dès lors, l'effort qui porte sur une portion de l'écorce terrestre se répartit à des degrés plus ou moins élevés sur toutes les parties de l'enveloppe. Les détonations qui ébranlent un volcan repoussent les éléments en combustion et les refoulent violemment dans des directions différentes qui sont celles des autres volcans. Enfin, quand de tous côtés les gaz dilatés ont rempli les espaces intérieurs, si l'explosion finale intervient subitement, opérant de vastes dégagements, les pressions s'annihilent à l'instant, les niveaux sont surbaissés, des vides tendent à se faire et la nature y répugne; les fonds de cratères suivent parfois ces vides et s'engloutissent dans les abîmes que creuse, quelque part, le trop plein d'une autre partie. C'est à cela que nous avons dû la période de répercussion dont les effets ont été ressentis sur toutes les faces du globe terrestre : tremblements de terre, dépressions atmosphériques, ouragans, nous avons eu tout cela pendant et après la catastrophe de la Martinique.

A toutes ces causes physiques, résumées et groupées, qui furent des agents nombreux mis en exercice pour la production d'un seul désastre, ajoutons une cause morale. Nous le faisons brièvement, car il nous en coûte d'avoir à constater que l'homme a, contre Dieu, des révoltes monstrueuses et ineptes. Dieu châtie et, pour cela, il n'a besoin que de laisser entière liberté aux puissances naturelles déchaînées. Si nous saluons ceux qui sont morts et que la catastrophe a englobés sans qu'ils aient participé à un acte impie, nous savons que Dieu aura pour eux des miséricordes infinies. Il y a des souillures dont la tache, comme celle de l'huile, s'étend. On ne peut pas ne pas toucher quelques parties intactes à côté de celles qui ont été contaminées. Les hommes agissent ainsi et se croient raisonnables. Accuseront-ils Dieu ?

Des feuilles publiques ont rapporté le fait suivant :

« Après un banquet sacrilège, le jour du Vendredi-Saint de l'année 1902, des hommes auraient gravi la montagne Pelée et, quand ils eurent procédé à un crucifiement monstrueux, ils auraient jeté dans le cratère de la montagne les débris d'une croix. Le cratère a répondu et ce fut le 8 mai, jour de l'Ascension. »

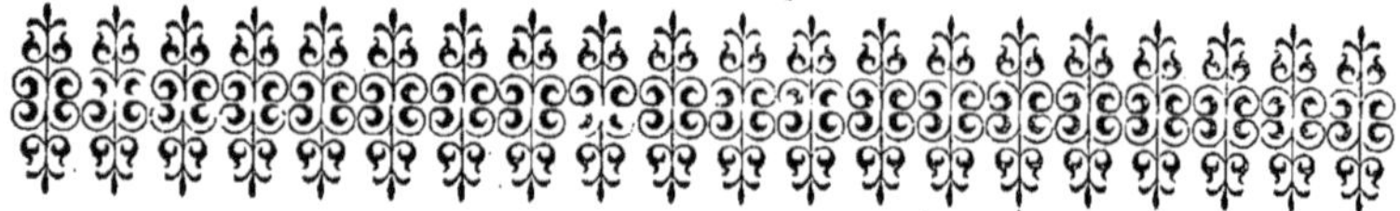

CHAPITRE X

LÉGENDES

Ce sont récits des temps passés, narrations fantastiques, auxquelles des auditeurs charmés prêtèrent l'oreille quand grondait dans le lointain le Pacifique en fureur.

Le jasmin grimpant enlaçait les colonnes de marbre et de jaspe que couronnaient des banbous tressés. L'imagination des peuples dont le berceau voguait sur les feuilles de lotus mêlait à ces lumineux récits les manifestations étranges de Wischnou et de Bouddha, et tandis que des hommes aux longues tuniques de soie bleue et aux babouches étroites, nonchalamment couchés sur des nattes à peine jaunies, distillaient de leurs lèvres peintes en carmin les gestes merveilleux des dieux endormis, le soleil couchant envoyait ses rayons attiédis sur les toits retrous sés des pagodes.

Les bocages de la Grèce entendirent ces légendes et elles furent murmurées sur les bords du Cephise qui gazouillait sur les sables, dans l'admirable vallée de Tempé qu'ombrageaient les oliviers et les vignes, et jusque sous les ombres semées dans les jardins d'Académus.

Les côtes riantes de l'Ausonie ne pouvaient ne pas retenir dans les bosquets de myrtes quelque écho lointain des merveilleuses horreurs dont elles avaient été témoin pendant les siècles évanouis et les contemporains de Saturne exilé racontèrent à leurs fils les mystérieuses illuminations qui coloraient des splendeurs du jour les crépuscules de l'âge d'or.

Il n'est pas jusqu'aux solitudes profondes des régions que l'Atlantique interdisait au monde ancien qui n'aient, sous le couvert des forêts géantes, entendu redire, dans un langage primitif et avec des silences nombreux, l'histoire des géants ensevelis sous les monts.

Les pagodes sont encore debout à Yédo, à Pékin et à Canton, mais, si, le soir, le disque du soleil couchant se dissimule sous un voile, le voile est parfois celui de la poudre. On a mesuré la vallée de Tempé et on l'a trouvée étroite. Le Céphise n'est qu'un ruisseau dont le débit est peu notable. Le Pélion renferme de riches carrières et on exploite les trésors du Pentélique.

Quant aux forêts profondes des îles verdoyantes et silencieuses, au pied desquelles se couchait l'Atlantique dans une caresse molle, on les a taillées en consoles et en buffets; elles ont servi à faire des barques et des bateaux de transport et leurs arbres sont grandement estimés comme bois de construction. Les dieux se taisent dans le flanc des montagnes où ils ont été enfermés et l'on évalue à des millions de calories et de chevaux-vapeur la chaleur et l'énergie développées par une éruption.

L'espèce humaine a évidemment gagné en certitudes et en connaissances précises, mais elle a beaucoup perdu des richesses poétiques qui rendaient sa jeunesse si attrayante. A force de creuser le problème de l'existence, elle en a bien souvent dégagé les innombrables données et sa tendance séculaire est de tout réduire au simple exposé d'une équation. Les douces hésitations d'une marche sous l'ombre envahissante lui manquent désormais et elle en goûte moins le charme, parce que, depuis trop longtemps, elle s'est efforcée de l'oublier. Dieu est bien bon de nous laisser encore quelques incertitudes, car nous serions bien las de nous-mêmes et de tout, le jour où un dernier mystère se laisserait voir à fond.

Nous avons rendu aux recherches scientifiques un hommage bien sincère et pourtant nous allons conter des légendes. Calculer toujours serait une fatigue : il est humain de détendre l'arc.

*
* *

Le Fousi-Yama est une magnifique montagne, très haute, très régulière et dont le sommet est un des points culminants de l'empire du Japon. Il s'est assis sur un vaste plaine dont il a couvert une notable superficie, son pourtour est de quarante lieues. Sa base est verdoyante; les jardins, les vergers lui font une ceinture brillante du plus bel aspect : puis, à mesure que l'on monte, ce sont de vastes prairies que coupent des broussailles très enmêlées et très hautes, d'un accès difficile. La main de l'homme n'émonde jamais la luxuriante chevelure du Fousi-Yama, car le Fousi-Yama est sacré.

Un jour de l'année, les sentiers qui gravissent la pente de la montagne sont couverts par de longues théories de pèlerins ; tous sont vêtus de blanc, pour effrayer, dit-on, les aigles qui ont établi leurs aires sur les sommets rocheux ; il y a là des hommes, des femmes et des enfants. Tous parlent ou chantent : ils célèbrent les louanges du dieu qui habite les profondeurs souterraines. Quand ils seront arrivés à une certaine hauteur, ils s'arrêteront pour attendre des groupes attardés et tous admireront le paysage grandiose étendu sous leurs yeux ; cette admiration fait partie de l'acte pieux qu'ils viennent accomplir. Ils découvrent, de là, les côtes de l'île de Nippon, jusqu'à la baie de Tokio, et sur la vaste mer, au loin, les navires qui approchent de la baie de Yokohama. Plus près, c'est l'horizon des hautes montagnes formant un demi-cercle dentelé dont le Fousi-Yama paraît être le centre. Quand, au soleil levant, le pic scintille et que le souverain japonais l'adore une fois chaque jour sur la terrasse de son palais impérial, le Fousi-Yama ressemble à une divinité de premier ordre entourée de demi-dieux.

Le pèlerinage s'est élevé d'échelon en échelon et le voilà sur les bords du cratère : chacun vient puiser à la fontaine où s'abreuve l'être mystérieux qui habite les abîmes inexplorés et chacun emporte avec lui une petite provision de cette eau dont la vertu précieuse doit combattre tous les maux.

Un sanctuaire a été bâti aussi haut que possible, au pied des rochers qui forment la couronne du Fousi-Yama ; des prêtres y habitent et attendent les pèlerins. Autour d'eux, les foules sont groupées et elles restent pendant des heures dans l'attitude de la prière. Quand le jour s'éteint, tous, prosternés, saluent la disparition du soleil, comme, le lendemain, à la première heure, ils salueront le premier rayon de l'astre étincelant.

C'est pendant ces moments, réservés à la prière, que se dit tout haut l'histoire, répétée tout bas, du dieu qu'on honore au Fousi-Yama. La divinité supporte que, là, les prêtres rappellent les grands faits par lesquels elle s'impose au culte de tous, tandis qu'en toute autre circonstance, le génie du lieu s'indignerait si l'on osait prononcer son nom.

Longtemps avant que les hommes aient appris à bâtir des palais immenses où l'or brille en gracieux dessins, quand ils ne savaient pas encore transporter les terres pour en faire des jardins étagés les uns au-dessus des autres, un magnifique parterre avait été placé près de la côte que baignent les flots azurés. Les hommes venaient y respirer le parfum des fleurs que personne n'avait rangées savamment et qui mêlaient leurs nuances avec une grâce infinie. Des milliers de ruisseaux étroits et sinueux parcouraient la large plaine et leurs méandres étaient comme les sentiers qui séparaient les bosquets fleuris. L'homme eût pu vivre heureux dans cette contrée privilégiée, depuis le premier jour de son enfance jusqu'au dernier soir de sa vieillesse. Les dieux paisibles et bienfaisants ne demandaient d'autres sacrifices que des bandelettes multicolores, cueillies aux arbres, d'où elles pendaient jusqu'à terre; on leur offrait aussi des fruits gonflés de sucs délicieux, des cerises et des nèfles. Quand les hommes priaient, le soleil versait sur eux une chaleur abondante que divisait le feuillage des grands arbres : ce bonheur eût dû être éternel.

Jamais, jusqu'à ce temps, les vents qui soufflent du côté où le soleil se lève n'avaient couvert d'un flot furieux les sables dorés qui bordent les terres : l'air était calme et la lumière brillante. Quant aux habitants de ce délicieux jardin, ils vivaient dans une paix profonde, se nourrissant des fruits des arbres et adorant les dieux qui voltigent dans les rayons du soleil.

On n'avait jamais entendu parler de divinités malfaisantes et les esprits du mal n'avaient pas encore manifesté leur puissance.

Or, un jour, un homme sortit du parterre fleuri dont on ne voyait pas la fin, aussi loin que l'œil pouvait distinguer. Il alla vers l'Occident, jusqu'à l'endroit où les eaux touchent la terre et ses trois fils l'accompagnaient. Ils étaient forts et leurs mains robustes brisaient les branches des grands arbres. Quand ils eurent marché beaucoup, ils virent devant eux le soleil qui se couchait très loin derrière les flots et le père dit à ses fils :

« Je voudrais voir le pays où va s'endormir le soleil que nous adorons. »

Les trois jeunes gens s'inclinèrent et le père dit :

« C'est bien ; nous reviendrons. »

Le lendemain, tout le jour, ils coupèrent, avec des pierres aiguisées, les grands arbres qui gémissaient et dans le sol un murmure prolongé répondit aux plaintes des troncs blessés. Pendant les jours qui suivirent, le même travail se fit et ceux qui entendirent les coups répétés dont retentissaient les bosquets se troublèrent pour la première fois. Si des bruits lointains erraient sous terre, comme le grondement sourd d'une foule en fureur, d'autre part, le soleil lancait, pendant le jour, des feux brûlants qui desséchaient les fleurs, et, le soir, quand il allait disparaître, il ressemblait à un grand œil de feu.

La paix ne régnait plus au grand parterre fleuri et pourtant des hommes curieux venaient voir, pendant des heures, les grands arbres tombés. Dépouillés de leur écorce et privés de leurs branches, ces géants des bois étaient couchés côte à côte et de jeunes rameaux tordus les reliaient les uns aux autres : c'était grande pitié.

Quelques âmes sensibles furent émues et des larmes coulèrent, mais ce ne furent que quelques larmes. Le désir de voir, l'attrait de la nouveauté, peut-être des instincts mauvais dissimulés jusque là, l'emportèrent sur la compassion. Cent bras saisirent la machine fatale et la traînèrent à l'endroit où les flots touchent la terre.

Pendant tout ce voyage que le soleil éclairait tristement, les murmures prolongés se firent entendre plus distinctement sous le sol et des nuages noirs montèrent dans le ciel.

Celui qui, le premier, avait eu l'idée sacrilège marchait en tête et ses fils étaient à ses côtés. Derrière eux, l'on disait :

« Le soleil est pâle, notre dieu est irrité. »

« Allons, répondaient le père et ses trois fils ; nous irons jusqu'à l'endroit où notre dieu dort chaque soir et, quand nous serons revenus, vous apprendrez de belles choses. »

Tous quatre ensemble, ils entrèrent dans l'eau jusqu'à mi-corps et les arbres coupés les y suivirent à demi baignés par les flots. Tous quatre aussi, ils montèrent sur la plate-forme des troncs reliés les uns aux autres et ils s'y assirent avec une orgueilleuse satisfaction.

« Venez donc, disaient-ils, en tendant les mains vers ceux qui restaient sur le rivage. Venez, nous découvrirons le grand secret de notre dieu. Nous saurons où il se couche. C'est l'heure; il va disparaître et nous allons le suivre. N'avez-vous pas assez de courage? »

Un grondement tout proche roula sous terre, les vagues soulevées saisirent le radeau et le lancèrent d'un bond au milieu des vagues plus hautes. Les nuages noirs qui avaient poursuivi le soleil l'atteignaient là-bas, très loin, et dans le sein des nuages des bruits couraient semblables à ceux qui ébranlaient le sol.

« Venez. »

Le rivage était désert et le cri expira dans les rafales du vent et dans les éclats de la foudre.

Ce fut une nuit terrible est le dieu se vengea. Les hommes tremblants s'étaient cachés dans des retraites profondes, loin des fleurs et loin des ruisseaux aux eaux argentées. Fuyant le sommeil, ils prêtèrent une oreille attentive et ce qu'ils entendirent les glaça d'effroi.

La foudre éclata à coups répétés, frappant le sol d'éclairs rouges qui traversaient l'air, comme de longs traits embrasés. Les dieux des abîmes mugirent longtemps dans les cavernes profondes où ils étaient enfermés. Sous les pieds des hommes, les coups violents qu'ils assénaient contre les murs de leur prison faisaient trembler les arbres et les rochers. Il y avait des hurlements dans l'air et des hurlements en bas; le monde était livré aux esprits malfaisants et les craquements sinistres des grands bois se mêlaient aux bouleversements tumultueux qui agitaient le sol.

« Nous avons offensé notre divinité, dirent les hommes. Fuyons loin de cette région maudite. Demain, nous nous prosternerons devant notre dieu quand il paraîtra. »

Ils s'élancèrent dans la nuit sombre. Mais soudain un bruit plus violent que les autres les arrêta dans leur course. Une vision effrayante fixa leurs yeux dilatés. Les esprits du mal sortaient de terre par un large gouffre qu'ils avaient ouvert. Leurs cheveux hérissés agitaient des flammes et leurs bouches hideuses vomissaient des nuages de fumée. Pendant le même temps, ils soulevaient le sol sur leurs épaules et les rochers déracinés roulaient rouges comme du feu; les ruisseaux embrasés ne contenaient plus leurs eaux limpides, mais un liquide brûlant qui passait par dessus bords et tordait les arbres sur sa route. Quand les hommes voulurent fuir, ce liquide brûlant courut plus vite qu'eux, les renversa et passa sur leurs corps.

Les jours suivants, ce fut même désolation et personne n'en fut témoin, car personne ne vivait. Le soleil ne perça pas de ses feux le rideau qu'il avait tendu sur cette scène d'horreur; des nuages bas, sortis de terre, furent le noir linceul où dormirent ceux qui avaient habité cette contrée.

Enfin, quand le dieu eut bien vengé son injure, il reparut un matin chassant devant lui les dernières vapeurs qui rasaient le sol, mais ce qu'il vit était bien différent de ce qui avait été. Là où les fleurs avaient poussé dans le parterre si grand qu'on n'en pouvait voir la fin, une haute montagne se dressait, élevant vers le ciel ses flancs majestueux. Elle était belle ainsi, mais d'une beauté étrange et quelque chose manquait à son front brutalement rasé.

Le soleil frémit en voyant combien avait été désastreuse l'œuvre des esprits mauvais. Il s'éleva au plus haut des cieux et, dardant sur la montagne ses rayons les plus chauds, il durcit la crête du Fousi-Yama, pour enfermer à jamais dans ses profondeurs les puissances du mal.

Quant aux ruisseaux errants qui avaient été chassés de leur lit, il les rassembla et, les dirigeant tous d'un même côté, il creusa pour eux un bassin merveilleux qui est aujourd'hui le lac de Biva.

Le Fousi-Yama gronde parfois quand les divinités malfaisantes secouent leurs chaînes, mais, s'il s'ouvre à certains jours, c'est que le Dieu veut châtier les hommes ingrats.

Quand les pèlerins gravissent la montagne, ils adorent le Dieu du Fousi-Yama et lui demandent de laisser fermées les cavernes souterraines, où hurlent les esprits du mal.

* * *

Quand les Titans entreprirent de détrôner Jupiter, ces géants, fils de la terre, firent pour la guerre des préparatifs énormes. Confiants en leurs forces, ils roulèrent les montagnes sur les montagnes et entassèrent le Pélion sur l'Ossa : De là, Briarée aux cent bras lançait ses traits contre le ciel. Le dieu des dieux s'arma de sa foudre et les Titans frappés furent ensevelis sous l'Etna.

Aux temps que décrit la fable, on entendait, dans les monstrueuses cavités de la montagne, retomber sur le fer les lourds marteaux des Cyclopes. Vulcain, le dieu du feu, était le roi de ce ténébreux domaine et c'était lui qui, commandant à ses gigantesques forgerons, faisait fabriquer les traits de feu dont Jupiter frappe le sommet des monts.

Des lacs aux vapeurs lourdes et malsaines dormaient dans des vallées entourées de toutes parts. Ils étaient séparés des régions riantes par toute une ceinture de monts, et des bois, repaires des bêtes féroces, formaient un rempart à ces lacs mystérieux. Quand on pénétrait dans ces solitudes, un sentiment de religieuse horreur glaçait le sang; pour se décider à une expédition d'un caractère si étrange, il fallait des motifs puissants : interroger les divinités infernales, arracher à Pluton une proie qu'il ne devait pas garder, demander à ceux qui ne sont plus les secrets de l'avenir et ouvrir le livre du destin.

Si le Styx aux eaux noires entoure le séjour des morts de ses eaux trois fois enroulées sur elles-mêmes, l'Averne, l'Achéron, lacs silencieux et lourds, sont la porte par laquelle on communique avec le royaume des âmes et les soupiraux des abîmes infernaux.

Là règnent les ténèbrent profondes et là se répandent les voix terribles qui montent des gouffres. Nul oiseau n'y égaye les bois par ses chants, car aucun ne pourrait, sans mourir, traverser les vapeurs qui planent au-dessus de ces eaux.

C'est peut-être par là que Thésée est descendu aux enfers; c'est sûrement par l'une de ces bouches infernales qu'Enée a quitté la terre, quand il est allé consulter Anchise et découvrir les destinées de Rome.

Non loin, dans une grotte sauvage, la sibylle de Cumes rendait ses oracles. Invisible d'abord, elle entendait le premier appel de ceux que tourmentait l'incertitude du lendemain. Sa solitude lui plaisait sans doute, car le son d'une voix humaine la troublait étrangement. Quel est l'audacieux qui cherche à pénétrer les secrets des dieux ? Le dieu ne parle pas à toute heure, il ne parle pas à tous ; il faut à sa prêtresse l'ivresse des vapeurs qui montent par les crevasses du sol. Cette grotte de la sibylle est aussi un soupirail des royaumes infernaux.

Mais soudain la femme, aux paroles énigmatiques, est montée sur son trépied. Debout, elle change d'aspect et ses traits se décomposent : elle paraît souffrir, ses cheveux se hérissent. Quelle influence mystérieuse agit sur elle ? Est-ce donc l'enfer ? Dehors, sur le seuil de la caverne, à l'intérieur de laquelle il n'est pas permis d'entrer, le visiteur troublé ne se rend pas un compte exact de ce qui se passe au dedans, mais un nuage léger, où voltigent peut-être les âmes des morts, lèche les voûtes rocheuses de la grotte.

La sibylle s'anime. Un moment elle a été languissante, comme si elle cédait à un assoupissement. Maintenant ses gestes sont nerveux, désordonnés, son regard est égaré. Contemplerait-elle vraiment l'avenir ou serait-elle sous l'empire d'un énervement passager issu de la fissure béante qui s'ouvre sous le trépied ?

Elle parle :

« Le dieu, voici le dieu. »

Son langage est coupé, interrompu et sa pensée flotte en désordre. Ne voit-elle que dans une lumière vague les réponses qu'il lui faut faire ou sa pensée alourdie se maintient-elle péniblement sur le sujet où elle avait été fixée avant la crise ?

Les livres sibyllins furent célèbres à Rome, pendant toute l'existence de la République et au début même de l'Empire. On ne chercha jamais à savoir d'où les paysages de l'Achéron et de l'Averne tiraient leur étrangeté. Nous savons, nous, que ces lacs reposent dans les cratères de volcans éteints et les régions volcaniques ont toutes gardé des traces caractéristiques des éruptions antérieures. Les Champs-Phlégréens offrent des marques de feu. Le Vésuve s'élève dans ces contrées et si, autour de lui, des fissures existent dans le sol, elles doivent exhaler des vapeurs saturées de gaz, qui expliquent tous les désordres de l'imagination. Le délire prophétique des sibylles n'a-t-il été que cela ?

*
* *

La montagne Pelée n'a pas toujours été le piton au front chauve, dont la cime tronquée regrette indéfiniment un diadème perdu. Quand les

Cratère de l'Etna.

Indiens venus du sud étaient seuls à en parcourir les pentes boisées, il se revêtait jusqu'au sommet d'un manteau verdoyant, et jamais, dans les retraites sombres de ses bois, on n'avait entendu d'autre murmure que celui de la brise fuyant à travers les feuilles.

Du reste, la montagne paisible se prêtait à la vie douce et calme que chérissaient les Caraïbes. Si quelque différend s'élevait entre deux tribus, c'était dans la plaine qu'étaient livrés les combats sauvages. Alors, les rivières portaient à la mer des eaux rougies; les cris de guerre retentissaient en clameurs bruyantes, les flèches volaient et enfonçaient dans les chairs leurs dards empoisonnés, les haches de silex et les pieux aiguisés faisaient des blessures terribles. Tout un jour on s'entretuait. Toute la nuit, des feux errants indiquaient les recherches cruelles des vainqueurs, s'acharnant à leurs ennemis en déroute. Le lendemain, encore, les oiseaux de proie planaient au-dessus du champ de bataille; puis tout rentrait dans le calme pour longtemps.

Le Mont Pelé, qui ne portait pas encore ce nom, mais que les Indiens appelaient dans leur langue la Source des eaux fraîches, avait vu plusieurs de ces luttes fatricides; toujours il avait ouvert ses asiles cachés aux malheureux que la fortune avait trahis.

Comme s'il n'eût jamais dû être autre chose que le témoin des scènes les plus riantes, c'est vers lui qu'on allait pour s'ébattre et, si les soleils brûlants s'abattaient sans pitié sur la plaine, la source des eaux fraîches faisait vite oublier les ardeurs des jours trop chauds.

Quand les fièvres malignes brûlaient le sang dans les veines des Indiens, quand ils sentaient leurs membres las retomber sans forces, quand ils n'étaient plus assez joyeux pour prêter l'oreille aux ébats de l'oiseau rieur ou pour admirer les couleurs brillantes des jijaves, ils montaient sur les plateaux, se cachaient dans un des plis que la montagne a creusés sur ses flancs; ils vivaient là des fruits que leur offraient les arbres toujours prodigues, mangeaient les bananes et les patates ou en exprimaient le suc pour en faire une boisson réconfortante.

Du reste, à certains jours, les sommets de la montagne Pelée recevaient des tribus entières; c'étaient aux époques spécialement désignées pour les actes religieux. Rien n'était solennel comme ces assemblées silencieuses d'hommes au corps de bronze et à la taille élevée, réunis pour saluer la première apparition de la lune nouvelle.

Quelques nuits sombres étaient un sujet de tristesse, pour ces âmes avides des beautés de la nature. Aussi la joie était-elle universelle quand l'astre des nuits montait de l'Océan, laissant voir son disque aminci et ténu comme un fil. Un cri guttural partait alors de cent poitrines à la fois et annonçait au loin la naissance de l'astre renouvelé. Puis, la tribu entière tombait le front contre terre et adorait l'Etre puissant qui gouverne tout.

Mais un bruit inexpliqué se faisait-il entendre au même moment, les Indiens prêtaient l'oreille et interrogeaient le sol; si ce bruit était répété, il devenait un présage et, pendant la lunaison suivante, la tribu se tiendrait sur ses gardes; car les airs et les solitudes sont remplis d'esprits et de génies locaux, qui ont pour mission de prévenir les simples mortels. Les génies de la montagne étaient bienfaisants et, quand le vent bruissait dans son manteau de verdure, il fallait écouter la voix du vent : les notes en étaient tristes ou gaies, suivant le caractère des événements à venir.

Telle était la vie des Caraïbes et tel était le Mont Pelé, au temps dont parle la légende et dont nous ne saurions fixer la date.

Or, en ce même temps, une tribu du nord vint se fixer entre la montagne et la mer. La tribu était puissante et pouvait présenter deux cents jeunes guerriers, armés d'arcs et de lances. Elle avait pour nom les Sikaves et pour chef Ma-va-tsu, mot qui signifie œil vigilant.

Ma-va-tsu n'avait vu que vingt fois les longues pluies succéder à la saison des soleils brûlants, mais son père avait été un chef vaillant et sage et il paraissait avoir hérité de la sagesse et du courage de son père. C'est pourquoi l'assemblée des vieillards l'avait mis à la tête de la tribu.

Quand il se présenta à la limite des territoires nouveaux qu'il convoitait, les possesseurs du sol poussèrent le cri de guerre et les Sikaves y répondirent en frappant les uns contre les autres des boucliers en bois léger qu'ils portaient au bras gauche.

Ce fut une terrible journée, tant la bataille fut acharnée des deux côtés et les femmes chantèrent longtemps l'hymne des funérailles, à la louange des guerriers morts. Les Sikaves furent cependant vainqueurs et leurs ennemis restèrent presque tous sur le champ de bataille : quelques jeunes guerriers seuls réussirent à s'échapper. Même, quand ils entrèrent dans les forêts inaccessibles, où les femmes et les enfants s'étaient réfugiés, les vieillards leur interdirent l'entrée des huttes de feuillages ; les lamentations des veuves et des orphelins les accusèrent de lâcheté et, de nouveau, ils durent s'enfuir. Parmi eux se trouvait le fils du grand chef Tsin-te-no, ce qui signifie chasseur agile.

Ma-va-tsu jouissait en paix de sa conquête. Sa hutte, où se tenait le conseil de la tribu, était entourée de cent autres huttes plus étroites et formaient un véritable village, au pied duquel la mer portait ses vagues mourantes qui n'étaient jamais furieuses. Ma-va-tsu était heureux, car il était grand et fort, le premier des guerriers pour toucher le but avec sa flèche, le plus vigoureux de tous pour percer un ennemi avec l'épieu. L'estime de tous lui était accordée, car ses conseils étaient sages et il jugeait avec justice, quand une contestation naissait entre deux familles. Ma-va-tsu était heureux encore, car la plaine était riche et suffisait abondamment aux besoins peu nombreux de la tribu.

Un jour, quand il revenait d'une chasse dans les bois de la montagne, Ma-va-tsu vit la belle Chusca nonchalamment étendue à l'ombre d'un bananier et, lorsqu'il eut renvoyé les jeunes guerriers, pour rentrer seul à sa hutte, il pensa, pour la première fois, que sa hutte était bien grande et qu'il y était bien seul; il ne fut plus heureux.

Le lendemain, dès le lever du jour, il prit son arc et ses flèches et se dirigea vers la source des eaux fraîches. Son arc restait suspendu à son épaule et ses flèches pendaient à sa ceinture; il ne poursuivait plus avec ardeur les oiseaux aux larges ailes qui tournoyaient dans les airs et il ne s'acharnait pas à tuer les serpents dont la tête en fer de lance faisait des blessures mortelles. Ma-va-tsu pensait que sa hutte, couverte de feuilles de bananiers, serait bien belle, le jour où il y conduirait une douce compagne et c'étaient ces pensées qui faisaient inactifs l'arc et les flèches.

Pourtant un jijave aux couleurs brillantes vint se reposer sur une branche et le guerrier lui perça le cœur. Quand l'oiseau tomba, glissant à travers les feuilles qu'il ensanglantait, Ma-va-tsu pensa à la belle Indienne qui, probablement à cette heure, aspirait les fraîcheurs de l'ombre. Il prit aux ailes du jijave deux longues plumes, plus vertes que le gazon tendre des prairies.

Mais l'oiseau mourant avait l'œil terne et fixe et le jeune chef fut invinciblement porté à regarder cet œil dont le reproche lui fit mal. Il n'y a qu'un instant, des ébats joyeux faisaient vivre les grands bois. Derrière le rideau des feuilles, les hôtes rapides des demeures aériennes sifflaient, riaient et caquetaient. Maintenant, le silence régnait partout sous les voûtes verdoyantes et ce grand silence pénétra l'âme de Ma-va-tsu.

Une fois encore, il arrêta son regard sur l'œil vitreux et sur la blessure saignante du jijave. Si les deux plumes éclatantes qu'il portait à sa main n'eussent été là, Ma-va-tsu eut regretté la mort du petit être frappé.

Le guerrier avait reçu de la nature un cœur bon et compatissant et, comme beaucoup de ceux qui ont la force, il ressentait volontiers la pitié. Mais Chusca !... Chusca allait peut-être emplir ce cœur de fiel amer et y jeter les germes de la haine.

Ma-va-tsu prit le sentier qui passait près de la cabane de la jeune fille et, comme il marchait le front incliné, il arriva tout près de l'endroit où elle dormait doucement à l'ombre du bananier. Là, soudain, il releva la tête ; un secret instinct l'avertissait-il de la présence, de celle qu'il cherchait? Ses yeux se couvrirent d'un voile et il resta debout, comme si un gouffre infranchissable l'eût séparé de celle qu'il aimait.

Chusca dormait et, sous les chaudes teintes de sa chair bronzée, un souffle tranquille gonflait les veines de sa gorge. Son bras était relevé pour appuyer sa tête, qui reposait sur un lit de mousse et sa bouche entr'ouverte laissait voir des perles nacrées qu'on eût dit pêchées dans les profondeurs de l'Océan.

Ma-va-tsu fit quelques pas et, déposant à terre ses flèches et son arc, il s'agenouilla sur l'herbe aux longues tiges soyeuses. Ses mains étaient croisées sur sa large poitrine et l'émotion soulevait son sein par un mouvement plus rapide. Un moment, il se résolut à fuir, à disparaître dans les fourrés épais, sans que l'enchanteresse apprît jamais qu'il avait plongé un regard aimant sur ses paupières baissées. Mais quand le jeune chef se fut relevé lentement, sans qu'un brin d'herbe ait crié sous ses pieds nus, un charme inconnu le retint encore et il s'agenouilla de nouveau. Cette fois, il n'hésiterait plus ; il éveillerait Chusca par des paroles caressantes comme un zéphir ; il lui dirait : Viens à l'assemblée des vieillards et, devant le grand feu du du conseil, je présenterai à tous la femme qu'aime Ma-va-tsu.

Mais un léger frissonnement a agité les paupières de la jeune fille et le jeune chef s'est senti timide, lui qui a plongé son épieu durci dans les entrailles palpitantes de cent ennemis. Ses doigts entrelacés se sont pressés violemment les uns contre les autres.

« Chusca, murmure-t-il si bas que cela ressemble au bruissement du vent à travers les feuilles. Chusca. »

Le mot se perd sur les lèvres de l'Indien et ne va pas à l'oreille de celle à qui il s'adresse.

« Chusca, c'est moi, Ma-va-tsu. »

Comme si un charme magique venait d'opérer, à ces derniers sons d'une voix qui tremblait, les yeux de la jeune fille s'ouvrirent soudainement. Elle fixa sur le guerrier un regard d'abord rempli d'étonnement et où de fauves lueurs, ensuite, révélèrent la vie. Mais son bras ne se déroula pas et sa main brune resta étendue entre les herbes fraîches et les lourds cheveux qui couronnaient son front.

« Chusca, dit encore le guerrier, sois ma femme et les autres femmes de la tribu cueilleront pour toi les bananes savoureuses et les fruits des grands arbres. Ta demeure sera la plus belle de toutes et j'en cacherai les murailles brunies sous les branches adorantes qu'en ne trouve que dans les ravins sans fond. Les plumes qui orneront ta chevelure seront celles des oiseaux les plus grands et les plus forts. Dans les danses guerrières, ta place sera au premier rang et tu boiras, la première, à la coupe que remplit le lait des palmiers. Si tu demandes les oiseaux brillants qui cachent leurs nids sous les touffes épaisses des feuilles, j'irai les chercher pour toi aux branches les plus hautes et les plus flexibles. Si tu veux te parer des ornements que portent les femmes des autres tribus, je pousserai le cri de guerre et nous brûlerons, à la flamme, la pointe de nos longs épieux. Tout ce que la terre peut donner, tu l'auras, Chusca, mais viens et sois ma femme. »

La belle Indienne souriait des lèvres et des yeux et les paroles du guerrier semblaient courir sur sa chair qui frémissait. Pourtant, elle ne déroula pas son bras, sa main brune resta étendue entre les herbes fraîches et les lourds cheveux qui couronnaient son front et ses paupières, alourdies par le sommeil, se fermèrent à demi, ne laissant plus filtrer qu'un rayon qui, lui, était brûlant.

« Parle, dit-elle, Ma-va-tsu, grand chef des Sikaves, dont le bras est fort comme l'ouragan, dont le front est beau comme l'astre du jour. Parle encore; les sons qui sortent de tes lèvres sont une mélodie délicieuse qui me berce et je veux dormir pour oublier. »

» Notre vallée est riche, poursuivit le guerrier et la source des eaux fraîches l'abrite contre les vents terribles, qui soufflent en rafales. Quand les nuages noirs versent des torrents furieux, nos rivières se gonflent à peine et leurs eaux restent limpides. Pourtant, des hommes venus de loin m'ont dit qu'il y a, derrière les eaux, des pays plus beaux, où les fruits dorés se penchent eux-mêmes pour être cueillis. Là, les ruisseaux sont tièdes et ne brûlent pas, les forêts sont plus grandes et on peut y marcher des jours entiers; là on ne craint pas les serpents qui se cachent et donnent la mort. Si tu le voulais, Chusca, nous partirions pour ces pays où la lumière est plus douce. Si des hommes se mettaient en travers de notre route, les flèches aiguës obscurciraient le ciel et nous ferions couler à flots le sang de nos ennemis. »

« Non, Ma-va-tsu, dit Chusca : tes paroles sont celles d'un guerrier et je tremble, car je suis une timide femme. Ne fais pas couler le sang. Dis-moi des choses plus riantes, grand chef des Sikaves, toi dont les lèvres distillent les breuvages les plus doux. Nous ne pourrions aller dans les pays lointains ; il nous faudrait abandonner aux oiseaux cruels les restes de nos pères. »

« Nous resterons donc dans cette vallée si belle et, quand nos fils auront grandi, ils bâtiront des cabanes qui rempliront les vallées voisines. Le grand conseil des vieillards se réunira autour d'un feu plus large, car les vieillards seront plus nombreux et Ma-va-tsu, qui sera le grand chef, aura encore des forces dans son bras et de la beauté sur son front. Nos chants guerriers se feront entendre jusqu'au delà des monts qui voient se lever le soleil et jusqu'au delà des flots où l'astre du jour se couche le soir. Nous épuiserons la sève des arbres gonflés et nous remplirons nos coupes. Les Sikaves seront un grand peuple ; Ma-va-tsu sera leur grand chef et Chusca sera la femme de Ma-va-tsu.

« Ma-va-tsu, murmura la jeune fille, grand chef des Sikaves, berce-moi par des paroles plus douces ; j'aime le grand soleil au loin et les larges feuilles des bananiers penchées sur ma tête. »

Le guerrier s'inclina vers la jeune fille et, comme si l'air silencieux ne devait pas entendre ses paroles, il dit tout bas :

« Le soir, quand l'ombre tombera des hautes montagnes, Ma-va-tsu aura chassé tout le jour. Il reviendra, suivi par les jeunes guerriers et quand il trouvera, à la porte de sa cabane, la femme qui l'attend, le grand chef oubliera tout pour sourire à Chusca. Il placera lui-même, dans les cheveux de sa bien-aimée, les fleurs parfumées et les plumes éclatantes. Ses yeux ne se fermeront pas pour le sommeil, parce qu'il voudra voir toujours et Ma-va-tsu regardera Chusca pendant des temps très longs. »

La jeune fille sourit et ses paupières soulevées laissèrent percer la flamme de ses yeux.

« C'est cela, dit-elle, Ma-va-tsu, grand chef, tu as dit de douces paroles : pendant des temps très longs, Chusca regardera Ma-va-tsu et pourtant... »

Ici, les mots s'arrêtèrent sur les lèvres de la belle Indienne et les étincelles qui partaient de ses yeux s'éteignirent soudain. Un souvenir avait traversé sa pensée et ce souvenir, sans doute, était douloureux, car le guerrier, par contre-coup, fut étreint d'une terrible angoisse.

« Non, soupira Chusca, cela ne peut être ; le grand Esprit ne le veut pas. Il enverrait autour de notre couche les rêves malfaisants et les fantômes hideux. La cabane de Chusca a été visitée par la mort et de faibles femmes vivent seules sous son toit de feuilles. Celui qui devrait te donner Chusca n'est plus au nombre des guerriers; sa place est vide au conseil et les soleils ne se sont pas levés bien des fois depuis que le esprits ont emporté son souffle. »

En parlant ainsi, la jeune fille se souleva sur son lit de verdure et bientôt elle fut debout, grande et élancée, devant Ma-va-tsu qui la dominait de la tête. Le guerrier resta silencieux, mais il prit, l'une après l'autre, les deux plumes vertes du jijave et les posa doucement sur les cheveux de Chusca.

Ce furent de simples fiançailles : les airs étaient muets, les souffles errants s'étaient endormis dans les dômes de verdure, le soleil brûlait les hauteurs et n'envoyait dans les bois que des rayons attiédis, les oiseaux alanguis par la chaleur cachaient leurs têtes dans le duvet de leurs poitrines, tout sommeillait.

« Ton cœur a parlé, dit Ma-va-tsu ; tu seras ma femme. »

Le soir, quand le grand chef revint seul, sans le cortège des jeunes guerriers qui l'accompagnaient dans ses courses, tous remarquèrent que ses flèches pendaient à sa ceinture sans qu'il en manquât plus d'une. Les vieilles femmes qui broyaient sur la pierre les graines des fruits, virent que le grand Esprit avait attaché une lumière au front de Ma-va-tsu et elles travaillèrent avec plus d'ardeur en prévision de fêtes prochaines.

Cependant, deux fois déjà, la lune avait paru étroite et mince, puis s'était élargie pour s'amincir de nouveau. Le chef des Sikaves ne rapportait plus à sa hutte les grands oiseaux que ses flèches auraient percés. On ne voyait plus se dessécher aux poteaux les têtes des hôtes brillants qui séjournaient dans les cimes des grands arbres. Ma-va-tsu était triste et sombre et les vieillards lui avaient vainement demandé pourquoi il n'entonnait plus joyeusement les chants guerriers. Partout on disait que dans ses chasses sur la source des eaux fraîches, il avait rencontré un génie malfaisant. Aucune autre hypothèse ne pouvait expliquer la transformation soudaine qui s'était opérée dans ce guerrier vaillant et gai, l'honneur de la nation. A certains jours, des chasseurs avaient trouvé, sur le bord d'un sentier, Chusca qui pleurait, tandis qu'au même temps, les branches sèches se brisaient dans les fourrés sous un pas rapide. La tribu prévoyait un malheur.

Un soir, un étranger se présenta seul devant les premières cabanes des Sikaves. C'était un jeune homme dont le nom a été écrit une fois : il se nommait Tsin-te-no. Il portait l'arc et les flèches, ainsi que le faisaient les Indiens et parlait un langage peu différent de celui dont se servaient les tribus.

Qnand on lui demanda d'où il venait, il répondit par un geste large, en montrant les vastes terres qui s'étendaient vers le sud. Que cherchait-il? Tout l'indiquait, car il était pauvre et aucun compagnon ne le suivait.

L'hospitalité grande et facile est une vertu des Indiens. Quand ils virent l'étranger, exténué par la marche, s'asseoir tristement sur le sol, les Sikaves le conduisirent vers leur chef. Ma-va-tsu avait le cœur bon, bien que depuis des jours nombreux la gaieté ait abandonné le seuil de sa cabane. Il ne s'inquiéta pas de savoir si le nouveau venu habiterait longtemps la vallée, si même il la quitterait un jour. Il lui dit seulement :

« Viens, nous coucherons côte à côte, sur le même lit de feuilles sèches. Tu t'abriteras sous mon toit et nous mangerons les mêmes mets préparés par les femmes. Quand tu voudras traverser les bois et gravir les pentes de la source des eaux fraîches, je serai ton guide et si quelque danger te menace, je m'y exposerai le premier. L'étranger est sacré pour pour les Sikaves et le Grand Esprit veut qu'on l'accueille avec bonté. »

Tsin-te-no eut sa place partout, excepté dans le grand conseil où les intérêts de la tribu était mis en question. Mais il put à son gré suivre les sentiers ombreux, s'égarer dans le dédale des forêts profondes et y cueillir les fleurs dont les Sikaves ignoraient la vertu. Plusieurs fois, il rencontra Chusca et la jeune fille s'enfuit à son approche, comme si elle avait vu ramper devant elle un de ces verts reptiles qui se cachent sous les herbes et dont le venin est sans remède.

Tsin-te-no, en effet, ressemblait peu au grand et beau Ma-va-tsu. Il était de petite taille et ses épaules larges surmontaient une poitrine puissante. Ce qui frappait le plus dans son aspect, c'étaient ses yeux qui n'avaient pas les nuances brunies de l'œil des Indiens, mais étaient d'un bleu troublé et pâle, assez semblable à la couleur des eaux de mer quand la tempête les a bouleversées. Tsin-te-no, nous l'avons vu, avait subi la tempête et n'y avait échappé que par la complaisance de son destin. Or, il avait dû se trouver bien dans le bouleversement de toutes choses, car la nature lui avait donné tous les instincts du mal.

Les années de l'exil avaient été employées par lui en des courses vagabondes à travers les lieux incultes où croissaient les arbustes remplis de sucs vénéneux ; mieux que tout autre, il savait empoisonner les flèches et composer les breuvages qui répandent dans les membres une molle langueur. Il faisait dessécher la fleur sombre qui s'épanouit à l'extrémité des rameaux épineux et il en recueillait les pétales fanés entre des feuilles odorantes.

Chusca vit avec désespoir que Ma-va-tsu perdait la bouillante ardeur de sa jeunesse et s'enfermait dans des rêveries de plus en plus longues. Les vieillards furent pris d'inquiétude et dans leurs conseils que le jeune chef ne présidait plus, ils se demandèrent si une grande calamité ne planait pas sur la tribu. Pourtant aucun ennemi n'envoyait ses espions dans la vallée qu'abrite la source des eaux fraîches ; on n'avait pas surpris sur les gazons des bois l'empreinte suspecte d'un pied étranger ; mais la lune s'était levée rouge et tachetée de points sombres pendant une lunaison entière ; le soleil dardait sur la terre des rayons plus chauds que ceux par lesquels il brûle ordinairement le sol ; enfin, le soir, quand tombait l'ombre du haut des grands bois, des bruits inconnus venaient on ne sait d'où et se répandaient sourdement ; on eût dit le grondement heurté de vagues lointaines se précipitant contre des falaises invisibles.

Tsin-te-no, seul, ne partageait pas l'angoisse de tous. Quand Ma-va-tsu sentait ses membres trop las et les étendait à terre, il allait au ruisseau voisin, rapportait une eau fraîche et limpide, y jetait des feuilles et des fleurs qui devaient vaincre la langueur et donnait au chef la liqueur savoureuse que celui-ci buvait à longs traits. Le grand guerrier des Sikaves avait l'âme d'un enfant et il ignorait les tortueux détours de l'hypocrisie. S'il eût regardé quelquefois Tsin-te-no avant de boire, peut-être aurait-il hésité. Car, l'étranger, malgré la dissimulation profonde que les tourmentes de la vie avaient étendue sur son cœur, ne pouvait se défendre d'un tremblement qui agitait sa main. Chaque soir, le chef Sikave dit à son hôte :

« Viens, tu es mon frère et tu dormiras à mon côté, sur le lit de feuilles sèches. Le Grand Esprit veut qu'on honore les étrangers. »

Les vieilles femmes, dont l'expérience s'était enrichie des secrets antiques, allèrent aux fontaines que les génies habitent et tressèrent, avec des branches vertes, des couronnes qu'elles jetèrent dans les eaux. En même temps, elles prononçaient des paroles puissantes qui devaient évoquer les esprits et les rendre favorables. Quand, réunies, elles se livraient à ces rites autorisés par les coutumes, souvent elles virent des formes blanches monter sur les pentes de la source des eaux fraîches et elles entendirent de grandes voix qui se mêlaient dans les profondeurs inconnues.

« Ce sont les génies qui répondent, disaient-elles; prenons confiance. Demain, quand la lune s'élèvera au-dessus des montagnes, nous serons là et le Grand Esprit nous délivrera de tous les maux. »

Le lendemain, les voix qui sortaient de la terre étaient plus fortes, plus confuses, plus saccadées ; elles éclataient souvent, comme un murmure immense, poussé par des milliers de poitrines. Les vapeurs blanches quittaient le sol et s'élançaient plus longues, plus sveltes vers le ciel qu'aucun nuage ne couvrait. Les fraîcheurs de la nuit luttaient en vain contre les ardeurs du jour et l'air était embrasé. Les vieilles femmes revenaient à leurs cabanes; elles portaient la tête basse et tenaient leurs yeux fixés à terre. Rien n'y faisait donc, ni les cris, ni les mots dits à voix basse, ni le mouvement imprimé aux eaux des sources. Le malheur planait et il allait s'abattre.

Six fois, la lune avait rayé l'azur sombre du firmament de la plus fluette de ses courbes lumineuses depuis le jour où, pour la première fois, Ma-va-tsu avait parlé à Chusca. Celle-ci, maintenant, attendait le grand chef sur le bord du sentier qui passe près des huttes et quand elle le voyait venir, lent et courbé, elle se levait, rapide comme l'oiseau, et courait à sa rencontre.

« Veille sur toi, lui disait-elle, Ma-va-tsu, grand chef des Sikaves. Ne meurs pas : Je veux être ta femme. C'est moi qui puiserai pour toi l'eau fraîche des sources ombragées. Je broierai pour toi les graines odorantes et je serai ton esclave fidèle. Le soir, quand tu rapporteras à ta hutte le butin du jour, je prendrai l'arc sur ton épaule et je déposerai tes flèches dans un lieu réservé pour qu'elles servent le lendemain. Je chanterai avec toi les hymnes guerriers de notre peuple et je porterai l'épieu durci que tu tremperas dans le sang pendant les combats cruels. Quand le soleil s'abaissera vers la mer, je te regarderai si longtemps que tu retrouveras la force et la jeunesse. Ma-va-tsu sera le vaillant chef d'un grand peuple quand Chusca sera sa femme. »

La belle indienne ne disait pas qu'un jour Tsin-te-no avait tenté d'entourer son cou gracieux d'un collier de perles qui miroitaient comme des gouttes de rosée. Elle avait brisé les perles sous ses pieds nus et s'était enfuie. Mais Ma-va-tsu avait entendu si souvent la recommandation de veiller, qu'enfin, il surprit le regard haineux de Tsin-te-no préparant un breuvage avec des fleurs desséchées.

Le jeune guerrier feignit de boire et répandit le poison sur des herbes tendres qui se tordirent, comme si le feu les avait touchées. Lui-même comprit que les douleurs dont il souffrait étaient les flammes dévorantes qui lui brûlaient le cœur. Il comprit tout et ne dit rien. Mais quand l'étranger sortit, comme il faisait chaque soir, Ma-va-tsu alla prendre dans un coin de sa cabane le plus long et le plus dur des épieux noircis à la flamme et il se glissa sur les pas de son hôte.

Tsin-te-no allait vers la source des eaux fraîches qui, ce jour-là, se fendillait, resserrée et brûlée par le soleil. Les bruits sourds de la montagne étaient devenus un vacarme ininterrompu qui déchirait l'air. Le ciel ne paraissait plus et des nuages gris faisaient à la terre un couvercle de plomb. La chaleur était lourde et pesait sur les fronts qui ruisselaient. Ma-va-tsu ne vit rien et n'entendit rien.

En passant un ruisseau, il prit dans sa main quelques gouttes d'une eau tiède et troublée qui mouillèrent sa gorge desséchée et ne la rafraîchirent pas. Il se jeta plusieurs fois dans les fourrés touffus quand Tsin-te-no regarda en arrière et là, tapi comme une bête traquée, il comprima sa poitrine haletante avant de reprendre sa course.

Au même temps, Chusca, inquiétée par de lugubres pressentiments, quitta sa hutte, où sa vieille mère dormait. La jeune fille, les cheveux au vent, passa légère et rapide sous l'obscurité grandissante. Les arbres craquaient dans les grands bois et elle n'y fit pas attention. Imprimant à peine la trace de ses pieds sur les tapis verts des sentiers, elle sortit du couvert des voûtes sombres et continua sa course vers les cimes rapées que la source des eaux fraîches cachait dans les nuages. Son pas alerte la porta bientôt au sein des brouillards et elle s'arrêta.

Près d'elle, des masses grises et confusément dessinées étaient des rochers qui ressemblaient à des géants debout. Au loin, la nappe grise des vapeurs opaques. Comme horizon, une circonférence sans ligne, ayant un jet de pierre pour rayon. Mais c'était bien cela que voulait le jeune fille.

Le Grand Esprit était partout, dans les vapeurs et dans les nuages ; il volait sur l'aile des brumes épaisses et il allait réduire à l'impuissance les esprits mauvais qui grondaient dans le sein de la montagne et qui tuaient lentement le grand chef des Sikaves..

Quand elle eut regardé autour d'elle, Chusca se mit à genoux et elle sentit que la terre était brûlante. Elle releva la tête et son front qu'elle tendit à la brise fut plongé dans un bain de feu. Elle prêta l'oreille ; au-dessous d'elle des bruits stridents se mêlaient à des voix hurlantes.

« C'est bien cela, murmura-t-elle. Si la terre tremble, c'est que le Grand Esprit la touche de la main. Les coups dont le grand écho vient jusqu'à moi sont ceux dont le Grand Esprit frappe les puissances du mal. Ecoute-moi, toi que les pères des Sikaves ont adoré et que j'adore, Chusca veut être la femme de Ma-va-tsu et il faut que le grand chef reprenne sa jeunesse. Que son bras soit fort comme il était, que son œil redevienne brillant, comme l'œil du grand oiseau. Que sa lèvre sourie, comme le fruit ouvert ; que sa poitrine se soulève paisiblement pour humer l'air attiédi. Les vieillards ne craindront plus, les femmes ne feront plus retentir leurs gémissements. Les conseils des Sikaves entendront le langage de la sagesse et Chusca sera heureuse.

La jeune fille dilata sa poitrine oppressée pour respirer un long souffle qui lui brûla le sein.

« Grand Esprit, poursuivit-elle, tu n'as pas répondu. Mes paroles ne sont-elles pas prudentes et bonnes ? Je t'adresserai donc une autre prière. Rends à Ma-va-tsu la jeunesse et la force. Qu'il soit le grand chef, toujours vaillant et toujours honoré. Que son peuple ait confiance en lui et que ses ennemis soient vaincus. Puis, si Chusca ne doit pas être sa femme, touche mon front de ta main puissante et fais que le grand chef oublie qu'il a vu Chusca ; il faut que Ma-va-tsu soit heureux. »

Un craquement horrible fendit les airs, la montagne fut secouée jusque dans ses fondements et le voile sombre des nuages s'agita, comme s'il était balancé par une main invisible.

« Tu ne veux donc pas qu'il soit heureux et que je sois sa femme ? »

« Non, répondit une voix qui était la voix d'un homme et Tsin-te-no parut à deux pas. »

La belle Indienne se releva.

« Que veux-tu, dit-elle ?

« Te donner cette fleur qui, ce matin, s'épanouissait, solitaire sur un arbuste caché. »

La jeune fille prit la fleur et en froissa les pétales entre ses doigts crispés.

« Que veux-tu encore ?

» T'emporter de l'autre côté de ces monts. Sur ces sommets finit la puissance des Sikaves et du côté où se lève le soleil, il y a de riches vallées où mûrissent les fruits dorés. J'ai plus de force que Ma-va-tsu ; je suis grand chef comme lui et ma tribu, tranchée dans sa tige, a poussé des rejetons puissants. Veux-tu que, d'ici, je pousse le cri de guerre ? Le sang coulera dans le lit des rivières. Mille guerriers, jeunes et forts, épouvanteront par leurs cris les guerriers de ton peuple et les flèches voleront innombrables, comme les oiseaux qui quittent nos plaines au temps des grandes pluies. »

Les yeux de Chusca dédaignèrent Tsin-te-no et ses lèvres ne s'ouvrirent pas pour répondre.

« Il le faut, poursuivit l'étranger ; je veux que tu sois ma femme.

» Jamais, murmura la jeune fille.

» En ce moment, Tsin-te-no fit un pas, mais, dans le vague de la nuit, une grande ombre se dressa et une voix grave prononça lentement le mot :

» Jamais !

» Ma-va-tsu, rugit le ravisseur !

» Lui-même. Ici, dit le grand chef, finit la puissance de mon peuple. Mais si le Grand Esprit a ordonné aux Sikaves de respecter l'hôte qui partage leurs huttes, il ne défend pas de tuer un ennemi là où le sol n'appartient à personne. Tsin-te-no, tu vas mourir. »

Le lâche se sentit frémir. Quant à Chusca, elle disait :

« Sois fort, Ma-va-tsu, grand chef des Sikaves ; toi, dont le bras a été terrible comme l'ouragan et dont le front est beau comme le soleil. Sois fort, j'ai prié le Grand Esprit.

» Mais, dit Tsin-te-no, les oiseaux dévoreront mes chairs et mon fantôme menaçant troublera ton sommeil.

» La montagne est creusée, répondit le guerrier sikave ; ouvre la plus profondément avec tes mains, ce sera ta tombe et je la recouvrirai. »

Pendant que Ma-va-tsu se tenait debout, appuyé sur son épieu, Chusca priait à genoux et la nuit était si noire que ni l'un ni l'autre ne distingua ce que faisait Tsin-te-no. Sans doute, il soulevait largement la terre pour se former une couche funèbre, car il paraissait comme une masse sombre plus noire que les ténèbres environnantes.

Dans la montagne, c'étaient toujours les mêmes frémissements, les mêmes voix hurlantes, les mêmes coups saccadés et violents, le même vacarme étourdissant. Dans le ciel, c'étaient toujours les mêmes nuages sombres et lourds, la même chaleur brûlante, le même air desséché.

Or, un œil qui eût pu percer l'obscurité de la nuit aurait vu l'étranger palper le sol de sa main. Ce qu'il cherchait, c'était un dard aigu et empoisonné qu'il avait porté jusque-là et qu'il avait déposé avant de se présenter à Chusca. A peine l'eut-il trouvé qu'il poussa un cri féroce et se relevant, rapide comme la panthère, il bondit en avant.

La jeune Indienne sentit un voile s'abaisser sur ses yeux et elle tomba : son amour seul l'avait frappée, car Ma-va-tsu reçut en pleine poitrine le coup destiné à celle qu'il aimait.

Le Sikave ne chancela pas pourtant ; ses forces s'étaient si bien ranimées aux ardeurs de son courage! D'un bras ferme, comme le roc, il repoussa Tsin-te-no et portant sur son sein le dard fatal.

« C'est trop peu de venin, dit-il, après tout le poison que tu m'as donné. »

Il brandit son épieu et l'enfonça dans les entrailles du traître.

« Meurs donc, enfin. »

Ces derniers mots furent un cri sauvage, le dernier exhalé par un mourant qui retombait couché sur un mort et la montagne y répondit par un horrible concert de clameurs où l'on eût cru distinguer des ricanements.

Chusca dormait. Ce qui l'éveilla, ce fut une affreuse explosion semblable à un coup de tonnerre. Des tourbillons de flammes rougissaient le ciel noir et des millions d'étincelles couraient à travers une épaisse fumée. La malheureuse jeune fille n'eut d'abord aucun souvenir de ce qui s'était passé. Mais quand elle se leva, elle aperçut à ses pieds, près d'un gouffre ouvert, le sol qui descendait dans l'abîme et, sur le sol, deux corps étendus qui roulaient l'un sur l'autre, suivant le mouvement des terres englouties. Elle resta là, l'œil stupide, le cœur mort, l'esprit enfui, fascinée par la vision douloureuse et par le spectacle terrifiant. Ce fut une nuit terrible et plus jamais on ne vit Chusca.

Mais depuis ce jour, la Source des eaux fraîches, devenue la montagne Pelée, n'a guère connu le repos. Ma-va-tsu et Tsin-te-no se livrent dans ses flancs un éternel combat et souvent en voit, au sommet du mont, une forme sombre et échevelée. Les Caraïbes disent que c'est encore Chusca.

Telle est la légende que les Indiens des siècles passés racontèrent aux colons européens quand ceux-ci demandèrent le récit des traditions antiques qui avaient trait à la montagne Pelée.

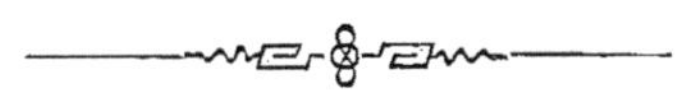

L'Hécla (Islande).

CHAPITRE XI

INDICES DE LA CATASTROPHE

Il est bien rare qu'une éruption volcanique ne soit précédée par des signes précurseurs qui la font pressentir. Les colères des monts enflammés peuvent paraître très soudaines dans leur apparition et très effrayantes par la rapidité des phénomènes qui se succèdent à courts intervalles ; mais un tel déploiement de forces n'a pas été sans qu'une longue préparation ait disposé les choses et sans que cette préparation se soit trahie.

On cite, cependant, des cas où le calme le plus profond a fait place à la plus violente tourmente ; les explosions alors semblent subitement déterminées par une cause qui s'entoure de mystère et l'on dirait l'ébranlement produit par une formidable commotion électrique.

M. Squier et le docteur Livingstone faillirent être victimes de l'une de ces bizarreries. Ils exploraient alors un volcan du Nicaragua et rien ne faisait prévoir que la montagne depuis longtemps en repos dût de sitôt entrer en fureur. L'air n'était nullement lourd et le ciel présentait son aspect ordinaire ; aucun tremblement de terre, de ces tremblements locaux qui désignent si bien le point précis où s'agitent les forces souterraines, n'avait épouvanté les habitants de la contrée ; le volcan était muet et les plus légères vapeurs ne couronnaient pas sa crête. C'était à faire croire à un volcan éteint si réellement peuvent s'éteindre complètement des cheminées par lesquelles s'est épanché autrefois le feu central.

Depuis quelque temps, ces monstres assoupis et dont on a enregistré la mort ont été représentés comme peu rassurants et les hypothèses qui font croire à la possibilité d'un réveil ne sont pas du tout improbables. Le docteur Livingstone et son compagnon en firent l'expérience.

Ils avaient déjà supporté les plus grandes fatigues de l'ascension et s'étaient arrêtés plusieurs fois dans leur marche pour noter les différents aspects de la montagne, lorsqu'une violente détonation ébranla le sol. Des masses de fumée noire jaillirent mêlées à des torrents de flammes. Des détonations violentes, comme la première, suivirent presque sans interruption et la lave, débordant le cratère, commença à couler sur les déclivités du volcan.

Au premier signe, les deux explorateurs s'enfuirent ; rien ne les abritait contre les pluies de cendres et de rocs et tout était à prévoir. Ils sautèrent de rocher en rocher, glissant parfois sur des pentes rapides, tombant pour se relever bientôt. Ils étaient épuisés et à demi-morts quand ils atteignirent un endroit assez éloigné pour que les rocs, au moins, les laissassent en dehors de leur projection. C'est là qu'ils s'arrêtèrent pour observer de loin la hauteur des jets lumineux qui s'élevaient dans le ciel ; la coulée de laves suivait son lit habituel et rampait lentement, broyant tout sur son passage.

En 1835, le Vésuve fit une surprise de ce genre aux habitants qui s'étaient établis à ses pieds. Il entra subitement en fureur, vomit avec rage des masses énormes de matières en combustion et se répandit dans la riante campagne qui dort à sa base. Rien n'avait annoncé ce nouvel accès et les victimes furent nombreuses.

Si la catastrophe de la Martinique a anéanti une ville entière et n'a épargné que de rares survivants ; cependant, ce que nous avons appris des événements antérieurs au mois de mai permet bien de constater les menaces du volcan.

Ce sont d'abord des indices éloignés.

Une agitation de mauvais augure s'est manifestée dans toute l'Amérique centrale dès les premiers mois de l'année 1902. Des secousses de peu d'importance ont été ressenties d'abord ; puis, le 18 avril, un tremblement de terre détruisait plusieurs villes importantes du Guatemala.

Nous savons quelle intime relation unit les tremblements de terre aux éruptions volcaniques. Les premiers ne sont que des éruptions avortées, les secondes sont des tremblements de terre atteignant leur but, qui est la dislocation de l'enveloppe terrestre.

Les phénomènes sismiques ont persisté pendant une semaine au Guatemala et se sont étendus jusqu'au Honduras, au Salvador et au Nicaragua, vers le sud et vers l'ouest.

Circonstance plus typique, des volcans se sont ouverts et sont entrés en activité dans toute cette contrée et jusqu'au Mexique.

Or, pour qui considère le parallélisme des Antilles et de l'Amérique centrale, les bouleversements opérés ici devaient avoir, là, leur répercussion. Ce sont mêmes latitudes, même conformation du sol, mêmes chaînes de montagnes dirigées dans le même sens, avec cette seule différence que l'Amérique centrale est encore terre ferme, tandis que les Antilles surbaissées sont une terre à demi noyée. Il est donc impossible de ne pas voir une corrélation étroite entre les tremblements de terre qui viennent de se produire au Guatemala et les éruptions de la montagne Pelée et de la Soufrière qui les ont suivis immédiatement.

Les désastres de l'Amérique centrale eurent, sans doute, parmi nous, moins de retentissement, puisqu'ils ne frappaient pas une terre française : nous les avons appris cependant et maintenant que, touchés par le malheur, nous nous ouvrons davantage aux récits douloureux, l'œuvre de destruction nous paraît avoir atteint des proportions énormes.

Nous devons aux journaux de New-York les premiers détails circonstanciés sur la catastrophe du Guatemala.

C'est dans la nuit du 18 avril que les premières secousses de tremblement de terre ont été ressenties. Procédant par oscillations lentes et médiocres, elles en sont arrivées à une véritable trépidation qui a tout ébranlé. La ville de Quezaltenango, la seconde en importance de la république guatémalienne, a le plus souffert. Des centaines d'édifices se sont écroulés entièrement ou en partie. Des incendies et des inondations ajoutaient à l'horreur de la nuit et nombre de personnes, devenues folles de terreur, se sont suicidées.

Le navire américain *Newport*, qui se trouvait ancré à Ocos, a senti l'effet des secousses. Beaucoup de maisons de ce port ont été renversées et les habitants se sont réfugiés sous des tentes dans la campagne. Des crevasses béantes se sont formées dans les rues. Un petit cours d'eau, qui se jetait dans la mer, près d'Ocas, a disparu ainsi que le pont en fer de la voie ferrée.

Le même navire qui apportait la nouvelle à San-Francisco, rapporta qu'un volcan du San-Salvador, république voisine du Guatemala, s'éteignit il y a dix mois et que, depuis lors, on a éprouvé de fréquents tremblements de terre et des raz de marée, ce qui indique qu'il y aurait eu, dans toute cette région, un déplacement des masses éruptives qui cherchaient une autre issue.

Le président Estrada Cabrera, dans un message adressé à ses concitoyens, dit que plusieurs des plus riches et des plus florissants départements de la République ont été totalement détruits par le tremblement de terre. Il fait un appel à la solidarité nationale pour tâcher de réparer le mal.

Cet appel a été entendu, car, en une matinée, la ville de Quezaltenango, à elle toute seule, réunit par souscription populaire près d'un million de francs. Les villes détruites sont : Quezaltenango, San-Marcos, San-Pedro, Solola, San-Felipe, Mazatenango, Santa-Lucia et Cotzumalguapa.

La jolie ville d'Amatitlan, voisine de la capitale, est aussi presque ruinée. La capitale, elle-même, Guatemala, a eu à souffrir, surtout dans la banlieue, où plusieurs maisons s'effondrèrent.

Le nombre des victimes est bien supérieur à ce qu'on a cru tout d'abord. On parle en effet de milliers de morts. C'est sans doute exagéré, mais, dans la seule ville de San-Pedro, qui est la moins importante parmi les villes détruites, on a trouvé, sous les décombres, plus de quatre-vingts cadavres. Ceci fait craindre que, dans une ville comme Quezaltenango, qui avait trente mille habitants, le nombre des victimes n'ait été effrayant. Dans la souscription nationale, pour venir en aide aux victimes, nous trouvons le président Estrada Cabrera, avec cent mille francs et chaque ministre avec cinq mille. Le gouvernement, avec une activité digne de tout éloge, a entrepris, sans se décourager, la réparation de ce désastre.

Ces détails donnés d'après des témoins oculaires indiquent combien violente a été la crise au Guatemala. Or, ces choses se sont passées vers la fin d'avril, quand déjà la montagne Pelée donnait des signes d'effervescence. Ce devait être un avertissement de toute valeur.

La prudence s'imposait d'autant plus que, dans le passé, les catastrophes survenues dans les Antilles avaient porté leur contre-coup dans l'Amérique centrale et réciproquement. L'isthme continental n'était jamais entré dans une ère de perturbation sans que l'archipel ait pris sa part de l'agitation. Les leçons précédemment données étaient un enseignement très clair et l'on se demande par quelle aberration étrange les habitants de Saint-Pierre ne se retirèrent pas plus tôt soit à Fort-de-France, soit dans les bourgs et villages de l'extrême nord ou de la partie méridionale de la Martinique.

Une raison peut en être donnée, raison bien insuffisante puisque les événements en ont démontré la faiblesse. Ceux qui vivent dans la société habituelle des phénomènes sismiques en viennent à les considérer comme des voisins incommodes, mais peu dangereux. Pour un tremblement de terre qui ruine tout, il y en a dix dont les ravages sont faciles à réparer. Il se glisse, dans l'esprit des peuples, une sorte de fatalisme, quelque chose ressemblant à de l'inconscience et, si beaucoup se rendent compte du danger, ils jouent avec lui si souvent que le danger ne les effraie plus.

Depuis la fin d'avril, la montagne Pelée donnait à toute heure des signes d'activité. Or, il ressort des lettres écrites par les malheureuses victimes du désastre qu'un sentiment d'extraordinaire résignation régnait partout dans son voisinage. Puis, s'en rapportant à ce qui se passa autrefois, les habitants de Saint-Pierre avaient à cœur de ne pas abandonner les affaires importantes dont le soin les avait appelés. Fuir à Fort-de-France, c'était se soumettre à des pertes considérables et c'était aussi se lancer dans l'inconnu. En 1839, un tremblement de terre détruisit presque complètement la capitale de la Martinique et Saint-Pierre n'en fut que faiblement éprouvé. Ne pouvait-on pas penser qu'il en serait de même cette fois?

Le 27 avril, un journaliste martiniquais, M. Sully, dont on n'a pas de nouvelles et qui, sans doute, est parmi les nombreuses victimes, avait tenu à constater par lui-même l'état de la montagne Pelée.

Muni d'un appareil photographique, il alla prendre une vue du nouveau cratère qui s'était formé non au sommet, mais sur un des flancs de la montagne, à 600 mètres. M. Sully put établir comment il se faisait que l'étang, situé à 40 mètres du sommet de la montagne se vidait peu à peu. Ses eaux filtraient à travers la terre et venaient tomber en une colonne d'un mètre de diamètre, 600 mètres plus bas. A cet endroit se formait le nouveau cratère, qui avait profité, pour s'ouvrir, de la fissure causée par la chute continuelle de l'énorme trombe d'eau.

L'eau, à 243 mètres d'altitude avait, lors de l'ascension de M. Sully, 29 degrés de chaleur.

Enfin, la rivière Blanche était devenue rouge et débordait, alimentée par le filtrage incessant de l'étang; la rivière du Prêcheur, dont les eaux sont de couleur ordinaire, habituellement, roulait des ondes ayant la blancheur du lait.

Ces modifications dans le régime des eaux sont un signe presque infaillible de l'imminence d'une éruption. M. Boskowitz l'établit par de nombreux exemples dans son livre, *Les Volcans*, dont quelques chapitres sont un exposé technique et bien documenté des phénomènes qui accompagnent l'activité volcanique :

« Dans beaucoup d'endroits, écrit-il, surtout dans les environs du Vésuve, on a observé que, lorsqu'une crise était proche, l'eau des puits changeait de niveau et même disparaissait entièrement. C'est ainsi qu'en 1779, quelques heures avant l'éruption du Vésuve, l'eau tarit dans les puits de Naples et dans ceux des autres localités, situées au pied de la montagne. Ce phénomène se reproduisit, non seulement quelques jours avant l'éruption de 1806, mais aussi trois jours avant la mémorable catastrophe de 1822, alors que des pluies torrentielles avaient abondamment alimenté tous les puits des environs. On serait donc en droit de considérer ce phénomène comme un indice certain d'une prochaine éruption, si, à cette règle, il n'y avait de trop nombreuses exceptions. On a, en effet, observé maintes fois, que le Vésuve entrait en furie, alors que l'eau des puits n'avait pas baissé sensiblement.

» On croit aussi avoir constaté qu'à l'approche d'une éruption, l'eau des sources changeait de couleur et se chargeait de matières étrangères, qu'elle déposait partout sur son passage. C'est surtout dans l'île de Java que ce phénomène étrange a été bien observé. On y vit, un jour, le ruisseau de Tsicounier, qui coule au pied du volcan de Geloungoung, prendre tout à coup une teinte blanchâtre. Personne n'y fit attention. Pourquoi les indigènes qui cultivaient la terre au pied des montagnes se seraient-ils émus à la vue de ce curieux phénomène ? Tout était tranquille dans l'air et sur la terre et personne, dans le pays, n'avait entendu dire que cette montagne recélât du feu dans son sein. Et cependant, ce jour-là même, on entendit soudainement un bruit épouvantable qui fit trembler la terre. Il se propagea dans tout le pays et, du flanc de la montagne, s'éleva une épaisse colonne de fumée, qui couvrit la contrée d'horribles ténèbres. Des torrents de boue incandescente sortirent des entrailles du volcan et se précipitèrent dans le lit des rivières, entraînant, dans leurs flots brûlants, les débris des villages qu'ils avaient détruits et les cadavres mutilés des hommes et des animaux qu'ils avaient engloutis. »

M. Boskowitz note encore que les éruptions volcaniques sont souvent précédées par des bruits inexpliquables, semblable à ceux qu'on entendit dans le Geloungoung, quand il s'éveilla d'un sommeil plusieurs fois séculaire. Ces bruits sont même l'indice le plus sûr qu'un volcan va sortir de son repos, pour se livrer à un accès furieux. Ils n'ont pas toute l'intensité profonde et les éclats bruyants des grondements et des détonations qui se produisent pendant la crise : on dirait parfois le roulemen-d'un chariot pesant, lancé à toute vitesse, sur un pont métallique, et par t fois le bruit lointain du tonnerre.

Ce qu'il y a de particulièrement effrayant dans ces signes précurseurs, c'est qu'on ne peut déterminer à quoi ils tendent et d'où ils viennent. Sortant d'une source unique, ils se disséminent largement dans les entrailles de la terre, à tel point qu'ils figurent un ébranlement immense, s'étendant sur plusieurs lieues. Le bruit perd seulement de son intensité à mesure qu'il s'éloigne du volcan.

Avant l'éruption mémorable dans laquelle disparurent Pompéi et Herculanum, des oscillations fréquentes agitèrent le sol pendant plusieurs années. Six ans avant la crise principale, un tremblement de terre renversa la ville de Pompéi et quelques autres localités assises au pied du Vésuve. Puis les secousses cessèrent brusquement et l'on se prit à espérer : déjà les villes sortaient des décombres ; elles renaissaient de la poussière où la catastrophe les avait couchées, quand, de nouveau, la terre trembla.

Ce fut une secousse unique, mais formidable. Les flancs de la montagne s'ouvrirent et l'éruption noya tout sous des torrents de feu.

En 1794, les Vésuviens furent épouvantés par les mêmes indices révélateurs d'une éruption prochaine. La terre trembla, puis le calme se fit, pendant quelques jours, un de ces calmes las et déprimants, qui ressemblent aux mornes silences de la nature avant l'orage. Puis, soudain, un déchirement se fit avec fracas dans la montagne et quelques heures suffirent pour que la contrée fût couverte de cendres et de feu.

Le 25 septembre 1538, quand le Vésuve fut à la veille d'une de ces éruptions grandioses dont il est coutumier, les flots de la mer furent violemment agités. Les vagues s'entrechoquèrent, pendant tout le jour, comme si une force souterraine les avait soulevées en lourdes masses et jetées les unes contre les autres. Puis, le soir, un mouvement plus violent, d'une incalculable puissance, saisit la mer et la rejeta à deux cents mètres du rivage. Les vaisseaux qui se trouvèrent en ces parages furent surpris par la soudaineté de cette tempête intérieure, dont les effets dépassaient tout ce que d'autres tempêtes leur avaient présenté d'horrible ; ils furent brisés. Pendant ce temps, le retrait du flot était si considérable que l'on pouvait supposer l'ouverture d'immenses grottes souterraines, dans lesquelles les eaux allaient s'engloutir.

Le Vésuve ne parla qu'ensuite, mais l'éruption fut épouvantable.

Elle dura plusieurs jours avec une violence extrême. Près de Pouzzoles, un gouffre nouveau s'ouvrit et vomit à l'instant des flammes et des matières incandescentes et un second volcan surgit : c'était le Monte-Nuovo, qui a 400 pieds de hauteur.

A s'en rapporter aux témoignages qui nous viennent de source officielle ou privée, aucun de ces indices n'a manqué à la catastrophe de la Martinique. Les rapports envoyés en France, les lettres que furent écrites de Saint-Pierre, en date d'avril ou de mai 1902, attestent l'apparition de ces phénomènes précurseurs et en font des descriptions émues.

M. Marino, capitaine du voilier italien *Orsolina*, a fait les déclarations suivantes à son arrivée au Havre, le 21 juin.

« Le 1er et le 3 mai, le cratère de la montagne Pelée donnait des signes inquiétants d'activité; la lave coulait sur ses flancs.

» A Saint-Pierre, on se montrait peu rassuré et une certaine panique commença à se manifester. Tous les soirs, je recevais, à bord, des personnes qui me priaient de les laisser coucher sur le pont.

» Dès le 1er mai, l'activité commerciale de la ville se ralentissait, car une pluie de cendre fine et pénétrante rendait le travail fort pénible ; on trouvait difficilement des ouvriers pour le chargement des marchandises.

» Le 5, à midi, j'ai vu un tourbillon dans la direction du cratère. Ce tourbillon se sépara en deux et se dirigea vers la ville. Un tourbillon de cendre s'avança sur la mer.

» Tout à coup, je vis se précipiter à la mer, dévalant par le lit de la rivière Blanche, une masse considérable de matières volcaniques, qui souleva un flot énorme en avant de Saint-Pierre et dans la direction de cette ville.

» Mon navire était attaché à un corps mort; le flot le souleva trois fois et, sous son action, l'amarre d'arrière se rompit. J'allai m'amarrer sur une autre bouée, mais le capitaine du port me la fit quitter, parce qu'elle était réservée à un navire de guerre que l'on attendait.

» Je filai donc mon amarre et dérivai : je ne tardai pas à me trouver par trop de fond pour pouvoir mouiller. Alors, comme mon chargement était terminé et que le péril me semblait menaçant, je pris le large. »

A cette date du 5 mai, les prévisions se portaient si naturellement vers la probabilité d'un désastre, que les inquiétudes se traduisent dans des lettres nombreuses envoyées en France. Ces lettres montrent sans doute les dispositions courageuses d'hommes que le devoir attache et qui envisagent, sans frisson, la perspective d'une mort affreuse. On y peut voir cependant, à côté de descriptions minutieuses, qui ressemblent à des bulletins scientifiques, des phrases attristées qui sont presque un adieu.

Il suffit de reconstituer la scène et de se représenter quelles en furent les péripéties émouvantes, pour comprendre la mélancolie que trahissent les lignes suivantes.

C'est d'abord une lettre adressée à une maison du Havre par son correspondant de Fort-de-France. Elle est partie, par le dernier courrier, le 3 mai, et arrive le 19.

« 1er mai. Depuis quelques jours, la montagne Pelée laisse échapper une fumée noire et épaisse. Au moment où je vous écris, on a dû suspendre le travail sur l'habitation (sucrerie) au Prêcheur. A Fort-de-France, on ne ressent rien encore. On signale, au dernier moment, la mort de plusieurs enfants étouffés par la cendre au Prêcheur.

» 3 mai. Nous nous sommes réveillés, ce matin, avec l'impression qu'il pleuvait. Une couche d'un demi-centimètre de cendres recouvrait les toits et les rues. Au Prêcheur, on ne voit pas à deux mètres, il y a, dit-on, quelques victimes. A Saint-Pierre, il y a trois centimètres de cendres dans les rues. La panique s'empare des habitants qui désertent la ville.

» On dit qu'au nord, l'île est couverte de cendres. L'éruption, qui a commencé cette nuit, se manifesta par des grondements ressemblant à un orage, mais nous n'avons rien entendu. Peu après, de Saint-Pierre, on voyait une flamme jaillir du cratère, situé dans un contrefort de la montagne donnant sur le Prêcheur.

» L'air est tellement chargé que, du mouillage, on ne voit pas le fort. On respire péniblement, même ici. L'usine Guérin (sucrerie) n'a pas pu mettre en route aujourd'hui. L'eau de la rivière Blanche est boueuse. De nombreux troupeaux du pâturage entourant la montagne Pelée sont menacés sérieusement, car la couche de cendre, sur les herbes, est épaisse au Morne-Rouge et ailleurs. Nous espérons que nous ne subirons pas le sort d'Herculanum et de Pompéi... »

L'espérance est encore ce qui reste le plus profondément enraciné dans l'esprit de tous. Se sentant menacés et ne voulant pas fuir la menace, parce que de grands intérêts les fixent au sol, que le volcan couvre de sa poussière noire, ils veulent espérer quand même.

Toutes les lettres qui arrivent au Havre ont la même note. Toutes décrivent la progression effrayante de phénomènes qui se succèdent et dont la violence s'accroît. Toutes indiquent la même résignation, avec les mêmes doutes sur ce qui va arriver.

Dès ce moment, cependant, la question est posée avec une affreuse netteté. Evidemment, il y aura une catastrophe et le volcan fera des victimes. Les factoreries, les usines, les fabriques et les plantations sont sous la menace d'un désastre irréparable. Bien des vies peuvent s'éteindre en un jour, en une heure. Un agent dévastateur est tout proche et son action est imminente. Cela chacun le sait et chacun attend, car il est des questions que l'on peut encore se poser. Quelle sera la violence de l'éruption? Quelle sera l'étendue des ravages? Quelles seront les usines anéanties et les plantations ruinées? Le fléau atteindra-t-il Saint-Pierre et, si la ville est touchée, quelles seront les victimes?

Dans les grandes comme dans les petites circonstances, il entre dans la nature de l'homme de calculer les probabilités, d'en établir le nombre et le poids et de vivre, sur leur foi, sans tenir aucun compte des imprévus. La méthode est toujours bonne et même on peut lui accorder quelques garanties de sûreté, quand sont seules en jeu des prévisions dépendant d'événements humains. Il en arrive tout autrement, quand des forces plus qu'humaines entrent comme facteurs dans le calcul des probabilités. Les imprévus deviennent alors la règle générale, à côté de laquelle les exceptions ne sont plus qu'une infime minorité. Cela s'explique par cette raison que si nous avons, de nous-mêmes et de notre manière habituelle, une connaissance assez complète, le mystère nous enveloppe toutes les fois que nous interrogeons la nature dans ses éléments intimes. De l'univers, nous ne connaissons guère que la surface, et nous sommes encore au premier feuillet du livre. Dans ce que Dieu a prévu pour l'évolution séculaire des mondes, tout est pour nous imprévu et nous calculons des probabilités sur des données improbables.

Rien ne saurait mieux donner le mot d'erreurs colossales que cette impuissance où nous sommes encore et où nous serons toujours d'analyser, dans leur essence, les énergies données par Dieu à l'œuvre qu'il a créée. Quand nous parlons ainsi, nous ne faisons pas l'humble aveu d'une culpabilité, mais nous constatons une effrayante disproportion entre l'objet de nos études et les efforts possibles pour le pénétrer à fond : cela s'appelle mettre toutes choses en place.

Qu'ensuite, nos tristes constatations en arrivent à décrire des faits et à en attester la brutale puissance, rien de mieux. L'homme, ramené à lui-même, se retrouve grand, dans sa pensée et dans son cœur, quand sa pensée parcourt un juste domaine et que son cœur s'émeut sans révolte.

Voici une lettre écrite quelques minutes avant le départ du dernier bateau qui ait quitté la Martinique.

« Saint-Pierre (Martinique), le 3 mai 1902. 5 h. du soir.

« Mon cher M...,

» Le volcan de la montagne Pelée a bien fumé depuis quelques jours ; et, cette nuit, à une heure du matin, il a beaucoup craché et crache de plus en plus. Tout Saint-Pierre est couvert de cendres. Ce matin, en me réveillant, vers cinq heures, j'ai éprouvé une émotion très douloureuse. Les toits, les murs, les abat-vent, les rues, tout était gris pâle. Pas un bruit, rues désertes, temps sombre et lourd. Une odeur suffocante d'anhydride sulfureux, une poussière âcre vous prenant à la gorge et vous bouchant les yeux ; sensation de malaise, lourdeur de tête.

» Vers cinq heures et demie, les curieux sortent en foule ; effarés, couverts de poussière, leurs regards se portent naturellement vers la montagne. Hélas ! ils ne voient rien ; un épais brouillard de cendres et de fumée couvre la ville. Nombre de voitures viennent du Prêcheur, Sainte-Philomène, Fonds-Coré ; les chevaux sont complètement cendrés, ainsi que les personnes. L'on émigre en masse des campagnes avoisinant la montagne. Partout, la terreur est grande.

» Au Prêcheur, c'est lugubre ; le bourg est abandonné. Sur le sol, il y a, en certains endroits, $0^{m},50$ à $0^{m},75$ de cendres ; les maisons craquent et de formidables grondements souterrains se font entendre. Par intervalles, des jets de flammes apparaissent.

» La rivière Blanche s'est accrue énormément ; l'eau est sâle et boueuse ; l'on suppose que cette eau vient du cratère même. M. Saussine a analysé, ce matin, la cendre ; elle contient : sulfure de fer, protoxyde de fer, silice, argile, traces de chlorures et sort d'une très grande profondeur. Il serait possible que des pierres soient lancées à de très grandes hauteurs. Tous les magasins ou grandes boutiques sont fermés ; les employés en congé jusqu'à nouvel ordre. Les écoles sont licenciées.

» Le commerce est complètement paralysé ; la ville présente un aspect monotone et la population est affolée. Les pompiers arrosent les rues et les toitures pour faire tomber la poussière. »

Autre circonstance dont l'importance ne saurait échapper. L'air difficilement respirable fut surchargé de vapeurs pendant les jours qui précédèrent le 8 mai. L'atmosphère fut lourde et embrasée et, sauf quelques poussées violentes et rapides du vent, rien ne remua la lourdeur qui emplissait l'espace.

Dans les champs, les troupeaux inquiets semblaient n'obéir qu'à une préoccupation, celle de fuir ; les longs beuglements des bœufs se répandaient lugubres et plaintifs et les bêtes affolées se précipitaient hors des pâturages, comme pour échapper à un danger imminent.

Les nègres aussi, ceux surtout qui avaient vécu quelque temps à la Martinique et que le travail avait habitués à la vie en plein air, manifestaient pour la montagne Pelée une suprême défiance et il fallut employer une véritable contrainte morale pour les retenir dans les villages. Tous voulaient émigrer vers le Sud. Un secret pressentiment qui dans ces natures primitives tient le milieu entre l'instinct et la raison, les avertissait de l'imminence de la crise et ils avaient des gestes expressifs quand ils désignaient du doigt le morne Piton caché sous les brouillards épais.

C'était donc un malaise universel, une préoccupation absorbante et qui, malheureusement, n'inspira aucune résolution énergique. On trembla et l'on ne fit pas un mouvement pour quitter une terre que soulevaient déjà les premières convulsions du feu souterrain. La dépression manifeste que produit sur les énergies le climat de la Martinique y fut-elle pour quelque chose ? Nous ne le croyons pas, tant nous avons vu de force d'âme en ceux que le cataclysme a épargnés. Il faut attribuer à d'autres causes cette inertie funeste. Il faut voir la ténacité avec laquelle les Martiniquais s'attachaient à ce sol, où ils avaient réuni tous les intérêts et sur lequel ils déployaient une activité merveilleuse. Il faut surprendre sur le vif la prospérité croissante d'une colonie où la France avait infusé le meilleur de sa vie.

D'autres causes encore serviront à expliquer cette bizarrerie et ce sont ces causes que nous allons exposer.

CHAPITRE XII

COMMISSION SCIENTIFIQUE

Dans les milieux officiels, on n'avait pas été sans s'émouvoir des menaces de ruine qui préoccupaient la Martinique. Le gouverneur de la colonie, M. Mouttet, provoqua la constitution d'une commission scientifique, chargée d'examiner le cratère et de conclure. M. Mouttet, paraît, du reste, avoir obéi à une seule pensée : celle de laisser toutes choses en ordre et de prévenir la dispersion d'une population terrorisée. A quel motif obéissait-il ?

Quant à la commission scientifique, ou elle ne dut pas publier son sentiment ou elle fut trompée. Les commissions scientifiques se trompent si souvent et les volcans sont si bien faits pour leur en donner l'occasion !

La science est trop vénérable personne pour que nous osions en médire; mais, tout en lui attribuant des vertus de premier ordre, nous regrettons d'avoir à constater que, parfois, elle regarde trop dans le vague et pas assez à ses pieds. Nous avons devant nous un entrefilet de journal que nous trouvons excessif et qui pourtant contient une part de vérité. Nous le citons pour mémoire. Il a pour titre : « Ceux qui ne savent rien », et vous avez deviné l'auteur, qui est M. Rochefort.

« Quand la montagne Pelée accouche, lisons-nous dans l'*Intransigeant*, — ce qui, pour une montagne qui se respecte, commence à lui arriver bien souvent, — c'est malheureusement d'autre chose que d'une souris. Après l'éruption du mois de mai, elle vient de s'en permettre une autre qui eût été, sans doute, presque aussi désastreuse, si les habitants du nord de la Martinique avaient pris au sérieux les pronostics des savants qui leur donnaient leur parole d'honneur que tout était bien fini, qu'ils l'avaient décidé ainsi et que le volcan, si mal élevé qu'il fût, n'aurait pas l'impertinence de les démentir.

» Il a eu cette impertinence et la mission scientifique, déjà en route pour la Guadeloupe, a été rappelée dare-dare par le gouverneur intérimaire, — bien que la présence ou l'absence de ces missionnaires n'influe vraisemblablement en quoi que ce soit sur les révolutions géologiques.

» La mission scientifique ayant décidé qu'aucune nouvelle catastrophe n'était à craindre, les habitants du Carbet et de Saint-Pierre — s'il en reste encore — n'avaient plus qu'à réintégrer leurs foyers. Ils ont heureusement fait ce raisonnement qui s'imposait :

» Puisque les savants sont sûrs qu'il ne se produira plus d'éruption, comment n'ont-ils pas su qu'au 8 mai, il allait s'en produire une ? Or, ils l'avaient si peu prévue et annoncée que le gouverneur Mouttet est revenu tout exprès à Saint-Pierre pour obliger les gens qui voulaient fuir à rester avec lui.

» Si j'habitais le nord de la Martinique, je me fierais plus volontiers à l'expérience d'un nègre qui, ayant vécu depuis son enfance au pied de la montagne Pelée, en pourrait connaître les caprices, qu'à toute une escouade de membres, plus ou moins décorés de toutes sortes d'académies, flanquées de présidents, de vice-présidents et de secrétaires perpétuels. »

Nous laissons de côté l'*Intransigeant*, son article et sa façon plaisante d'écrire gaiement des choses lugubres et, nous retournant vers la science aux abois, nous ne lui demandons même pas, quand il s'agit d'éruptions volcaniques, de déterminer, approximativement, les jours et les heures. Une telle puissance est-elle bien au service des hommes ?

Nous avons dit combien les surprises sont fréquentes dans cet ordre de faits et nous avons donné des exemples de commotions furieuses que rien ne pouvait faire prévoir. Les calculs les plus savants et les mieux ordonnés ne peuvent résoudre un problème qui ne se pose même pas. Là où tout est inconnu, il est difficile de trouver le moyen de dégager une certitude. Si les secrets mystérieux ne s'entr'ouvrent eux-mêmes pour se laisser pénétrer, il faut désespérer d'en découvrir la plus minime parcelle. Or, ce cas se rencontre parfois et il n'a pas été celui de la catastrophe de 1902.

Ténériffe (Iles Canaries).

Nous avons lu, depuis quelques mois, l'exposé de bien des théories savantes, ayant toutes trait au désastre de la Martinique. Ces théories, vraiment ingénieuses et d'accord avec les événements, se sont étudiées à prouver que la crise répondait à toutes les observations et à toutes les prévisions. Pourquoi ces théories n'ont-elles pas vu le jour quelques mois auparavant? Nos savants auraient pu être traités de faux prophètes et leurs conclusions de chimères imaginatives : faible dommage quand, dans l'autre plateau de la balance, pèse la vie de milliers d'hommes.

Ainsi, puisque d'après un sentiment, la terre, fût-elle d'acier, n'eût pu résister à la déformation que provoquaient les énergies attractives du soleil et de la lune, puisque cette déformation devait entraîner une dislocation partielle de la croûte terrestre, puisque la conjonction des deux astres, unissant leur influence, devait avoir lieu le 8 mai, puisque, ce jour-là, le soleil et la lune étaient au zénith des Antilles, pourquoi ne pas publier à grand son de trompe que les Antilles étaient sérieusement menacées et ne pas attirer plus vivement l'attention sur les agissements de la montagne Pelée ? Nous n'en sommes plus au temps où l'on brûlait, sur les bûchers, les devins dont les prédictions ne s'étaient pas réalisées.

Sans doute, la science est belle, quand, dans le secret de recherches acharnées, elle précise et formule des lois qui, jusqu'alors, avaient échappé à toutes les investigations. La science est noble quand elle illumine la vérité et la tire de l'ombre. La science est un reflet des certitudes éternelles quand elle élargit le champ des connaissances humaines et continue le travail de l'homme sur le monde que Dieu a livré à notre étude. La science est belle et noble, aussi, quand, sortant des considérations théoriques, elle se lève et dit : « J'ai lu dans les cieux ; prenons garde. »

Cela a été un calcul exact et en même temps un grand acte quand, dernièrement, M. Diericks a présagé que le commencement du mois d'août ramènerait les désastres du 8 mai, puisque les coïncidences funestes étaient les mêmes. Les événements se sont tristement chargés de fournir la preuve que le savant prévoyait, en la redoutant. La commission scientifique, déléguée près de la montagne Pelée, fut moins heureuse.

Après la destruction de l'usine Guérin, cinq membres, nommés par M. Mouttet, devaient la composer. Parmi ces cinq, se trouvait M. Mirville, pharmacien-major des troupes coloniales, en service à la Martinique.

« Le mercredi 7 mai, écrit-il, dans l'après-midi, je reçus l'ordre d'assister à l'hôtel du gouverneur, à Saint-Pierre, à la première réunion qui devait avoir lieu, le jeudi 8 mai, à dix heures du matin. Quatre membres de la commission, un lieutenant-colonel d'artillerie, un conducteur des ponts et chaussées et deux professeurs au lycée, vu l'urgence, se réunissaient, le mercredi soir, chez le gouverneur. On décida de me convoquer immédiatement par téléphone pour avancer mon départ d'un jour. Par un hasard providentiel, l'appareil ne fonctionnait plus, c'est à cette circonstance que je dois d'être encore de ce monde. »

Que se passa-t-il dans cette réunion du 7 mai, à l'hôtel du gouverneur ? Quelles furent les questions posées et comment y fut-il répondu? Nul ne le sait exactement, car ceux qui, ce soir-là, s'entretinrent des sujets les plus graves ne sont plus vivants pour reproduire leurs discussions. Tout ce que l'on a pu imaginer sur cette délibération, bien tardive pour être utile, ne repose que sur des présomptions.

Les membres de la commission étaient gens choisis parmi l'élite intellectuelle que le gouverneur avait sous la main. Ces hommes durent envisager la situation à son vrai point de vue; il était impossible de se méprendre, surtout en ce soir du 7 mai.

Ces hommes durent être sincères. Les circonstances en faisaient un devoir et la responsabilité énorme qu'une décision, quelle qu'elle fût, allait créer, n'était pas une éventualité avec laquelle on pût jouer. Il s'agissait du salut ou de la ruine de tous les habitants d'une région.

M. Mouttet, le gouverneur, ne nous paraît pas moins animé d'un grand esprit d'abnégation. Quand il voit Saint-Pierre menacée, il accourt et prend sa place au poste le plus périlleux. Ce qu'il redoute le plus, c'est que la population cède à une panique irraisonnée et abandonne la ville et les campagnes; il y aurait, à cela seul, un désastre dont le volcan ne serait coupable qu'à demi. M. Mouttet vient donc encourager, par sa présence, ceux qui seraient tentés de désespérer. Témoin, comme tous, de ce qui se passait autour de la montagne, n'avait-il pas compris la portée des phénomènes? Cela est impossible. Espérait-il qu'une éruption certaine épargnerait la ville? Peut-être et, dans ce cas, c'était bien à lui de vouloir être là pour recueillir les malheureux fuyant devant le fléau, pour soulager bien des misères, relever nombre de ruines et prévenir des désordres que tout faisait prévoir.

Cette supposition est même la seule qui s'accommode bien au caractère du gouverneur qui fut victime de son dévouement, car si on lui prête la prévision d'une catastrophe anéantissant à la fois Saint-Pierre et ses habitants, rien ne s'explique plus naturellement : M. Mouttet se voue lui-même à la mort et, par une témérité inconcevable, il y voue aussi tous les infortunés qu'il va retenir sous la griffe du monstre.

Telles durent être les considérations qu'agita la réunion du 7 mai. Quant aux conclusions, les voici telles que les transmet un télégramme de Port-of-Spain :

« Un vapeur aurait raconté que le bruit suivant circulait à Fort-de-France.

» Une commission scientifique, présidée par le gouverneur, s'était réunie, le 7 mai, veille de la catastrophe et après l'examen des troubles déjà survenus avait déclaré que Saint-Pierre était à l'abri de tout danger. »

La décision est absolue, les termes sont outrés. On ne comprend pas, en de telles circonstances, que des hommes à l'esprit cultivé, presque des spécialistes, aient pu affirmer que Saint-Pierre était à l'abri de tout danger. On a voulu, coûte que coûte, maintenir la confiance, prévenir un exode que tout commandait et auquel on avait résolu de s'opposer, lors même que la nécessité en était évidente. Le procès-verbal de la réunion ne reproduit pas sincèrement le sentiment de ceux qui ont délibéré et pour que ceux-ci aient volontairement fermé les yeux sur leur danger et le danger de tous, il a fallu un motif puissant.

A la recherche de ce motif puissant, les hypothèses se sont donné libre carrière. Une d'entre elles nous a paru si sévère que nous ne l'enregistrons que sous réserves. Un article du *Petit Journal*, en date du 27 juin, ne tendrait à rien moins qu'à faire supposer, un parti pris bien arrêté, de laisser à Saint-Pierre et aux environs les populations que menaçaient le volcan. Une élection législative devait prochainement avoir lieu et la dispersion des électeurs rendait l'élection impossible. Des ordres secrets auraient été transmis à M. Mouttet, et le gouverneur n'aurait fait que leur obéir en proclamant l'inanité du danger. Il aurait, d'autre part, pesé sur les appréciations de la commission scientifique, dicté son rapport dans un sens absolument contraire aux prévisions et arraché au malheureux professeur Landes, président de cette commission, une signature que celui-ci donna la mort dans l'âme.

Or, nous l'avons dit, cette hypothèse nous paraît trop sévère pour pouvoir être acceptée sans preuves bien convaincantes. Quelles que soient les préoccupations gouvernementales, lorsque se tiennent ces grandes assises d'où sortent, avec des noms, les volontés du peuple, nous ne croyons pas que des politiciens puissent, à ce point, cesser d'être hommes, qu'ils condamnent à une mort imminente et affreuse des milliers de leurs compatriotes. Jusqu'à preuves contraires qui, nous l'espérons bien, ne seront pas données, nous nous refusons à formuler une telle accusation et, ce faisant, nous avons la certitude de rester dans le devoir imposé à un historien consciencieux.

Que la presse, avec ses documents hâtés et ses informations du jour, accueille, parfois, de tels propos et les publies que les auteurs de mémoires les insèrent, cela s'explique sans se justifier. L'historien a des devoirs d'une plus haute portée, et comme il doit former, jusque dans les siècles, la conscience des peuples, il lui convient de ne s'en pas fier aux apparences, de ne pas trop presser des coïncidences qui ne sont que cela, et de chercher aux faits leurs véritables causes.

S'il a été permis, quelquefois, tout en admirant des historiens de grand renom, de mettre en doute leurs affirmations et de préférer des récits moins poétisés, c'est que ces historiens, manquant à la première de leurs vertus professionnelles, avaient cédé à la tentation de se faire un instant romanciers. Sur la trame des faits, ils brodèrent les appréciations fantaisistes, et pour faire vivre des chroniques qu'ils considéraient comme mortes et qui n'étaient que sèches, ils bâtirent de toutes pièces des histoires d'une admirable vraisemblance, d'une contexture parfaite et dont le seul tort est de n'être pas vraies.

Nous n'accuserons donc pas, mais plutôt, sans trancher la question, nous supposerons que l'administration, le gouverneur, la commission scientifique, tous se laissèrent plonger dans une erreur que bien des arguments rendaient plausible.

En étudiant les montagnes d'origine volcanique et les ravages que, de temps à autre, elles étendent autour d'elles, nous avons été amené à constater dans leur configuration des transformations énormes après chaque éruption. Il suit de là qu'il est bien difficile de prévoir, pour un volcan en travail, de quel côté se portera sa poussée. Le cratère déjà formé et qui a servi de bouche au jaillissement des feux, sera-t-il celui par lequel les matières ignées s'épancheront de nouveau ? Tout porte à le croire et rien n'en donne la certitude. Par cette cheminée, à moitié obstruée, les nuages de fumées, les jets pulvérulents pourront s'élever dans le ciel et, cependant, quand aura sonné la minute redoutable d'une conflagration totale, la montagne s'éventrera par ailleurs sur l'un de ses flancs, au nord ou au sud, et répandra, à droite ou à gauche, les torrents de lave qui couvriront tout. Comment eût-on pu prévoir que la montagne Pelée s'ouvrirait un nouveau cratère, que ce cratère précisément serait disposé de manière que les jets incendiaires se porteraient en droite ligne dans la direction de Saint-Pierre et prendraient la malheureuse ville comme premier et presque unique objectif?

Si les pentes s'inclinent et semblent converger vers l'emplacement où fut bâtie la ville qui n'est plus à cette heure, cependant leurs déclivités ne sont pas à tel point régulières qu'elles n'offrent pas, sur la route, des mamelons considérables, véritables contreforts de la montagne et qui doivent être des obstacles opposés à l'envahissement de la lave. Les ruisseaux ou rivières qui portent leurs eaux à la mer concourent d'une manière presque uniforme dans la direction de Saint-Pierre, mais ce n'est pas sans avoir heurté leur marche à des élévations du sol qui les ont forcés à détourner leurs cours. D'après toutes les prévisions, si une agglomération quelconque était en danger, c'était bien le Morne-Rouge, à mi-chemin de la montagne, presque à sa base et, pour ainsi dire, voué à la destruction. Or, le Morne-Rouge a servi d'asile aux malheureux réfugiés qui fuyaient les environs de Saint-Pierre.

Quand des secousses déjà vieilles et malheureusement trop fréquentes ont ébranlé, à toutes les dates, le sol de la Martinique, Fort-de-France a souffert, tandis que Saint-Pierre fut épargné. Des pertes de détail, des malheurs isolés : voilà ce que l'on pouvait craindre. Une destruction complète : aucun antécédent, aucun calcul précis ne la faisait prévoir.

Puis, pourquoi considérer même la situation des lieux ? Une étude topographique sert bien peu, quand les volcans ont tant de moyens de mire. Pour nous, qui, après le désastre, savons comment a disparu une ville entière, qu'importe de considérer si les vallées se creusent et s'allongent dans la direction des lieux qui furent témoins du sinistre. Une nappe de cendres brûlantes, de gaz asphyxiants s'élève, flotte un moment dans les airs et, saisie par une poussée puissante, fuit avec une rapidité vertigineuse et, n'étant plus soutenue par le souffle embrasé du volcan, s'abat soudain. Cette nappe destructive pouvait être refoulée au nord ou à l'ouest ou, plus encore, elle pouvait ne pas exister. Qui donc fera entrer comme donnée dans la solution d'un problème un élément d'une telle importance et d'une existence si aléatoire ?

Nous en avons assez dit, sans doute, pour prouver qu'une commission scientifique, si sérieuse est si consciencieuse soit-elle, peut s'égarer, sans avoir le parti-pris de vouer à la mort les habitants d'une ville considérable.

C'en est donc fait des propos qui ont attribué à l'administration des visées mesquines, toutes concentrées autour d'un intérêt électoral. Si la

France doit pleurer, elle n'a pas à pardonner et il est plus facile de porter son malheur qu'une trahison.

Même dans son deuil, une image consolante lui reste : c'est celle de ses enfants qui se dévouèrent. Ils furent nombreux ; n'en citons qu'un seul :

Le gouverneur de la Martinique, s'il ne croyait pas à la ruine, ne se faisait aucune illusion sur le danger. La proximité des lieux où les secousses souterraines avaient établi leur foyer, lui paraissait bien un péril et il s'y exposa. Ne voulant pas confier à d'autres le soin des intérêts si considérables qui étaient en jeu, c'est lui-même qui voulut les sauvegarder et, ne croyant pas aller à la mort, il eut conscience qu'il s'en approchait.

Mais ne fallait-il pas, lorsque tous tremblaient, prévenir les désordres qui allaient naître de la cessation des affaires ? Toute activité commerciale était suspendue à Saint-Pierre et aux environs. Si les machines étaient silencieuses, les bras aussi étaient oisifs. Or, ce n'est pas en France seulement que des hommes vivent au jour le jour et qu'ils se portent aux pires excès, quand ils ne sont plus soutenus par la besogne quotidienne. Il y avait à craindre l'oisiveté des travailleurs, blancs ou nègres, qui, ne travaillant plus, ne recevraient plus de salaire. Si les vaisseaux ne venaient plus aussi nombreux jeter l'ancre et s'amarrer dans la rade ou à l'embouchure des rivières, les menaces du volcan en étaient cause, sans doute, mais les ouvriers des ports en souffraient. Si les factoreries, trop exposées, se vidaient, congédiant leur personnel et suspendant la fabrication, c'était par crainte, mais les ouvriers des manufactures restaient sans emploi. Enfin, il y avait à prévenir les déprédations dans les campagnes, le jour où des bandes errantes, sans feu ni lieu, demanderaient ou exigeraient de chacun ce que nécessite la vie.

Qu'on se représente une de nos cités ouvrières en temps de grève et l'on n'aura qu'une faible idée des malheurs dont était menacé le district de Saint-Pierre.

Pourtant la cause unique de tous ces bouleversements était la prévision incertaine d'une catastrophe, dont rien ne permettait de calculer les proportions, qui pouvait frapper ici ou là et pouvait ne frapper nulle part.

La conduite de M. Mouttet s'explique ainsi et ne s'explique que comme cela. Il vint porter des secours à ceux qui n'auraient pas de pain, des encouragements à ceux qui trembleraient et du calme à ceux que l'appât du désordre eût attirés. Il fit parade de confiance, pour que la confiance se glissât dans tous les esprits. Si les événements ne furent pas tels qu'il les jugeait devoir être, nul ne doit lui en faire un crime : ses intentions furent pures et son acte fut grand.

CHAPITRE XIII

SAINT-PIERRE

Une loi, toujours la même et plus haute que nos lois, semble pousser irrésistiblement les hommes à leur destin. D'où vient que la ville la plus florissante, la plus riche et la plus peuplée de la Martinique se soit assise au pied même d'une montagne menaçante, dont les flancs déversent la désolation, comme par un mouvement rhythmé?

En ce bas monde, nos volontés très libres n'aperçoivent pas le cercle dans lequel elles roulent, ainsi que des bêtes féroces asservies, errant dans leurs cages de fer. Une volonté plus haute est cette barrière invisible qui s'oppose aux débordements de notre volonté; la barrière est gênante quelquefois, mais, toujours, elle est une sauvegarde.

Quant à savoir pourquoi nous sommes portés là, plutôt qu'ailleurs, pourquoi nous inclinons à droite, plutôt qu'à gauche, c'est mystère Je n'ai jamais goûté le déterminisme ; je lui ai trouvé les allures d'une balance : or rien n'est plus froid et plus monotone. Il me semble que notre nature mérite mieux. Si elle doit subir une direction, il faut qu'au moins, elle se fasse l'illusion de prendre sa direction en elle-même, plutôt qu'en un grain de sable faisant pencher un plateau.

Si j'esquissais une étude philosophique, je dirais que les motifs tant vantés et si bien mis en lumière par le déterminisme, comme facteurs déterminants de nos volontés, ont deux valeurs : celle qui leur est propre et celle que nous leur donnons. Or, c'est surtout en considération de cette dernière que nous agissons.

La ville de Saint-Pierre naquit et grandit là où elle était, parce qu'une belle rade permettait aux vaisseaux d'arriver jusqu'à ses quais, parce que la mer sur ses rivages était profonde et belle, parce que les montagnes formant écran arrêtaient les vents du nord, si terribles aux jours d'ouragan, puis, surtout, parce qu'elle devait être là.

Souvent secouée, démolie en partie et toujours rebâtie dans des proportions plus grandioses, elle n'a pas songé à fuir vers le nord ou vers le sud, là où les rades sont nombreuses et sûres et où les vents du nord ne soufflent pas davantage.

Dans ses mémoires, l'abbé Spallanzani rapporte que, visitant le Stromboli, il rencontra un vieillard courbé par les ans. Le vieillard était, malgré sa solitude ou peut-être grâce à elle, un homme aimable ; la conversation s'engagea.

L'habitant du pays apprit à l'étranger qu'il était né en ces lieux et ne les avait jamais quittés. Sa cabane était adossée à un rocher, dans un pli de terrain que le volcan dominait et, près de la chaumière, était plantée une vigne que le vieil homme cultivait avec amour.

Régulièrement, le Stromboli avait chaque année quelques colères furieuses et, dans ces cas, le débordement des laves brûlantes passait sur la cabane et courait vers la vigne. Les premières années, le désastre avait été complet ; c'était peu de planter ; il fallait que le volcan n'eût pas de ruineux caprices. Le paysan était désespéré ; il essaya de se transporter plus loin, là où la terre s'étendait devant lui et où les vignes auraient donné des fruits délicieux. Aucune de ces tentatives ne fut de longue durée ; quelque chose manquait au voisin du Stromboli et ce quelque chose était le Stromboli même. Il fallut revenir, rebâtir la cabane, planter la vigne dans une situation bien exposée et s'attendre à tout.

De temps à autre, il arrivait bien encore quelques accidents, les visites inattendues du volcan.

« Cela, disait le vieillard, ce sont des jeux terribles, mais ce ne sont que des jeux.

Puis, comme Spallanzani lui demandait pourquoi il restait sous la menace perpétuelle de la ruine et de la mort.

» Moi ! répondit le paysan, mais, sans cela, je mourrais. »

La vieille cité de Catane, dont l'origine remonte à 700 ans avant l'ère chrétienne, a eu, dans son existence, des péripéties émouvantes et a subi des désastres qui ne l'ont pas découragée. Elle est située à la base méridionale de l'Etna et a été dévastée bien des fois.

Il faut dire que toute cette contrée est d'une fertilité admirable et repose sous un ciel comptant parmi les plus beaux qu'il soit possible de voir. Le sol qui la constitue est entièrement formé de couches de lave, décomposées par le temps et d'un assemblage de productions volcaniques, transformées par l'humidité en une excellente terre végétale. Aussi les colères du volcan n'ont-elles pu changer en une solitude ces campagnes qui produisent l'huile, le blé, le vin, les fruits et les herbes aromatiques et, autour de la ville ancienne, toujours renaissante, les petites bourgades et les villages se sont groupés, donnant asile à une population de cent mille âmes.

Or, longtemps après (les époques fabuleuses) où Deucalion et Pyrrha se retirèrent dans la montagne, l'Etna entra violemment en fureur et renversa ville et villages, noyant les récoltes sous des rivières de feu et semant partout la désolation et la mort. Des médailles ont perpétué le souvenir de cette éruption terrible dont, une première fois, Catane fut victime.

Eruptions et tremblements de terre se suivirent et quelques-uns furent accompagnés de catastrophes épouvantables : notons celles de 1669, de 1693, de 1783 et de 1818; après chaque désastre, Catane fut rebâtie.

« La contrée d'Hybla, écrit M. Boskowitz, était belle entre toutes ; elle était tellement renommée pour la fertilité de son sol et surtout pour l'excellence de son miel, qu'on l'appelait Mel-Passi, c'est-à-dire le pays du miel. Un jour, survint une éruption qui la couvrit de lave; elle devint, dès lors, tout à fait stérile et, par une sorte de raillerie amère, les habitants changèrent son nom en celui de Mal-Passi, mauvais pays. Quelque temps après, une seconde éruption ensevelit la lave sous une couche de cendres et le pays ne tarda pas à reprendre sa fertilité et sa beauté première. On lui donna alors le nom de Bel-Passi, qu'il conserva pendant plusieurs années. Enfin, la grande éruption de l'an 1669 ensevelit encore cette malheureuse contrée sous un océan de feu et la laissa dans une désolation complète. On lui rendit donc sa dénomination de Mal-Passi. Cependant, la lave, dans sa course à travers ce beau site, laissa intactes plusieurs petites collines qui suffisent à donner encore aujourd'hui une idée de son ancienne splendeur. Ces oasis, couvertes de la végétation la plus luxuriante, font un singulier effet au milieu des vastes plaines de lave noire et nue qui les entourent et les rendent presque inaccessibles. »

On voit encore dans la cathédrale de Catane un tableau qui retrace de façon saisissante la grande éruption de l'Etna en 1669. Cette crise dura quatre mois entiers, pendant lesquels le volcan mugit, lançant des flammes et des nuages de fumée. Puis la lave se fit une issue et déborda entraînant avec elle des villages entiers.

» La nature de ce feu, dit M. Boskowitz, qui cite une chronique de l'époque, était comme bitumeuse et, étant froide, elle devint comme l'écume de mer. Ce feu, avançant tous les jours d'un mille, aurait consumé la ville de Catane, si les habitants n'eussent eu recours aux reliques de sainte Agathe, lesquelles étant portées en procession, on vit miraculeusement le feu se retirer du côté de la mer. Avant cette terrible éruption, la cathédrale de Catane était consacrée à la Sainte Vierge; mais les Catanais, jugeant que sainte Agathe les avait protégés, débaptisèrent l'église et y déposèrent le précieux voile de la sainte : « A la vue
» de la bannière sacrée, dit un auteur sicilien, le fleuve rapide des laves
» s'est arrêté, il s'est transformé en fleuve que foulent les pieds nus et
» où sont enfermés les esprits et les monstres vaincus . C'est ici que le
» Montgibello fut écrasé, que s'éteignirent les flammes et que triompha
» le valeureux étendard de l'Amazone céleste. »

» Toutefois, quelques jours s'étant écoulés, pendant lesquels on entendait sous Catane, comme deux armées qui se battaient, la lave reprit son cours du côté de la ville, en brûlant vingt grands et beaux villages. Enfin, l'immense torrent de feu vint battre les murs élevés de Catane, couvrit complètement cinq bastions et, se répandant sur la ville qui comptait plus de quarante mille âmes, détruisit tout ce qui se trouvait sur son passage. A partir de ce jour, les effrayants phénomènes de l'éruption perdirent graduellement de leur intensité et tout finit par rentrer dans le repos. « Il y a eu, dit une ancienne chronique, quelques galères
» de Sicile qui sont venues et ont emporté ce qu'elles ont pu des reliques
» et des cloches échappées de cet incendie et de la cruauté des bandits,
» lesquels ravissaient tout ce que les pauvres gens auraient pu sauver
» de leurs biens. »

Ainsi éprouvé au dix-septième siècle, Catane le fut encore de nos jours. Redevenue une ville grande et belle, elle fut, ainsi que la campagne environnante, épouvantée par la violente éruption de 1865. Alors encore, les populations eurent recours aux reliques de sainte Agathe et ils sortirent en procession à la rencontre du fléau dévastateur.

En 1874, les malheurs étaient réparés, quand le volcan entra de nouveau en fureur. De même, en 1883, les ruines étaient relevées et les populations, accrues pendant une assez longue période de repos, s'étaient groupées autour du volcan, en un nombre que l'on peut évaluer à trois cent vingt mille âmes. L'Etna sema la terreur dans les cent quatre villes, villages et hameaux, bâtis autour de la montagne et sur ses flancs.

Depuis lors, les secousses sont moins violentes et les menaces moins imminentes, mais ce n'est pas néanmoins un calme bien sûr. Or, à voir les habitants de ces campagnes enchanteresses et si souvent désolées, on ne se douterait pas qu'une épée de Damoclès est suspendue sur leurs têtes et que, du jour au lendemain, le fruit de leurs travaux peut fondre sous une pluie de feu. Ils vivent avec une confiance qui fut celle des habitants de Saint-Pierre et c'est parce que les situations se ressemblent étrangement, que nous avons insisté sur un exemple rapprochant la ville sicilienne de celle qui fut la plus importante de la Martinique.

Comme Catane, Saint-Pierre a eu à souffrir des convulsions de la nature et nous savons combien souvent le sol de l'île s'est prêté à des commotions terribles, à des bouleversement formidables qui répandaient la terreur et la désolation.

« Voici deux souvenirs personnels, dit un négociant de Cayenne qui, arrivé par le dernier paquebot, avait touché à la Martinique. Ces souvenirs vous donneront une idée des convulsions terrestres ou atmosphériques dont cette pauvre Martinique, si riche, d'autre part, en dons de la nature, a été fréquemment victime.

» Ma mère résidait à Fort-de-France, lors du tremblement de terre de 1838. La moitié de la ville fut détruite. Ma mère échappa, par miracle, à la mort. Elle avait conservé de ce drame, vous le comprendrez sans peine, un souvenir épouvanté. Elle m'a souvent dit — peut-être son imagination affolée jouait-elle un rôle dans ce récit — que les personnes qui fuyaient à travers les rues avaient vu par endroits le sol s'ouvrir littéralement devant leurs pieds et la flamme souterraine jaillir de ces terrifiantes crevasses.

» Les cyclones ne sont pas moins effrayants. Le dernier qui ait ravagé l'île en 1891 a laissé de son foudroyant passage une trace peu ordinaire. Lorsque les hôtes du château Périnel, à Saint-Pierre, furent revenus de leur surprise, ils trouvèrent incrusté dans le bois du plafond le marbre d'une commode. La trombe était entrée d'autant plus facilement qu'il n'y a point de carreaux aux fenêtres des maisons de la Martinique et, non contente d'éventrer les cloisons et de culbuter les meubles, elle avait apposé sa griffe en bonne place, en projetant avec la force d'un boulet de canon cette pesante masse de pierre. Le gérant de la propriété, mon ami, Raoul Despaz, respecta la vigoureuse signature du terrible visiteur du 18 août 1891. Le marbre de commode est encore encastré dans le plafond du château Périnel — si le château n'a pas cessé d'exister. »

La ville de Saint-Pierre était bâtie en amphithéâtre, en demi-cercle presque entier autour de la rade. La montagne Pelée se trouve à douze kilomètres au nord et, entre le volcan et la ville, quelques hauteurs, parmi lesquelles se trouve le Morne-Rouge, sont disposées de manière à offrir à une éruption volcanique une première barrière.

La population de la ville pouvait se décomposer ainsi : environ 16.000 noirs, 10.000 créoles et 4.000 blancs. Parmi ces derniers se trouvaient beaucoup de Bordelais, ce port étant celui qui entretient avec la Martinique les relations commerciales les plus importantes, pour l'écoulement des rhums et des tafias.

Les ports de Marseille, Nantes et Brest étaient aussi en communication constante avec la ville et de nombreuses familles, résidant en ces villes, avaient quelques-uns des leurs les représentant dans notre colonie. Les noms de ces familles sont maintenant connus, depuis que les inquiétudes d'abord, puis les nouvelles désastreuses y ont jeté le deuil. Pour voir jusqu'à quel point nos grands centres de commerce maritime ont été touchés par le désastre, il suffit de consulter les listes de victimes. On y retrouve des noms bien français et on sent que la France a envoyé nombre de ses enfants sur cette île redoutable.

C'était dans les environs de Saint-Pierre et même dans ses faubourgs que se trouvaient les manutentions des cannes. La grande usine Guérin qui, une des premières, a été atteinte par le fléau, occupait cent cinquante ouvriers. Beaucoup d'autres établissements industriels de ce genre entouraient la ville ; tous regorgeaient de personnel, car le mouvement des affaires demandait, dans la production, une persévérance et une activité inlassables. Aux abords des plantations et dans la campagne, ces centres de travail avaient pris une telle importance que les villages étaient nés au pied même de l'exploitation et en plein cœur des transactions.

A Saint-Pierre, des maisons françaises servaient de dépôts aux produits, dont la préparation se faisait dans les usines et c'est là que les marchandises attendaient un voilier quelconque déjà annoncé.

Si l'on se rappelle que les usines de rhumerie enserrent la ville, on se rend compte que les flammes ont dévoré ce que l'éruption du volcan n'avait pas englouti.

Par une coïncidence fatale, le 8 mai étant jour de fête et des bateaux nombreux se trouvant en rade, beaucoup de commerçants étaient restés à la ville et avaient négligé des affaires qui les eussent appelés au loin. Beaucoup y avaient été appelés et veillaient au chargement des bâtiments de transport. Nous citons ce souvenir d'un colonial, où l'on peut voir combien la ville de Saint-Pierre se rattachait étroitement au reste du monde :

« Lors de notre passage à Saint-Pierre, il y a trois semaines, le volcan de la montagne Pelée ne manifestait ses mauvaises dispositions par aucun signe extérieur. Son cratère, que l'on croyait éteint depuis l'éruption de 1851, ne laissait pas échapper le plus mince filet de fumée et la tranquillité d'esprit des habitants de Saint-Pierre était complète.

» Comme la fièvre jaune règne à Cayenne, d'où nous venions, la Santé nous défendit de descendre à terre, pendant l'escale. Beaucoup d'entre nous avaient sur le quai des parents et des amis accourus pour les embrasser, les relations étant étroites entre les familles créoles de la Guyane et celles de la Martinique. Nous ne pûmes échanger, à distance, que des gestes et quelques cris d'affection avec ces parents et ces amis que nous ne reverrons jamais, s'il faut en croire les affreuses nouvelles apportées par les câbles. »

Les navires qui se trouvaient en ce moment en rade de Saint-Pierre ou y étaient prochainement attendus, sont les suivants :

Le navire italien *Orsolina*, capitaine Leboffe, arrivé de la Barbade, le 10 avril. Il était en charge à Saint-Pierre, le 24 avril, à destination du Havre et devait partir dans quelques jours.

Le navire italien *Nord-America*, capitaine Cacace, chargeait à Saint-Pierre, le 24 avril, pour Bordeaux, ainsi que le navire italien *Teresa-lo-Vilo*, capitaine Ferraro, ce dernier à destination de Nantes.

A cette même date du 24 avril, d'autres navires étaient en cours de chargement aux usines :

C'était, à l'usine Lareinty, le navire français le *Galion*, capitaine Rehel, à destination du Havre.

A Génipa, stationnait le navire italien *Clementina*, capitaine Mancino, à destination de Marseille; à la Rivière-Monsieur, le navire italien *Sacro-Cruore-di-Pompéi* procédait à son chargement; le navire italien *Concettina*, capitaine Cacase, était à Génipa.

Nous trouvons, à destination de Bordeaux, le navire français *Sèvres*, capitaine Callier, devant l'usine de Bassignac.

Le navire italien *Leonardo*, capitaine Scaparti, était à la Trinité et devait se diriger sur Nantes; il en était de même du bateau norvégien

Dag, capitaine Mathiasen ; le navire français *Adélaïde*, capitaine Gareli, était au Vauclin.

Le navire hollandais *Zwiger* était arrivé à Saint-Pierre le 21 avril, venant de Londres.

Avant le 24 avril, un certain nombre de vaisseaux étaient partis de Saint-Pierre, une fois leurs chargements finis.

C'étaient le navire italien *Vergine-Pompéi*, parti pour Bordeaux, le 19 avril, ainsi que le *Misti*, bateau français, capitaine Letallec et le *Restituta-Madre*, de la marine marchande italienne, tous deux à destinatior de Nantes.

Le 11 avril, le steamer anglais *Bénédick* partait pour Fort-de-France.

La veille, 10 avril, plusieurs bateaux quittèrent les usines et gagnèrent le large, à destination de Marseille. C'étaient le *Costagliola*, capitaine Scotto, le *Mario*, capitaine Capello, le *Primiero*, capitaine Musanta.

Un navire norwégien, le *Vaarbud*, était précédemment parti du Galion pour Nantes.

Qu'on se représente l'activité fiévreuse que la présence de tant de navires devait entretenir dans Saint-Pierre et dans les environs. Que l'on voie sur les quais la foule des débardeurs, créoles ou noirs, se pressant à la besogne. Qu'on se figure le mouvement des maisons de fabrication et de commerce, brassant les affaires et surmenant leur personnel, et l'on aura une idée à peu près exacte de la situation dans laquelle se trouvait la malheureuse ville quelques jours avant la catastrophe.

Saint-Pierre n'avait pas de soldats, mais seulement de la gendarmerie, car les troupes sont concentrées à Fort-de-France. Seul, un détachement d'artillerie entretenait les batteries qui défendent la rade.

La ville possédait un lycée, une école normale d'instituteurs, une chambre de commerce, un hôpital militaire et un hospice civil, un entrepôt pour les colonies voisines et, enfin, le plus beau jardin colonial des Antilles. Elle était le siège de l'évêché de la Martinique et le centre de l'administration ecclésiastique pour le diocèse.

Mgr de Cormont, nommé depuis un an à l'évêché de la Martinique, était auparavant curé de Saint-Louis-en-l'Ile, à Paris. Revenu à son ancienne paroisse, pour présider la cérémonie de la confirmation, il a dû à cette circonstance de n'être pas enveloppé dans le désastre. Mais, autour de lui, les victimes ont été nombreuses dans le clergé et dans les ordres religieux.

Cela seul jette un jour nouveau sur l'aspect de la ville, où nous ne

Les îles Santorin (Cyclades).

voyons pas seulement le mouvement fiévreux du commerce, mais où nous sentons que l'Eglise a pris place, pour remplir, sur ce coin de terre, sa mission religieuse. Les sœurs de Saint-Joseph-de-Cluny avaient des écoles très fréquentées et nous voyons une autre congrégation largement representée à Saint-Pierre : ce sont les sœurs de Saint-Paul-de-Chartres.

Les églises étaient desservies par des prêtres venus du séminaire du Saint-Esprit et d'autres pris dans le clergé colonial. Beaucoup sont morts.

Un télégramme, suivant de près la catastrophe, portait qu'une centaine de fonctionnaires avaient disparu. C'était une notable part de ceux que les services publics avaient attirés à la Martinique, et cette lugubre hécatombe nous montre jusqu'à quel point la vie de France avait pénétré a ville de Saint-Pierre.

Il y avait là — et nous nous demandons instinctivement pourquoi revient toujours sous notre plume cette forme du passé : c'est que rien plus ne reste — il y avait là des magistrats, président, procureur, substituts et autres.

Il y avait là des officiers, commandant le détachement d'artillerie, et quelques-uns avaient leur famille avec eux. Le personnel de la gendarmerie était considérable et bien des vides s'y sont faits.

Des employés des douanes, des contributions, de l'enregistrement, des instituteurs, des gardiens et le capitaine du port, des commissaires, des directeurs ou directrices de pensionnat, des professeurs de lycée, tous ces fonctionnaires et leurs familles formaient, à Saint-Pierre, un noyau considérable que rendait plus compact l'éloignement de la mère-patrie et qui donnait à la ville toute la physionomie d'une ville de France.

Tous, heureusement, ne sont pas morts et des circonstances heureuses ont éloigné à temps de la scène du désastre quelques-uns de ces Français que leurs fonctions avaient appelés à la Martinique. Mais combien ont été ensevelis sous les cendres ?

Cependant, le réveil de la montagne Pelée jetait depuis quelques jours une nuance attristante sur ce tableau si vivant. Dans la nuit du 3 au 4 mai, de grandes quantités de cendres avaient été projetées sur la campagne environnante; les habitants avaient dû fuir et se réfugier au Prêcheur, à Sainte-Philomène et à Saint-Pierre.

La première pensée fut que l'éruption n'aurait aucune gravité et, surtout, l'on ne croyait pas que Saint-Pierre pût être atteinte. La ville de Morne-Rouge, à cinq ou six kilomètres, paraissait plus en danger.

Bâtie sur les flancs mêmes de la montagne Pelée, elle est une station thermale ferrugineuse assez fréquentée et le site en est agréable. Si l'éruption devait répandre au loin des torrents de lave, il était à présumer que le Morne-Rouge en serait la première victime.

Le 5, on apprenait que les factoreries de la maison Guérin avaient été détruites et que cent cinquante personnes environ avaient disparu.

Depuis ce moment, l'inquiétude remplit tous les esprits et l'on s'attendit à tout. Des rapports qu'ont transmis les bateaux arrivés en France, on peut déduire que le commerce et le travail éprouvèrent subitement une baisse considérable ; il fut difficile de trouver des ouvriers pour le chargement des navires et les quais perdirent leur animation.

Des témoins, miraculeusement échappés à la mort, ont raconté que dans les rues de Saint-Pierre on ne voyait que gens anxieux, prêtant l'oreille au moindre bruit, les yeux toujours fixés sur un même point, dans la direction de la montagne que les nuages cachaient. Des groupes se formaient et l'entretien roulait invariablement sur la menace terrible du lendemain. Il y eut des départs, de véritables fuites ; ce ne fut pas, cependant, une mesure générale, car tous les efforts de l'administration tendirent à empêcher une panique et nous savons tout ce qu'il fallut de paroles confiantes et de subterfuges pour retenir la population.

Il n'y avait pas jusqu'aux malheureux réfugiés, venus des campagnes, qui ne fussent, par leurs propos et leurs craintes, un nouveau sujet de terreur.

Les choses en étaient là quand, le 6, un torrent de boue brûlante envahit le lit de la rivière Blanche. Le gouverneur en avisa immédiatement le ministre des colonies.

« L'aube du 8 mai, dit M. Aymes, consul des Etats-Unis à la Guadeloupe, a trouvé les habitants de Saint-Pierre éveillés, contemplant avec anxiété le nuage épais dont s'enveloppait le cratère du Mont-Pelé.

» Pendant toute la journée de la veille, d'épouvantables détonations, dont l'écho retentissait de Saint-Thomas aux Barbades, avaient déchiré l'air ; ces bruits cessèrent dans la soirée pour faire place à la chute de cendres fines comme de la pluie.

» Le gouverneur, M. Mouttet, qui se trouvait alors à Fort-de-France, s'efforça de dissiper la panique et, dans ce but, il déclara que le danger n'augmenterait pas.

» Il envoya à Saint-Pierre un détachement de troupes pour empêcher un exode général et se rendit lui-même dans la malheureuse ville avec Mme Mouttet.

» C'est peu après que le *Roraïma* arriva à Saint-Pierre. Ses passagers regardaient tomber la pluie de cendres quand, tout à coup, éclata un bruit épouvantable et, parmi de terribles décharges électriques, un véritable cyclone de feu et de boue surgit du cratère et s'abattit rapidement sur la ville et sur la baie où tous les navires à l'ancre furent détruits. »

Ce récit nous fait déjà pénétrer au sein même de la crise et ce ne sont plus seulement des indices ou des symptômes imminents ; mais le volcan entre en scène.

Jusqu'alors ses dévastations n'ont été que partielles, et, pour des hommes habitués aux cataclysmes, il pouvait rester quelque espoir. Les longs mugissements, le débordement des cendres, les nuages épais qui couvraient le ciel, l'obscurité profonde, même dans le jour, étaient autant de signes alarmants ; mais, si la montagne murmurait, elle ne parlait pas encore.

Au moment d'aborder cette nouvelle phase de notre ouvrage où des choses horribles nous resteront à décrire, nous nous sentons frémir, comme si le déchaînement des tempêtes souterraines se produisait sous nos yeux et à nos pieds. Il nous semble voir errer, comme des ombres, dans la vague lueur que laissent encore subsister les nuages opaques, des hommes qui, demain, seront privés de vie. Déjà, l'appréhension d'une mort certaine les saisit et ils se demandent combien d'heures les séparent de l'instant fatal. Le fracas horrible du volcan emplit leurs oreilles et les isole dans un mutisme d'autant plus effrayant que d'autres hommes vont près d'eux ; tous sont également impuissants à s'exprimer et à se soutenir. Cela peut être nommé l'agonie d'un peuple, agonie d'autant plus douloureuse que rien ne peut être tenté, qu'il ne s'agit même pas de réagir contre le mal, que la force et la pensée sont sans objet et sans exercice. S'il n'y avait rien au delà de ces nuages lourds et des instants terribles, combien le désespoir serait facile ! Derrière un monde démonté, il y a Dieu.

CHAPITRE XIV

LE 8 MAI. — PREMIÈRES NOUVELLES

Notre tâche n'est plus la même. Nous allons être l'historien d'une série d'événements enfermés entre deux limites précises : le 8 mai 1902 et la fin de septembre de la même année. Au jour où nous écrivons, cette date nous semble devoir clore la longue liste des jours malheureux; puissions-nous ne pas nous tromper ! Dans la carrière où nous nous sommes lancé, nous avons couru la première étape et là, soit que nos études nous aient porté vers la Martinique, considérée en général ou vers les volcans, qui intéressent si fortement la Martinique, nous nous sommes efforcé de dégager les causes et la philosophie des faits. C'est qu'alors, dans le calme, il nous était possible de nous arrêter un instant, de même que le touriste interrompt sa marche pour admirer un paysage.

Désormais, dans notre œuvre, la trame se serre, les événements se succèdent avec une vertigineuse rapidité, leur répercussion est une transmission électrique et la même commotion agite à la fois tout l'univers et tous les esprits. De grands retentissements suivent, comme un écho, d'épouvantables fracas : les plaintes, les gémissements et les deuils répondent aux coups répétés que frappe la mort ; les peuples s'éveillent à la lueur des incendies; ils se jettent à genoux, parce que, parmi eux, beaucoup sont morts ; ils se rapprochent, mettent en commun leurs ressources et leurs énergies pour voler au secours de ceux qui ne se sont pas encore acquittés de leur destin. C'est un ébranlement universel et un merveilleux exemple de cette solidarité mondiale qui, dans le Christ, a pour nom la charité.

Depuis longtemps, le philosophe avait formulé cet axiome : « Je ne crois pouvoir être étranger à rien de ce qui intéresse l'homme. » Nous avons vu de cet axiome une application admirable et la grande nation qui est la France s'est, une fois de plus, affirmée, comme celle où le cœur humain a les plus généreux élans.

Voici le premier acte du drame :

Dans la nuit du 8 au 9 mai, le ministère de la marine reçut du commandant du *Suchet* un télégramme dont la brièveté était terrible et les renseignements désolants :

« Fort-de-France, 8 mai. 9 h. 55 soir.

» Reviens de Saint-Pierre. — Ville complètement détruite par masse de feu vers huit heures du matin. — Suppose toute population anéantie. — Ai ramené les survivants, une trentaine. — Tous navires en rade incendiés et perdus. — Eruption volcan continue. — Je pars pour Guadeloupe chercher vivres. »

Bien que tout fît prévoir une catastrophe, les esprits n'était pas préparés à l'apprendre si cruelle. Or, il était impossible de douter : le télégramme était douloureusement précis. D'autre part, des nouvelles semblables étaient télégraphiées de Saint-Thomas au journal anglais le *Times* et elles aussi mentionnaient l'anéantissement de Saint-Pierre, la mort des habitants et la perte des navires.

Une phrase surtout était d'une netteté atroce : « Ai ramené les survivants, une trentaine. » Ainsi donc, ceux-là seuls avaient échappé au fléau dévastateur et ils étaient les malheureux débris d'une population de trente mille âmes. Quant aux équipages des navires incendiés, les hypothèses les plus tristes prenaient tous les caractères de la certitude ; là, aussi, il n'y avait que des morts.

Immédiatement, le ministère de la marine télégraphia, par voie de câble, au commandant du *Suchet* pour obtenir des renseignements complémentaires et le ministre des colonies employa la même voie pour obtenir des détails du gouverneur de la Martinique.

Avant même que les réponses eussent été obtenues, le ministère était envahi par une foule composée en majeure partie de parents et d'amis que le sort des leurs, en ce moment à la Martinique, emplissait d'anxiété. Mais toutes les impatiences se heurtaient à un défaut complet de renseignements précis. On ne savait encore que ce qu'avait brièvement indiqué le télégramme du commandant du *Suchet* et il fallut afficher l'avis suivant :

« D'après une information émanant des postes et télégraphes, toutes les lignes télégraphiques reliant la Martinique à la Métropole sont interrompues. C'est ce qui explique que le département soit sans nouvelles de la catastrophe de Saint-Pierre. Les nouvelles officieuses qui pourraient parvenir par une voie quelconque seront immédiatement portées à la connaissance du public. »

Cette note laissait subsister toutes les angoisses et on vit sortir du ministère des hommes à l'attitude découragée, des femmes cachant leurs larmes et étouffant leurs sanglots. On s'interrogeait sans rien apprendre : on énumérait les noms des personnes connues qui devaient être à Saint-Pierre au moment du désastre et sans approfondir le genre de mort dont le volcan s'était fait l'instrument, chacun concluait tristement à la mort, Hommes au teint bronzé, créoles et nègres, composant la colonie martiniquaise à Paris, s'entretenaient avec les gens de France dont les enfants ou les frères étaient là-bas et leur douleur devenait communicative. Partout, dans Paris, il ne fut question, ce jour-là, que du grand désastre.

La presse n'avait pas attendu pour publier, avec commentaires, la douloureuse nouvelle et les camelots criaient sur les boulevards la grande catastrophe de Saint-Pierre.

Dans la soirée du 9, deux cablogrammes arrivèrent enfin : ils étaient, l'un du secrétaire général du gouvernement de la Martinique, M. Lhuerre, l'autre du commandant du *Suchet*, et, partis le 8 mai, ils avaient, en raison des difficultés, subi des retards importants. Aucun d'eux, du reste, n'ajoutait beaucoup au premier télégramme et ne donnait de détails.

M. Lhuerre informait le ministère que les communications étaient interrompues entre Fort-de-France et Saint-Pierre. En l'absence du gouverneur, M. Mouttet, parti la veille pour le lieu menacé, il avait envoyé au secours de la population tous les vapeurs disponibles à Fort-de-France. Les bruits qui couraient répandaient la consternation dans la capitale de l'île et il se confirmait de plus en plus que Saint-Pierre était anéanti.

Le commandant du *Suchet*, de son côté, notifiait de nouveau la ruine totale de la ville, des vaisseaux en rade, des factoreries et des usines. Il avisait le ministère qu'il n'avait pu sauver que quelques blessés, tandis que tout le reste de la population devait avoir péri.

En tout cela, il y avait cependant un espoir, quelque léger qu'il fût, et le ministre s'empressa de le faire ressortir. Si le commandant allait chercher des vivres, c'est que de nombreux survivants se trouvaient dans la détresse et que la perte des vaisseaux en rade rendait leur transport impossible. Comment ces malheureux avaient-ils évité la mort? Sans doute, ils s'étaient précipitamment retirés sur des lieux que le volcan n'avait pu atteindre et où les torrents de lave n'avaient pas monté.

Le même soir, 9 mai, quelques détails, entrant encore très peu dans le cœur de la question, arrivaient par Londres et étaient communiqués aux journaux.

Une dépêche de New-York annonçait que deux navires anglais, le *Roddam* et le *Roraïma*, avaient échappé au désastre. Le *Roddam*, qui semblait avoir beaucoup souffert, avait à son bord vingt-six hommes d'équipage et quatorze travailleurs indigènes. Il était arrivé sans son ancre et sans sa chaîne, ce qui indiquait la précipitation avec laquelle il avait dû quitter la rade, puisqu'on avait dû couper la chaîne pour gagner plus vite le large. D'autre part, les hommes de l'équipage portaient des brûlures atroces dont douze périrent. Si le navire lui-même était sain et sauf, c'est qu'il avait devancé de vitesse la pluie de feu qui s'abattait partout.

Quant au *Roraïma*, quelques heures plus tard, une nouvelle dépêche annonçait qu'il avait péri corps et biens.

Ainsi, les nouvelles se succédaient, provenant de différentes sources, quelques-unes contradictoires, toutes alarmantes. Elles se répandaient aussitôt et, mille fois commentées, prenaient dans leur route une précision qu'elles n'avaient pas à l'origine. Elles jetaient partout la consternation.

Le même jour, une terre anglaise, l'île Saint-Vincent, subissait le sort de la Martinique et le Colonial-Office communiquait à l'agence Havas le peu qu'il avait appris sur ce sujet. De Saint-Vincent et de la Martinique, le câble était coupé et il fallait aller à Sainte-Lucie pour lancer des câblogrammes. Des vapeurs furent chargés de ce service et, en vingt-quatre ou quarante-huit heures, ils portèrent le rapport de la situation faite aux îles éprouvées.

A côté de ces renseignements officiels, d'autres de source officieuse commençaient à affluer. Ils répondaient généralement à des questions particulières et, laissant aux gouvernements le souci des intérêts nationaux, ne s'occupaient que des inquiétudes d'un port ou d'une famille.

On apprit ainsi, par les armateurs et les courtiers maritimes, important les rhums et les sucres de la Martinique, qu'aucun navire du commerce marseillais n'était en rade de Saint-Pierre quand eut lieu l'explosion du volcan. Mais, par contre, six voiliers se trouvaient alors en charge dans le port. C'étaient cinq navires italiens : la *Clementina*, la *Restituta-Madre*, le *Nord-America*, la *Cara-Maria-di-Pompeï* et le *Cosagliolla*, puis un voilier norvégien, le *Smart*. On désespérait du salut de ces bateaux, sauf peut-être du dernier, qui avait pu mettre à la voile le matin même du 8 mai.

*
* *

La journée du 9 ayant été ainsi occupée, le lendemain devait joindre son apport aux tristes certitudes que l'on avait déjà et doubler l'émotion violente, en laissant encore dans l'ombre les informations les plus précieuses pour chacun.

Il n'était que trop vrai que la population presque entière de Saint-Pierre avait péri. Mais ce n'était pas elle seule qui avait été frappée, et les environs, si riches, si peuplés, si florissants par le travail et l'industrie, avaient été compris dans l'étendue du désastre. C'étaient quarante mille morts que l'on avait à pleurer.

Sur ces bases, les conjectures vont leur train. Le Morne-Rouge est bâti à peu près à égale distance du volcan et de Saint-Pierre. Il est à croire que la pluie de feu, décrivant une vaste trajectoire, est venue s'abattre sur la ville, détruisant tout. Les habitants ont cédé à une panique et ont cherché à fuir le nuage flamboyant qui courait plus vite qu'eux. Quelques-uns ont dû gravir des hauteurs que le volcan a épargnées et, ceux-là, voyant la ruine à leurs pieds, ont échappé à la mort. Mais combien étaient-ils ? C'est l'immense majorité qui a été ensevelie sous un déluge brûlant.

Maintenant, ces lieux déserts où la cendre se durcit et où la lave perd peu à peu sa chaleur, sont encore inabordables, en raison des gaz asphyxiants dont l'air est saturé et dont l'inhalation est mortelle.

Une autre inquiétude : M. Mouttet et sa femme, laissant leurs enfants à Fort-de-France, sont partis pour Saint-Pierre la veille de la catastrophe. Le gouverneur, conscient de son devoir, est allé porter sa robuste confiance à ceux qui souffrent et, partageant leurs dangers, il vient leur dire de ne pas désespérer. Une panique serait désastreuse et, qui sait ? le péril n'existe peut-être qu'en apparence.

Or, depuis son départ de la capitale, M. Mouttet n'a donné aucun signe de vie et c'est son secrétaire, M. Lhuerre, qui a correspondu avec le ministère. Le gouverneur serait-il parmi les victimes ?

Dans les bureaux, on se rappelle cet homme, jeune encore, — il n'a que quarante-quatre ans, — et dont la carrière a été si rapide. Il est entré, il y a seize ans, dans l'administration coloniale et il a été d'abord chef du secrétariat du gouverneur du Sénégal. De là, il est parti pour l'Indo-Chine, comme directeur au gouvernement général. Il a été ensuite directeur de l'intérieur à la Guadeloupe, puis il a rempli les mêmes fonctions au Sénégal. Là, son action a été manifestement féconde en beaux résultats et c'est sous son impulsion que le gouvernement du Sénégal est devenu le gouvernement général de l'Afrique occidentale.

En 1896, il a été nommé gouverneur de la Côte d'Ivoire: il est passé à la Guyane en 1898 et, enfin, il y a un peu plus d'un an qu'il est gouverneur de la Martinique, poste où il a été nommé le 18 janvier 1901. Ce qui l'honore plus que cet avancement si hâté, c'est l'activité et le soin scrupuleux avec lequel il remplit ses hautes fonctions. Cet homme serait-il maintenant enseveli dans un linceul de cendres ?

On comprend combien les esprits sont surexcités au simple aspect de questions si obscures et pourtant si importantes. Les abords du Pavillon de Flore sont assiégés, dès le matin, par une foule qui veut savoir et que l'ignorance des faits porte à l'exaspération.

Nous empruntons au *Petit Journal* du 11 mai la description de l'une de ces attentes :

« Hier matin, dès huit heures, le ministère des colonies était assiégé par de nombreuses personnes venues pour s'enquérir auprès du ministre des détails de l'effroyable événement.

» A chaque instant, une voiture s'arrête devant le ministère et il descend de nouveaux arrivants aux figures anxieuses.

» L'antichambre ministérielle est bientôt encombrée et la circulation est devenue à peu près impossible aux huissiers qui font passer incessamment au ministre ou à ses secrétaires la carte des personnes ayant l'espoir d'être reçues.

» Ce sont particulièrement des jeunes gens au teint bronzé et de nombreux nègres, élèves de nos écoles gouvernementales, qui attendent douloureusement des nouvelles. Il y a également beaucoup de dames qui, elles, moins courageuses, n'ont pas la force de retenir leurs larmes.

» Des groupes se forment entre gens qui ne se connaissent pas, mais que rapproche un malheur commun.

» On échange à haute voix des impressions et des espérances ; les hypothèses les plus invraisemblables sont émises qui, toutes, malgré leur improbabilité, sont regardées comme possibles, tellement chacun veut espérer et se refuse à croire à l'immensité de la catastrophe.

» Toutes les classes de la société sont confondues dans cette foule attristée et la brave mulâtresse, coiffée de madras aux couleurs vives, coudoie l'officier de marine et la grande dame, venus pour savoir si l'un des leurs a pu échapper à la désolante hécatombe.

» Dès qu'un huissier sort d'un des bureaux du cabinet du ministre, on se précipite vers lui : chacun, avec un « Eh bien? » qui révèle toute l'anxiété et la douleur de ceux qui l'interrogent, attend quelque nouvelle, bonne ou mauvaise, n'importe quoi, plutôt que la torturante incertitude, ne urnseignement quelconque.

» L'huissier répond à haute voix et invariablement : « M. le Ministre attend d'une minute à l'autre une dépêche, mais il ne sait encore rien. »

» Le désappointement se peint sur tous les visages et s'accentue de plus en plus, à mesure que l'attente est plus longue.

» Enfin, il est onze heures du matin, lorsqu'un secrétaire du ministre arrive au milieu du public, porteur d'un télégramme. Il se fraie difficilement, à travers ceux qui l'interpellent et le pressent, un passage, jusqu'au mur de l'antichambre et pique la dépêche qui, malheureusement, tout en confirmant l'immensité du désastre, ne donne à personne des nouvelles de ceux qui sont là-bas et qui leur tiennent tant au cœur.

» Une bousculade vers ce mur se produit, on se hisse sur les pieds, on prend des chaises; les premiers quittent leur chapeau, pour permettre aux autres de lire, mais personne n'y parvient, tant on se bouscule devant cette affiche.

On crie, alors, de la foule : « Lisez à haute voix ». Un jeune mulâtre prend la dépêche et un silence solennel se produit; il commence a lecture, lentement, scandant ses mots.

« Voici cette première dépêche :

» Samedi, 11 heures, matin.

» Premières nouvelles reçues depuis la communication faite à la » presse hier soir.

» Télégramme du gouverneur de la Guadeloupe.

» *Suchet* vient d'arriver de Martinique. Saint-Pierre détruit par » trombe feu, trentaine personnes seulement, provenant bateaux en rade, » recueillis par *Suchet*. Tout porte à croire que gouverneur Mouttet et » Madame, colonel Gerbault et Madame, qui se trouvaient à Saint-» Pierre, ont péri avec population ville. *Suchet* venu chercher vivres, ai

» donné tous ordres pour embarquement rapide, approvisionnement à
» Pointe-à-Pitre et Basse-Terre. *Suchet* repartira ce soir, pour Martinique. Tout personnel et tous moyens secours dont dispose Guadeloupe
» sont à votre disposition.

» Signé : MERLIN. »

» Dès que la lecture est terminée, les commentaires reprennent. On suppute le temps qu'il va falloir au *Suchet* pour retourner à la Martinique; on espère recevoir bientôt une nouvelle dépêche, avec des détails plus circonstanciés et lorsque la sonnerie du téléphone retentit, l'affolement est tel que quelques-uns, le plus sérieusement du monde, crient : C'est le télégraphe, voilà une dépêche. »

Les dépêches étaient rares et satisfaisaient peu la curiosité publique. On eût voulu leur faire dire tout ce qu'elles ne disaient pas et que nul ne pouvait encore savoir. L'attente était de plus en plus vive et la foule de plus en plus houleuse.

Nous nous souvenons qu'en 1871, pendant la guerre terrible où notre pays fut foulé sous les pieds des hordes allemandes, des dépêches arrivaient ainsi, dans les bourgades situées sur tous les points du territoire. Dès que le premier roulement de tambour annonçait l'arrivée de communications officielles, toutes les portes s'ouvraient et, de toutes les maisons, on accourait vers l'humble édifice qui faisait fonction d'hôtel de ville. Il y avait, dans la foule, des vieillards, des femmes et des enfants, et tous, l'oreille tendue, gardant un silence inexplicable. Alors un homme, le maire de l'endroit, montait sur une borne, avec un papier déplié dans ses mains. Quand il retardait un peu sa lecture, pour permettre à quelques nouveaux venus de se joindre à la multitude, il y avait des impatiences sourdes que trahissait le mouvement des pieds, de ces impatiences étranges qui ne s'épanchent pas en un murmure, en un mot prononcé.

Puis, la lecture commençait et elle était accueillie par un morne silence, car, souvent, elle disait des malheurs et des revers. Il arriva parfois qu'un maire patriote ne put pas arriver à la fin de la dépêche dont il devait donner connaissance; les tristesses des faits étranglaient sa voix. L'on restait impassible sans qu'un mouvement se produisît dans l'auditoire, sans qu'une brèche s'ouvrît, dans le cercle épais de la foule, pour laisser passage au lecteur découragé. Celui-ci se reprenait à deux, à trois fois; il lisait tout, jusqu'aux infortunes les plus navrantes. Puis il terminait par une parole d'encouragement, venue de son cœur, plutôt que de son esprit et par le cri : Vive la France. Toutes les voix s'unissaient à la sienne et chacun s'en retournait, la mort dans l'âme, portant au sein comme une blessure vive et à la fois, comme une espérance, l'écho de cette acclamation : Vive la France.

Chez nous, on se retrouve les mêmes dans tous les malheurs et quand, dans ces jours du 9 et du 10 mai 1902, bien des hommes ont souffert, leur souffrance fut faite du malheur des autres et de l'incertitude.

Le ministre venait d'afficher un nouvel avis ainsi conçu :

« Le ministre des colonies a télégraphié, hier soir, par toutes les voies de câble, pour avoir des indications au sujet des secours nécessaires. Il a invité de nouveau le secrétaire général de la Martinique à fournir tous les renseignements sur les victimes de la catastrophe et notamment sur celles qui ont leurs familles en France. Jusqu'à présent, on n'a eu aucune indication sur les noms des victimes; les renseignements qui parviendront au ministère seront communiqués aux intéressés dès leur réception. »

M. Lhuerre, suppléant le gouverneur, ne resta pas inactif. Le 10, au soir, un télégramme envoyé par lui de Fort-de-France annonça, en même temps que la constatation des ravages faits, les premières mesures prises pour porter secours aux survivants. Ceux-ci furent successivement transportés à Fort-de-France, où on leur prodigua tous les soins que réclamait leur situation. Quelques-uns étaient blessés; d'autres, et c'était le plus grand nombre, avaient été frappés d'une telle épouvante, qu'il leur en restait dans l'esprit une sorte d'égarement. Même séparés du théâtre de la destruction par une longue distance, ils se croyaient encore poursuivis par les vapeurs et les cendres brûlantes.

Par un de ces caprices que rien, humainement parlant, ne peut expliquer et qu'il faut bénir, le Morne-Rouge, que condamnaient toutes les prévisions et pour lequel on avait surtout tremblé, était resté intact et avait servi d'asile à un grand nombre de malheureux.

En ce moment, 10 mai, le secrétaire général faisait procéder au déblaiement de la ville détruite. Jusqu'à ce qu'il fût possible de dégager les ruines fumantes de Saint-Pierre et pour éviter le danger d'une épidémie, l'administration locale, d'accord avec le conseil privé et les autorités médicales de la colonie, prenait les dispositions nécessaires pour incinérer les cadavres, trouvés sur les chemins et dans les rues. D'autre part, on disposait tout pour pourvoir aux premiers besoins des sinistrés et leur fournir des vivres. C'est à celà que travaillait le *Suchet*, quand il s'approvisionnait à Pointe-à-Pitre et à la Basse-Terre.

Le commandant envoya, le même jour, au ministre de la marine, la dépêche suivante. C'est déjà l'esquisse d'un récit et, bien que l'origine en soit douteuse, puisqu'elle est dans des rapports que rien ne prouve, cependant nous y voyons déjà en partie la description de la catastrophe.

« Suchet à Marine, Paris, de Pointe-à-Pitre, sans date.

» Voici les renseignements que je me suis procurés sur les événements d'hier.

» Vers huit heures, le volcan projeta masse considérable fumée et terre; aussitôt après, trombe de feu.

» Instantanément, toute la ville était en flammes.

» Navires démâtés et incendiés.

» Pluie de roches dure un quart d'heure.

» Je suis arrivé à Saint-Pierre deux heures, soir, sauvant quelques personnes provenant navires.

» Pas aperçu êtres vivants dans ville, où impossible penétrer.

» Nombreux cadavres près du quai.

» Signé : SUCHET. »

Ces renseignements sont complétés par des dépêches venues de New-York et communiquées à l'agence Havas. Le commandant du *Suchet* a fait, pour sauver les victimes du cataclysme, tout ce qu'il est humainement possible de faire; il a envoyé ses chaloupes à terre, pour recevoir les survivants, mais l'accès de la ville lui a été interdit. Les cadavres étaient nombreux sur les appontements et, parmi eux, se trouvent certainement le gouverneur et le colonel de sa maison militaire.

Un vapeur anglais, l'*Esk*, a passé le 8 au soir à 5 milles de Saint-Pierre et la pluie de cendres continuait. Quant à la ville, elle était couverte d'épaisses ténèbres. Le commandant de l'*Esk* envoya une chaloupe, aussi près que possible de terre, mais, nulle part, on ne distingua un signe de vie. Seulement on aperçut des flammes s'élevant sur certains points et paraissant être les restes vivaces d'un incendie aux trois quarts éteint. Depuis le matin, les vaisseaux, parmi lesquels le *Roraïma*, avaient fait explosion et s'étaient engouffrés dans les eaux.

De l'équipage du *Roddam*, les nouvelles sont tristes : le capitaine est à l'hôpital à Sainte-Lucie, onze hommes de l'équipage sont morts de leurs brûlures et les autres sont mourants.

New-York envoie encore la dépêche suivante, partie de St-Thomas.

« Le schooner anglais *Océan-Traveller* est arrivé à la Dominique cet après-midi à trois heures. Il a annoncé qu'une abondante pluie de sable l'obligea, dans l'après-midi de mercredi, à fuir l'île de Saint-Vincent, où le volcan était en éruption.

» Il essaya d'entrer à Sainte-Lucie, mais ne put y réussir à cause des courants contraires. Il arriva en vue de Saint-Pierre, jeudi matin; il se trouvait à peine à un mille de la ville.

» Le feu balayait tout Saint-Pierre, détruisant à la fois la ville et les navires du port, parmi lesquels le *Grappler* qui était occupé à réparer le câble près de la factorerie Guérin. Le *Grappler* est perdu avec tout son équipage.

» Sur sa route, le schooner rencontra une grande quantité d'épaves. »

Dès ce soir, 10 mai, l'agence Havas communique des détails sur les incertitudes que fait naître la catastrophe. Quelques-unes de ces dépêches se répètent et il serait dès lors inutile de les citer en entier. Nous nous contentons de les analyser.

Les navires n'ont pu encore s'approcher de l'île, où l'éruption continue, étendant son rayon et ses ravages sur quelques îlots voisins de Saint-Pierre. Ce sont quarante mille victimes au moins qu'il faut compter, et dix-huit navires ont été détruits.

Un navire arrivé à la Dominique a rapporté que, se trouvant en vue de Saint-Pierre, dans la matinée de jeudi, il a perçu le bruit d'une explosion formidable et a vu planer sur la ville une nappe de feu, s'abaissant par partie et s'abattant sur les toits des maisons. Rien ne pouvait être plus saisissant.

Soudain, quand l'ouragan de feu fut poussé vers la rade, les dix-huit vaisseaux, qui s'y trouvaient au repos, s'embrasèrent instantanément, donnèrent de la bande, puis coulèrent à pic, à l'exception du *Roraima* dont l'explosion ne se fit que quelques heures après. A ce moment, les cendres et les laves brûlantes ensevelirent toutes les maisons qui étaient sur le rivage.

On envoya à terre un officier, en reconnaissance; mais il ne put entrer dans la ville dont les rues étaient jonchées de cadavres et où quelques murailles noircies se tenaient seules debout. Le gouverneur, M. Mouttet, est certainement parmi les morts. Les ministres d'Angleterre et d'Amérique, ainsi que leurs familles, doivent avoir péri. L'incendie continue et le volcan, quoique avec moins de fureur, rejette toujours des cendres et des matières en combustion.

Tremblement de terre d'Arica (Pérou).

Le bateau *Pouyer-Quertier* sauve quatre cent quarante-cinq personnes et les ramène à Fort-de-France. Puis il repart immédiatement pour Saint-Pierre et les environs, afin de prendre à son bord d'autres sinistrés.

* * *

Le 11 mai, jusque dans l'après-midi, on n'en est encore qu'aux généralités et, sauf la certitude d'un immense malheur, rien ne détermine de manière exacte quelles ont été les victimes du cataclysme. Le ministre des colonies a câblé au secrétaire général dépêches sur dépêches, demandant des renseignements précis, sollicitant des listes de noms; à la Martinique, il est si difficile de se rendre compte que tous les efforts ont été jusqu'alors infructueux. C'est par le nombre de ceux qui survivent que l'on peut compter ceux qui sont morts. Des recherches sont organisées partout, autour de la zone dévastée. A chaque instant, des malheureux blessés ou mourants sont transportés à Fort-de-France. Les communications que l'on obtient d'eux se maintiennent dans de vagues récits, sur lesquels on ne peut rien appuyer.

Dans la soirée, on reçoit quelques détails câblés par le gouverneur de la Guadeloupe : il y est dit notamment que les quelques survivants de la catastrophe sont peu aptes à en décrire les émouvantes péripéties, puisque, autour d'eux, toute l'œuvre de destruction a été complète en un quart d'heure. La trombe de feu s'est étendue sur le nord de la Martinique, probablement depuis le Carbet jusqu'à la Grande Anse, détruisant Saint-Pierre et peut-être le Prêcheur, Grande Rivière, Macouba et Basse-Pointe. L'éruption continue et le volcan rejette hors de son sein des torrents de lave qui, cette fois, se déversent dans le nord de l'île. Toute la région est horriblement dévastée.

Des fugitifs, revenant du nord de la Martinique, ont pu trouver le temps de s'échapper et, passant par la Dominique, ils arrivent à la Guadeloupe. Ce fait heureux permettrait de penser que, sur certains points, la catastrophe ne se serait pas précipitée avec la même soudaineté. Mais que peut-on espérer ?

Dans le nord de l'île, il se peut que des malheureux, dénués de tout, attendent un secours que le *Suchet* est impuissant à leur porter, en raison de la pluie de cendres qui persiste avec grande intensité. Du reste, le volcan est toujours menaçant et, le 10 au soir, on constate encore des grondements, des éclairs et des projections d'une grande vivacité.

Enfin, ce jour-là, 10 mai, on parvient à pénétrer dans Saint-Pierre. Le spectacle est horrible. Les cadavres et les cendres remplissent les

» Enfin, dans l'après-midi du 8, on voyait pénétrer lentement, dans Port-Castries, un vapeur méconnaissable. C'était une sorte d'épave fantômatique, grisâtre, couverte de cendres. Ses agrès, ses voiles, ses bâches pendaient en loques calcinées. Ce vapeur était le *Roddam*.

» Le capitaine raconta qu'après avoir essuyé, pendant la nuit, une terrible tempête mêlée de tonnerre, il venait s'amarrer à une bouée de la rade, en vue de Saint-Pierre, à huit heures du matin, par un temps magnifique. Il était en train de causer avec M. Joseph Plissonneau, l'agent de ses armateurs qui se trouvait dans une chaloupe rangée près de son bord.

» Tout à coup, une immense nappe de fumée, toute pailletée de scories incandescentes, s'abattit sur la ville et sur le port, avec une rapidité inconcevable. Déjà, la ville entière flambait, drapée dans un rideau de flammes et il pleuvait du feu sur le *Roddam*. M. Joseph Plissonneau eut tout juste le temps d'escalader le bord du *Roddam*; sa chaloupe venait de couler à pic.

» Plusieurs hommes de l'équipage étaient tombés morts, brûlés vifs. Un effort surhumain fut fait pour couper les amarres et, comme le vapeur se trouvait encore sous pression, le *Roddam* put gagner le large et arrivait neuf heures plus tard à Port-Castries.

» Parmi les six pouces de cendres noirâtres qui recouvraient le pont du *Roddam* gisaient une dizaine de gros objets calcinés indescriptibles; c'étaient des cadavres. Deux autres hommes de l'équipage ont succombé à leurs blessures. Le *Roddam* fut poursuivi dans sa fuite, pendant six milles, par la pluie de scories enflammées.

» Le capitaine a été grièvement brûlé, mais M. Joseph Plissonneau l'est plus grièvement encore.

» On croit ici que M. Plissonneau est l'unique survivant des personnes qui sont restées dans Saint-Pierre, après les premières indications de l'approche de la catastrophe, car la ville et les vaisseaux sont anéantis.

» Le vaisseau le *Grappler* sombra le premier; puis, ce fut le tour du *Roraïma*.

» Au moment où ce dernier s'engloutissait au milieu d'une terrible explosion, son capitaine adressait au capitaine du *Roddam* un dernier geste d'adieu.

» Les survivants de l'équipage du *Roddam* ne tarissent pas d'éloges sur l'héroïsme de leur capitaine qui, les mains brûlées, avait tenu à faire lui-même le service du gouvernail à l'heure du danger.

rues. L'incinération commence. C'est une dépêche de Fort-de-France qui nous l'apprend.

Voici, de même date, une dépêche de Sainte-Lucie. Celle-là contient un récit moins succinct de la catastrophe. Nous la publions :

« La montagne Pelée commença, le 3 mai courant, à paraître couronnée d'épais nuages de fumée, pendant la journée, et de flammes, pendant la nuit.

» Ces phénomènes étaient accompagnés de grondements souterrains. Le ciel, la nuit, paraissait embrasé, sur une étendue considérable. La population s'alarmait.

» Le 5 mai, la montagne Pelée était cachée par une pluie de cendres chaudes. Tout le district de Saint-Pierre se trouvait recouvert d'un pouce de cendres.

» Le 5 mai, à midi, une coulée de laves brûlantes, tombant d'une hauteur de 4.400 pieds, le long du lit desséché d'un torrent, franchissait, en trois minutes, l'espace de cinq milles, qui sépare la montagne du rivage, balayant sur son passage plantations, édifices, factoreries, êtres vivants, sur une étendue d'un demi-mille, broyant, brûlant, submergeant tout — une grande cheminée d'usine émergeant de la coulée de laves, c'était tout ce qu'on pouvait voir de l'importante sucrerie Guérin — engloutissant sous le flot les cent cinquante personnes qui s'y trouvaient et, parmi elles, le fils Guérin.

» La mer, cédant sous la poussée formidable de la coulée de laves, avait reculé de trois cents pieds sur la côte ouest, puis, revenant en une immense vague, avec une force irrésistible, elle s'abattit comme une trombe sur le rivage, sans toutefois causer trop de dégâts. Des détonations terribles se faisaient entendre à des intervalles réguliers, mais courts.

» Cela continua ainsi toute la nuit. Les lumières électriques de Saint-Vincent s'étaient éteintes, l'obscurité était intense; mais des gerbes de flammes de la montagne jetaient leurs sinistres clartés sur Saint-Pierre. Les habitants, éperdus, affolés, poussant des cris et de gémissements, se précipitaient en chemise vers les collines.

» La famille Plissonneau s'échappa sur un petit vapeur et arriva à Sainte-Lucie. Trente-cinq personnes, des femmes et des enfants pour la plupart, arrivèrent aussi à Port-Castries, dans la matinée du 6. Ce sont ces réfugiés qui ont fourni les détails qui précèdent. Les hommes étaient restés à la Martinique. Le télégraphe fut interrompu dans l'après-midi du 6, entre Saint-Vincent et la Martinique.

» Le vapeur *Rek*, de la *Royal Mail Company*, se trouvant, le 9 mai, à dix heures du soir, à cinq milles en vue de la Martinique, fit jouer ses sirènes et lança des fusées; mais il ne reçut aucune réponse. Tout le rivage, sur une étendue de plusieurs milles, ressemblait à une immense ournaise.

» Une chaloupe fut envoyée à terre; mais la chaleur était telle que son équipage ne put pas débarquer. Deux heures durant, la chaloupe croisa; aucun être vivant n'apparut. On entendait de fortes explosions. Le vapeur *Rek*, malgré la distance, fut lui-même recouvert de cendres brûlantes.

» Un caboteur français est arrivé, cet après-midi, de Fort-de-France, demander des secours à Port-Castries. Il rapporte que toute la campagne est brûlée; les animaux crèvent; toutes les plantations sont calcinées. Les paysans accourent en masse dans les villes.

» On craint une famine. On ne peut approcher de Saint-Pierre à cause de l'incendie. Tout ce qu'on a pu apercevoir jusqu'ici, ce sont des rues jonchées de cadavres calcinés et des maisons qui continuent à flamber. Il est certain que la ville et ses environs, dans un rayon de plusieurs milles, sont complètement détruits. Bien peu d'habitants ont pu s'échapper.

» Le capitaine du caboteur, M. Heu, dit que, de bonne heure, dans la matinée de jeudi, une trentaine de personnes étaient parties de Saint-Pierre dans une chaloupe et qu'elles sont arrivées à Fort-de-France.

» Un vapeur, parti hier soir de Saint-Vincent, annonce, à Port-Castries, que le volcan est en éruption, que le tiers du nord de l'île est en flammes, qu'une coulée continue de laves brûlantes et des pluies de scories enflammées empêchent de porter aucun secours.

» Kingstown est en sécurité, mais on éprouve de grandes craintes pour le reste de l'île.

» La Dominique et Sainte-Lucie ont des geysers en activité, mais cette activité n'est pas anormale. Des provisions de toute nature affluent. »

Telles furent, pendant les trois premiers jours qui suivirent la catastrophe, les nouvelles de la Martinique reçues par diverses voies. Nous avons donné, en totalité ou en substance, des télégrammes répétant des renseignements déjà fournis, complétant des indications trop sommaires et traitant de tout à la fois. Rien, mieux que ce défaut d'ordre, ne peut donner une idée du désarroi qui, au premier abord, régna partout. Les dépêches étaient rédigées au fur et à mesure que se faisaient les dépositions authentiques et, dans leur brièveté, elles en disaient assez pour que l'on pût tout deviner.

Si, à Paris, on ne sut pas, le soir du 11 mai, tout ce qu'avait amoncelé de ruines la catastrophe de Saint-Pierre, du moins on pouvait prévoir ce que seraient les renseignements à venir et c'était assez pour jeter partout l'épouvante et la consternation.

CHAPITRE XV

SAUVÉS OU MORTS?

Il nous faut quitter un instant les considérations d'ensemble pour prêter l'oreille aux angoisses nombreuses que le cataclysme faisait naître. Saint-Pierre n'est plus, la contrée est ensevelie sous les cendres; il nous faut fouiller ce linceul funèbre et mettre un nom sur les débris informes dont l'apparence n'est plus celles de corps humains. Les grands malheurs dont souffrent les peuples sont composés de douleurs multiples, de même que le flot se compose de gouttes d'eau. Parfois, à voir les choses de haut, on se complaît tristement à contempler le déplorable déploiement des forces destructrices sans compter, un à un, les intérêts qu'elles ont lésés et sans arrêter un regard sur les existences qui ont été coupées. Cette dernière préoccupation : voir dans le détail tout ce qui a fait trembler, tout ce que l'on a espéré, tout ce qui a fait couler des larmes ou les a séchées : voilà, maintenant, la tâche que nous acceptons.

Pour cela, il nous faudra parcourir la France entière et y surprendre les inquiétudes douloureuses. Ce n'est pas seulement à Paris que l'attente était anxieuse : le pays entier se sentait frappé.

A Paris, le ministère des colonies s'était, dès le premier instant, préoccupé du sort de M. Mouttet. Les premières dépêches laissèrent, quelque temps, planer une vague incertitude; puis la triste vérité se dégagea. Le gouverneur et sa femme avaient trouvé un glorieux trépas, tandis qu'ils se tenaient à un poste d'honneur.

Le colonel Gerbault et sa femme avaient inspiré des craintes ; eux aussi étaient morts. Le sénateur Knight pouvait avoir été englobé dans le cataclysme et il y eut pour sa famille deux jours de suprême angoisse. Le 10 mai, Mme Knight reçut un télégramme de Fort-de-France lui annonçant que son mari était en sûreté. On représentait, comme morts, les deux candidats aux élections législatives, MM. Percin et Clerc. Des nouvelles futures devaient dire ce qu'étaient devenus les deux candidats.

Nous savons déjà comment la famille Plissonneau échappa au désastre et comment, par une intervention toute providentielle, M. Joseph Plissonneau put s'enfuir sur un vaisseau à demi consumé.

Le 11 mai, le général Faure-Biguet, gouverneur militaire de Paris, se présenta au ministère des colonies. Là, un registre était mis à la disposition du public et ceux qui désiraient avoir des renseignements particuliers devaient y inscrire leur nom et leur adresse, en même temps que les noms des personnes dont le sort les préoccupait.

Le général s'enquit de ce qu'était devenu le lieutenant Granier, officier d'ordonnance du gouverneur de la Martinique.

Mgr de Cormont s'inquiétait de tous ceux qu'il avait laissés dans le péril et plus particulièrement de ses prêtres.

Tous devaient attendre pendant des heures mortelles qu'il fût possible de savoir quelque chose.

Or, le 11, dans l'après-midi, une première liste de morts arriva. Elle contenait les noms des fonctionnaires disparus et ceux-là étaient une centaine. Par une attention bien facile à comprendre, ce document ne devait être rendu public que lorsque les intéressés en auraient été spécialement informés ; aussi fallut-il attendre au lendemain.

Mais, tout ce jour, on vit des personnes en larmes sortir du bureau de M. Lemoine, sous-chef de cabinet, qui avait été chargé de cette délicate mission et qui s'en acquittait avec un tact incomparable.

La liste parue le 12 pouvait être heureusement contredite en quelqu'une de ses indications par des recherches ultérieures; aussi, ne portait-elle que la disparition des personnes dont les noms suivent :

C'étaient, dans la magistrature, MM. Carraud, président; Darius, procureur ; Michel, juge d'instruction ; Maggio-Olivi, substitut; Greze, greffier ; Desrivaux, juge de paix ; Leber, juge de paix.

Dans l'armée, MM. Gerbault, lieutenant-colonel, et Madame; Vergoz, médecin-major, et Madame ; Fouque, lieutenant d'artillerie ; Hermary, lieutenant d'artillerie; Marc, vétérinaire.

Dans la gendarmerie, MM. Maire, lieutenant ; Grimaldi, brigadier ;

Mourrié, brigadier; Palette, Le Pont, Pène, Gagnire, Achard, Guimon, Martin, Chaumont, Burson, Jumet, Pessel, Valade, Mengel, Richard, gendarmes, et leurs familles.

Commissaires, MM. David, Cornette, de Saint-Cyr; Serveau, syndic.

Employés des contributions, MM. Dubois, chef de service; Pignier, et leur famille.

Dans le clergé, MM. Bertot, curé; Housé, Leschenault, Brisedoux, prêtres.

Dans l'instruction publique, MM. Ricci, proviseur, et Madame; Mehouas et sa famille, Cousté, économe; Quénard et sa famille, Mounier et sa famille, Saussine et sa famille, Landes, Aniard et sa famille, Morisson et sa famille, Cochain et sa famille, Rolland et sa famille, Chapdelaine et sa famille, Herbin, Armanet et sa famille, Soze et sa famille, Barreau et Madame, Degennes et Madame, Le Biez, Catel et sa famille, Guitton.

Puis, MM. Tombarel et Madame, Boutounet et son fils, Fonteu et sa famille, Dumas, Doignon et Ballandras.

Percepteur, M. Audebourg-Desbrosses et sa famille.

Receveurs d'enregistrement, MM. Lannes et safamille, Jaham-Desrivaux et sa famille.

Dans les douanes, MM. Casadavant et sa famille, Sigougne-Latouche, Boursier et sa famille, Beaudu, Chérubin, Dubois, Ortoli et sa famille, Becord, Lepelletier, Beauford, Calonne, Thorin, Larade, Marchand.

M. Jacquenaud, capitaine du port.

Sœurs de Saint-Joseph de Cluny, Mmes Fustch, Guingaud, Thésier, Ducard, Ouibaldes, Canonge, Achard, de Signorta, Lienaren, Laboucheix, Espinasse, Bernard, Gavalda, Carrette.

Enfin, nombre de sœurs hospitalières de Chartres.

Quelques personnes avaient échappé à la mort. C'étaient MM. Piètre et sa famille, Fabre, Anderson et Madame, de Percin et sa famille, Deslandes et Madame, Mlle Cros et sa mère, Mlle Roussel.

D'après un télégramme ultérieur reçu au Séminaire des Prêtres du Saint-Esprit, on pouvait considérer comme disparus, treize prêtres du Séminaire, onze prêtres du clergé colonial, trente-trois sœurs de Saint-Joseph de Cluny et vingt-huit sœurs de Saint-Paul de Chartres.

Aucun navire du port de Marseille ne se trouvait dans la rade de Saint-Pierre le jour de la catastrophe; la ville n'en était pas moins dans une consternation profonde, car elle avait à la Martinique des comptoirs importants et les familles venaient au siège des compagnies de navigation demander des nouvelles des parents et des amis résidant au lieu même du désastre.

Un membre de la chambre de commerce, M. Bourdillon, avait en ce moment tous les siens à Saint-Pierre, et M. Borde, importateur, comptait onze personnes de sa famille qui avaient dû se trouver mêlées à la lugubre scène.

Le 11 mai, tous les navires ancrés dans le port mirent leur pavillon en berne et les monuments publics furent également mis en deuil. Des nouvelles navrantes arrivaient. Les pertes étaient immenses et le commerce marseillais se sentait frappé au cœur. Mais c'était bien de pertes matérielles qu'il s'agissait. On était plus triste en pensant à ceux qui pouvaient être victimes du volcan et de là venait la consternation générale.

Un télégramme de M. Chiris, à Fort-de-France, jeta un peu d'espoir dans les esprits. M. Chiris annonçait à M. Blanc, sous-directeur des Messageries maritimes, qu'il avait pu fuir de Morne-Rouge en compagnie d'un millier de personnes.

Mais, le 13, M. Bourdillon reçut un télégramme de Fort-de-France lui annonçant que toute sa famille et toute celle de M. Borde avaient péri dans la catastrophe.

Le télégramme mentionnait encore les ravages faits à toutes les plantations et aux usines à plusieurs kilomètres à la ronde et laissait entendre que rien ne restait debout.

A la douleur causée par le deuil de deux hommes estimés, se joignait bientôt pour Marseille un autre sujet de consternation. Des familles d'origine provençale ont été complètement anéanties. Ce sont les Duval, les Ermount, les Rosamia, les Albert, les Saint-Yves, Isnard, Caminade et Girard.

M. Lisbelle, agent de la Société des Sucreries coloniales, était à Saint-Pierre le 8 mai et il a disparu. Avec lui sont morts MM. Alonzo, Guérin, Amphoux, Lamy et d'autres qu'il serait trop long de nommer. Quelques-uns ont échappé et parmi eux M. Bellomie, agent général de MM. Ricoux. M. Bellomie devait se trouver, sinon à Saint-Pierre, au moins à deux ou trois kilomètres, dans une propriété qu'il possédait au lieu dit le Carbet.

A Bordeaux, les vides creusés dans les notabilités commerciales son nombreux et causent de vives émotions. Dès le premier jour, la plupart des négociants ont télégraphié aux Antilles et quelques réponses ont été transmises par les câbles. M. Liottier est le seul survivant de toute sa famille. A la maison Forêt et Cie, on annonce que la rhumerie Hurard est complètement détruite. L'inquiétude est grande chez M. Lasserre, au sujet de ses deux oncles qui, l'un et l'autre, devraient se trouver à Saint-Pierre le jour du cataclysme. Les assureurs maritimes et les armateurs pour la Martinique sont dans la désolation. Tous les édifices de l'Etat, du département et de la ville ont mis leurs pavillons en berne en signe de deuil et le deuil durera trois jours. Dans leur impatience, plusieurs négociants de Bordeaux partent pour la Martinique par le paquebot *Arata* qui quitte Southampton le 14.

Au Havre, la maison Ambaud reçoit, le 12 mai, un télégramme de Fort-de-France qui lui annonce la mort de son agent, M. Maze. Elle a envoyé dans différentes directions des télégrammes pour s'informer de ses deux navires, le *Lamandin* et le *Vauclain*, dont l'un va à Fort-de-France et l'autre est à destination de Saint-Pierre.

La maison Avril, du Havre, est informée que parmi les morts se trouvent MM. Lalung, négociant, Rume, distillateur, Parnaim, gérant de la maison Desprez et Cie. M. Parnaim avait avec lui sa famille, composée de vingt membres au moins ; tous ont péri.

M. Paul Fouques, lieutenant d'artillerie de marine, en garnison à Fort-de-France, accompagnait le colonel Gerbault à Saint-Pierre. Il a été enseveli sous les cendres et le ministre de la marine communique cette triste nouvelle aux parents du jeune officier, qui habitent Reims.

A Angers, Mme Brochard, originaire de la Martinique, a eu toute sa famille enveloppée dans le désastre ; M. Marius Boulin, ses enfants et petits-enfants; M. Paul Boulin, fondé de pouvoir du trésorier payeur général de Saint-Pierre ; M. Paul Fouche, professeur au lycée de cette ville, et sa famille ; M. Jean Charlerie, instituteur, et sa famille, vingt-cinq personnes, ont disparu et il n'est guère d'espoir qu'on en retrouve jamais trace.

A Angers encore, le capitaine Ygouf a également perdu plusieurs de ses parents dans le désastre de Saint-Pierre.

A Nantes, la perte du *Tamaya* a causé une vive émotion et bien des familles nantaises seront en deuil, puisque, parmi les officiers et matelots qui composaient l'équipage de ce navire, personne n'a été sauvé.

A Brest, à Toulon, la nouvelle de l'épouvantable catastrophe est d'autant plus terrifiante que nombre d'habitants de ces villes ont, à la Martinique, des amis et des parents. Chacun s'inquiète et attend anxieusement que des renseignements plus complets désignent les malheureuses victimes. Quand l'incertitude dure trop, elle devient insupportable et c'est alors que le ministère des colonies est assailli chaque jour par des milliers de lettres venues des départements.

Cela même devient, au Pavillon de Flore, un tel surmenage que l'on est obligé de constituer un bureau uniquement chargé de recevoir et transmettre les renseignements arrivés de la Martinique.

Du reste, chaque jour complète les premières indications et les premières listes de victimes s'allongent toujours de quelques noms. Encore, ces noms transmis au gouvernement français sont-ils ceux-là seuls auxquels quelqu'un puisse s'intéresser en France.

Quelque activité qu'ait déployée l'administration dans ses recherches, on comprend aisément que la pleine connaissance du malheur n'ait pu être obtenue dès les premiers jours. Nous-mêmes ne faisons que glaner dans la série des nouvelles lugubres et nous n'ignorons pas que nous passons sous silence bien des douleurs et bien des deuils. Le souvenir que nous consacrons à quelques-uns d'entre eux prétend moins établir une statistique que constater le retentissement de la catastrophe à travers le pays entier. C'est surtout pour montrer combien étaient étroites et intimes les relations existant entre la colonie et la mère-patrie que nous avons signalé l'émotion profonde produite dans les principales villes de France.

Ne nous faisons pas l'écho d'une prévention trop présentée à l'état de jugement certain et par laquelle on affirme que le Français aime à ne pas quitter le coin de terre où il est né. S'il en est ainsi dans certaines provinces du Centre et dans les régions où les industries locales suffisent abondamment à la vie de chacun, d'autres aspirations animent une autre partie considérable de la population. Cette dernière regarde au loin par delà les océans et ne s'effraie pas de l'inconnu des pays étrangers. Il y a même pour ces Français un charme irrésistible dans les aventures plus ou moins périlleuses de l'existence coloniale et nous n'aurions pour prouver cette assertion qu'à jeter les yeux sur l'empire immense que les explorations et les guerres ont assuré récemment à la France en dehors de ses frontières européennes.

Cela est un argument irréfutable. Or, partout où vit le Français, il se passionne pour l'entreprise dans laquelle il s'est lancé et il y donne non seulement son esprit, mais encore son cœur. Transporté sous d'autres latitudes, il n'a pas oublié le doux pays où se sont écoulées ses premières années, non plus que les êtres chéris qu'il y a laissés. Par un retour bien compréhensible, ceux qui ne sont pas allés à la Martinique, au Soudan ou ailleurs pensent souvent à l'absent et se maintiennent unis à lui par l'affection.

De là tout l'ébranlement causé par la catastrophe de Saint-Pierre à Paris, à Bordeaux, à Marseille, à Nantes, au Havre et jusque dans le moindre village français.

CHAPITRE XVI

ENCORE LE 8 MAI

Dix-sept jours après l'éruption, le ministère des colonies en recevait le rapport officiel. Voici ce document :

« Fort-de-France, 21 mai.

» Monsieur le Ministre,

» J'ai l'honneur de vous confirmer les télégrammes que vous a adressés M. le gouverneur Mouttet, relatifs à l'éruption volcanique de la montagne Pelée et à l'engloutissement de l'usine Guérin, et ceux que je vous ai adressés au sujet de la catastrophe qui a anéanti la ville et la population de Saint-Pierre, le 8 courant, et dans laquelle M. le gouverneur Mouttet a trouvé la mort.

» Permettez-moi de vous exposer sommairement, ci-après, d'après les renseignements que j'ai pu déjà recueillir, la série d'événements tragiques dont la Martinique vient d'être le théâtre pendant la première semaine de mai.

» La montagne Pelée, dont la dernière éruption, datant de 1851, n'avait pas eu grande importance, à commencé à fumer dans les derniers jours d'avril dernier ; la population ne paraissait nullement émue de ce fait et les journaux locaux se contentaient de le mentionner et de rendre compte des progrès des dégagements de vapeurs.

» Dans la nuit du vendredi 2 au samedi 3 mai, l'éruption sembla entrer dans une phase plus active; une quantité considérable de cendres fut projetée sur les campagnes avoisinantes et notamment sur le territoire du Prêcheur et de Sainte-Philomène, dont les habitants durent abandonner précipitamment leurs demeures pour se réfugier dans les bourgs et à Saint-Pierre ; la cendre tomba, d'ailleurs, également à Fort-de-France et jusque dans les communes de l'extrême sud de l'île, mais en moins grande quantité.

» M. le gouverneur Mouttet se rendit sur les lieux, le 3 mai au matin. Il distribua les premiers secours aux habitants nécessiteux du Prêcheur et de Sainte-Philomène, s'efforça de calmer leur émotion et rentra au chef-lieu le dimanche 4 mai, à quatre heures de l'après-midi.

» La projection de cendres, quoique ayant diminué d'intensité, continuait toujours; de sourds grondements se faisaient entendre dans la montagne et des lueurs apparaissaient la nuit au sommet.

» Le lendemain, 5 mai, à une heure de l'après-midi, un torrent d'eau et de boue brûlante s'échappa brusquement de l'ancien cratère dit Etang-Sec, dévala le long des pentes de la montagne Pelée, s'engouffra dans la vallée de la Rivière-Blanche, emporta une partie de l'usine Isnard, qui était heureusement évacuée, et recouvrit entièrement l'usine Guérin, située sur le bord de la mer, à l'embouchure de la Rivière-Blanche, engloutissant une trentaine de personnes dont vingt-trois connues, dont les noms ont été donnés par les journaux locaux. M. Guérin fils et sa femme étaient au nombre des victimes, composées en majorité de gens de service attachés à l'usine. La masse de boue qui recouvrait l'usine avait environ un kilomètre de longueur, deux cents mètres de largeur et dix mètres de hauteur.

» L'arrivée subite de cette masse dans la mer provoqua sur la rade de Saint-Pierre, pendant quelques minutes, des oscillations d'une amplitude de plus de vingt mètres qui affolèrent la population avant même qu'elle se fût rendu compte de la catastrophe.

» L'affolement redoubla, lorsque les faits exacts furent connus. M. le gouverneur Mouttet, prévenu, se rendit à Saint-Pierre, accompagné du commandant supérieur des troupes et de moi-même, par le croiseur *Suchet*; le même jour, à 4 heures du soir, il visita les lieux du sinistre, réconforta de son mieux les populations du Prêcheur et de Saint-Pierre et rentra à Fort-de-France, le mardi 6 mai, dans l'après-midi.

» La situation du volcan était alors stationnaire, la boue continuait à déborder du cratère et à couler jusqu'à la mer par la Rivière-Blanche.

Le Cotopaxi et les ruines du palais des Incas.

Des crues ou des dessèchements subits se faisaient sentir dans la plupart des rivières, descendant de la montagne Pelée, tout le long de la côte, depuis la Rivière-Blanche jusqu'à la Basse-Pointe, au nord de l'île.

» Le volcan grondait toujours et s'illuminait de lueurs. Mais l'avis de tous les gens compétents était que les matières vomies par le volcan ayant trouvé une issue naturelle par la vallée de la Rivière-Blanche, les communes avoisinantes, et notamment Saint-Pierre, ne couraient absolument aucun danger ; l'opinion générale était alors que, à part la catastrophe de l'usine Guérin et les pertes importantes de cultures et de bétail subies par les habitants à la suite des pluies de cendres, aucun désastre nouveau n'était à redouter.

» Dans la nuit du 6 au 7 mai, un fort orage éclata sur tout le nord de l'île et la pluie tomba abondamment; il en résulta des crues dans toutes les rivières et les habitants de Grande-Rivière, de Macouba et de Basse-Pointe durent commencer à évacuer leurs demeures.

» La rivière Sèche, près de Saint-Pierre, inonda, dans la matinée du 7, toute la route du Fond-Coré, laissant par endroits, notamment près de la tonnellerie mécanique, une épaisseur de boue de 1 m. 50. La rivière des Pères et la rivière Roxelane, coulant dans Saint-Pierre même, grossirent également, mais dans de moins fortes proportions.

» La population de Saint-Pierre entra dans une émotion indescriptible, entretenue par des malfaiteurs qui répandirent de faux bruits d'inondation et profitaient de l'évacuation des maisons pour commettre des vols.

» Le temps était particulièrement orageux, la tension électrique était énorme, au point de rendre le travail des employés du téléphone presque impossible; le volcan fumait abondamment.

» A deux heures de l'après-midi, M. Fouché, maire de Saint-Pierre, déclarait au gouverneur, par le téléphone, qu'aucun danger n'était, à son avis, à craindre, mais que les forces de police à sa disposition ne lui permettaient pas de maintenir l'ordre dans la ville; il concluait, en demandant l'envoi à Saint-Pierre d'un détachement de trente hommes d'infanterie coloniale, sous le commandement d'un lieutenant, pour surveiller les distributions de vivres aux habitants des environs, réfugiés à Saint-Pierre, et pour effectuer des patrouilles dans les rues.

» En présence de cette situation, M. le gouverneur Mouttet donna les ordres nécessaires pour l'envoi d'un détachement par le bateau du lendemain, et décida, afin de donner à la population alarmée l'appui moral de sa présence, de retourner à Saint-Pierre.

» Il quitta le chef-lieu, le jour même, par le bateau de quatre heures, accompagné de Mme Mouttet, du lieutenant-colonel Gerbault, de M. le conseiller privé Husson. Un certain nombre de fonctionnaires et habitants de Fort-de-France, dont MM. Jallabert, directeur du câble, Dubois, chef du service des contributions, Fouque, lieutenant d'artillerie, partirent également par le même bateau.

» La nuit du 7 au 8 se passa sans incidents; des câblogrammes officiels venus de Saint-Pierre entre 6 et 8 heures du matin, dépeignaient la situation comme stationnaire.

» C'est à ce moment que se place l'épouvantable cataclysme qui a anéanti la ville et la population de Saint-Pierre......

» A huit heures cinq minutes du matin, au moment où le vapeur de la compagnie Girard allait quitter le chef-lieu pour se rendre à Saint-Pierre, une énorme poussée de nuages blanchâtres, roulant en volutes gigantesques, fut aperçue de Fort-de-France, dans la direction de la montagne Pelée; au même instant, les lignes du câble et du téléphone, reliant Saint-Pierre au chef-lieu, furent rompues; le baromètre subit une baisse brusque et un raz-de-marée se fit sentir sur le rivage. Les nuages obscurcirent, en quelques instants, tout le ciel, une pluie de pierres, dont quelques unes du poids de vingt grammes, s'abattit sur Fort-de-France, suivie d'une pluie de cendres qui dura jusque vers onze heures.

» Le bateau Girard, qui avait quitté le chef-lieu à huit heures un quart, après le raz-de-marée, pour se rendre à Saint-Pierre, continua sa route, jusqu'à la hauteur de Case-Pilote, qui est exactement à mi-route, et là, arrêté par les pierres et la cendre qui tombaient en quantité considérable, rebroussa chemin pour rentrer à Fort-de-France. Il repartit vers dix heures, après que la grosse émotion causée à Fort-de-France par la pluie de pierres se fut calmée et, après avoir dépassé la pointe du Carbet, aperçut la minoterie Blaisemont et l'habitation Anse-Latouche en flammes.

» Quelques instants après, un spectacle terrifiant s'offrit aux yeux des passagers; au pied du volcan, entouré d'un nuage opaque de fumées et de cendres, tout le littoral, depuis la minoterie Blaisemont, située un peu au nord du Carbet, jusqu'à la pointe Lamarre, au delà du bourg de Sainte-Philomène, était en feu, sur une étendue de près de cinq kilomètres; les arbres et les habitations isolées de la campagne brûlaient également; une douzaine de bateaux sur rade de Saint-Pierre, dont deux steamers américains, flambaient encore à l'ancre.

» Le littoral paraissait désert ; sur la mer, rien ne surnageait que des épaves. La chaleur rayonnante, dégagée par cet immense brasier, empêcha le bateau d'avancer et il rentra à Fort-de-France, à une heure de l'après-midi, rapportant la sinistre nouvelle..... »

Le gouverneur intérimaire de la Martinique indique, dans la suite de son rapport, quel fut le rôle du *Suchet* et comment, avec un dévouement au-dessus de tout éloge, il s'employa à sauver les malheureuses victimes que le cataclysme avait épargnées. Nour avons vu, par les courts télégrammes du commandant du *Suchet*, combien d'efforts avaient été tentés et ce à quoi ils avaient abouti.

Un autre rapport officiel est celui qu'envoya au ministre de la marine le capitaine de frégate Le Bris, commandant du *Suchet*. Nous avons sous les yeux quelques extraits de ce rapport et nous les citons :

« Le désastre s'est produit à 7 heures 50, d'après l'heure indiquée par l'horloge de l'hôpital qui s'est arrêtée à ce moment et existe encore.

» Le phénomène a été foudroyant et peut être comparé à ce qui aurait été produit par de gigantesques canons pointés sur la ville de Saint-Pierre, lançant avec une violence inouïe des matières enflammées. En un instant, la ville était en flammes. Tous les habitants meurent par le feu et l'asphyxie. Des navires sont chavirés et incendiés, tous les mâts cassés au ras des ponts.

» Le gouverneur et Mme Mouttet, le lieutenant-colonel Gerbault et sa femme, venus la veille de Fort-de-France, sont parmi les victimes, ainsi que quelques autres fonctionnaires de Fort-de-France.

» La veille, le gouverneur m'avait demandé de me trouver à Saint-Pierre, avec le *Suchet*, à sept heures du matin, pour être à sa disposition. Quelques mesures à prendre dans les machines et dans les chaufferies, la veille de mon départ pour la Havane, ne m'avait pas permis de donner satisfaction à sa demande. Je ne pus allumer les feux qu'à huit heures. Sans cette circonstance, le *Suchet* se serait trouvé à Saint-Pierre, au moment de la catastrophe et aurait subi le sort des autres navires.

» J'ai appareillé aussitôt qu'il a été possible, sans connaître le désastre, mais très inquiet par l'apparence de l'éruption et par la pluie de terre durcie survenue à Fort-de-France, à huit heures quinze environ. Dans le trajet, j'ai été averti par un petit vapeur que Saint-Pierre était en feu ainsi que les navires sur rade.

» En arrivant devant la ville, je me suis rendu compte immédiatement qu'il n'y avait rien à faire dans cet immense brasier. J'ai fait sauver les quelques survivants qui se trouvaient à bord du vapeur anglais *Roraïma*, sur les épaves et à terre. Ces derniers provenaient également des navires.

» Tous étaient plus ou moins brûlés et quelques-uns sont morts dans le trajet. J'ai aussi ramené les blessés de l'extrémité du village du Carbet qui seul a été atteint. Je suis revenu à Fort-de-France le samedi 10, au matin et, après le débarquement des vivres, je me suis rendu à Saint-Pierre, où j'ai voulu me rendre compte immédiatement de la situation.

» J'ai envoyé à terre quatre escouades avec des ouvriers et j'ai exploré moi-même la ville avec l'une d'elles. J'ai acquis la certitude que pas un être vivant ne pouvait exister.

» Ensuite, j'ai remonté la côte jusqu'au port du Prêcheur, dont la population était très menacée. Il y avait déjà eu quatre cents personnes environ tuées par la lave. Nous avons commencé le sauvetage, jusqu'à la nuit et nous avons ramené, sur le *Suchet*, le *Pouyer-Quertier* et un petit vapeur, environ mille personnes.

» Hier matin, je suis retourné avec le *Pouyer-Quertier* et le croiseur danois *Valkyrien*, dont le commandant a bien voulu me prêter un secours qui m'a été des plus précieux.

» A trois heures de l'après-midi, nous avons pu revenir sur Fort-de-France, après avoir embarqué le reste de la population, deux mille quatre cents personnes environ. Le *Suchet* devait en avoir près de douze cents à lui seul.

» Le volcan est toujours d'une activité effrayante. Il lance des colonnes de fumée noire à des hauteurs considérables et l'on ne saurait prévoir ce qui peut encore arriver. »

Ce rapport est en date du 12 mai.

Ce même jour, des dépêches ont été lancées de Fort-de-France et donnent la physionomie de la ville incendiée.

Rien plus ne s'élève au-dessus du sol dans les quartiers du Fort et du centre de Saint-Pierre; tout est rasé. A leur place s'élève une forte couche de cendre. Il n'y a plus vestige de rues. Partout ce ne sont que d'épais amas de cendres et de décombres amoncelés. Dans le quartier du Mouillage, on reconnaît, à quelques murs calcinés, la place où se trouvait la douane, avant le 8 mai

On ne peut faire un pas, sans trouver sur le sol des cadavres étendus dans diverses attitudes. Il est absolument certain qu'aucun habitant n'a pu échapper.

Le vapeur *Rubis* est parti pour Saint-Pierre avec un délégué du gouvernement local, des troupes d'infanterie, des gendarmes, un pharmacien colonial et plusieurs membres du clergé. Il a emporté du bois, du pétrole, de la chaux. Le navire croise des chalands qui transportent des réfugiés.

Devant Saint-Pierre, la plage et la mer sont couvertes d'épaves de navires, jusqu'à plus d'un mille au large. Il n'y a pas d'eau dans la ville. On ne remarque rien de vivant, mais des épaves, des cendres, des nuages, des débris fumants; on entend des grondements souterrains.

Dans les quartiers du centre, il n'y a que des ruines fumantes : la grille du palais du gouvernement est intacte. Partout où ils restent debout, les murs sont calcinés. On reconnaît les grands magasins. Dans ces parages, on trouve de nombreux cadavres; ils sont nus et les traits calcinés. Neuf personnes de la même famille sont retrouvées étroitement enlacées.

Le *Rubis* a porté avec lui une grande quantité de vêtements. Des renseignements, auxquels on n'ose ajouter foi, ont signalé plus d'un millier de refugiés au Carbet et à la Case-Pilote.

Autour de Saint-Pierre, tout le périmètre ravagé par l'éruption comprend le Carbet, le Prêcheur, la Grande Rivière, Macouba; la Basse-Pointe a été éprouvée. Au Prêcheur, la culture et le bétail sont totalement anéantis et il en est presque de même à la Grande Rivière et à Macouba.

Jusqu'en ce moment, l'accès de l'île demeure très difficile, en raison de la pluie de cendres que déverse le volcan.

Le sénateur Knight a pu débarquer au Prêcheur et, grâce à la présence du *Suchet*, du croiseur danois *Valkyrien* et du *Pouyer-Quertier*, il a pu ramener à Fort-de-France toute la population du Prêcheur; cela a été une consolation qu'on n'osait pas espérer.

En somme et malgré tous les sauvetages, la situation était toujours lamentable. A Fort-de-France, habitants et réfugiés restaient frappés de terreur. La garnison, le clergé se transportaient à Saint-Pierre, les soldats pour déblayer le sol et incinérer les cadavres, les prêtres pour donner leur dévouement, leurs ressources et leurs consolations, partout où elles seraient nécessaires. L'état dans lequel les réfugiés arrivaient disait assez le dénuement où se trouvaient ceux qui avaient échappé à la catastrophe. Plusieurs de ceux que l'on avait placés à l'hopital y avaient succombé à leurs brûlures. Le 12 mai, on ramena vingt de ces infortunés, calcinés, mourants : seize d'entre eux succombèrent, à peine entrés à l'hôpital, on fit tout pour sauver les quatre autres.

A Saint-Pierre, on continuait à trouver, tout autour de la ville, des fragments de cadavres que les soldats et les gendarmes incinéraient sur les places publiques. Ces tristes débris appartenaient à ceux qui avaient essayé de fuir et que l'ouragan de feu avait surpris dans leur course.

De toutes parts, ce n'étaient qu'immenses tas de décombres, cendres brûlantes recouvrant les endroits où se trouvaient des maisons. D'un autre côté, le volcan ne cessait de mugir et les détonations violentes qui retentissaient dans son sein agitaient le sol, sur l'emplacement même de la ville détruite. La lave continuait à couler, pendant qu'un orage terrible bouleversait l'air et s'accompagnait d'éclairs aveuglants et de forts coups de tonnerre.

C'était, pour les sauveteurs, une scène d'une étrangeté terrifiante. Les convulsions du monstre se montraient encore redoutables, alors qu'il était facile de voir combien elles avaient été atroces, les jours précédents.

De temps à autre, des sautes de vent, ou brûlantes ou glacées, déchiraient le voile des brumes. Des mouettes planaient et volaient au-dessus des cadavres, pendant que des requins se disputaient ceux que les vagues ramenaient à la surface.

Des ruines, montait une odeur écœurante de chair brûlée, qui imprégnait l'atmosphère et les corps carbonisés que l'on soulevait sous les cendres ou après le déblaiement des bois, des pierres volcaniques ou autres, représentaient à peine les formes de corps humains.

En général, les cadavres étaient étendus le visage contre terre. On reconnut que beaucoup de malheureux, qui avaient été surpris par le cataclysme, portèrent leurs mains devant leur visage, comme pour ne pas respirer des gaz asphyxiants et pour couvrir leur yeux contre les brûlures.

A certain endroit, vingt-deux cadavres d'hommes, de femmes et d'enfants étaient entassés près d'un mur, les bras et les jambes émergeant de la masse.

Au milieu de ce qui avait été la place Bertin, coulait un mince ruisseau; c'était tout ce qui restait de la rivière Goyave. De grands arbres tordus par le feu étaient renversés de côté et d'autre, avec les racines en l'air. Sous un amas de pierres, on voyait le bras d'une femme blanche.

Mais ce qui frappait le plus, c'était l'horrible puanteur qui se dégageait des débris. Le torrent de feu avait certainement contenu, outre des gaz en combustion, des gaz empoisonnés. Il était difficile de rester longtemps dans cette atmosphère et les équipes de travailleurs se relayaient, sortant à tour de rôle des ruines de la ville et se retrouvant sous le poids d'une chaleur torride, entretenue par les vapeurs chaudes du volcan.

La montagne n'était pas en repos, même après sa grande furie. L'île entière continuait à être cachée par un voile épais de brume violette ou couleur de plomb; les soldats travaillaient dans un demi-jour, de teinte blafarde, avec l'accompagnement de grondements souterrains.

Cette œuvre de salubrité, si difficile à accomplir et qui devait durer de longs jours, révéla des particularités étonnantes et qui caractérisaient bien le genre de mort de beaucoup de victimes.

On trouva le cadavre carbonisé d'une femme qui pressait sur ses lèvres un foulard absolument intact. Des jeunes filles avaient encore aux pieds leurs chaussures et celles-ci n'étaient nullement détériorées. Le consul d'Italie à la Barbade reconnut le corps de sa fille, qui se trouvait à Saint-Pierre au moment de la catastrophe.

Les recherches n'aboutirent qu'à la découverte d'un nombre relativement restreint de victimes. On s'en est demandé la cause. Elle est probablement en cette circonstance que les quartiers les plus populeux furent ensevelis sous une épaisse couche de matières incandescentes, qui ont probablement consumé les cadavres.

Parmi les blessés amenés à l'hopital, se trouvait une dame Laurent. Avant de mourir, elle put déclarer que, le 8 mai, elle entendit un bruit formidable, perdit connaissance et constata, lorsqu'elle revint à elle, qu'elle était horriblement brûlée. Elle aperçut, à ce moment, deux membres de la famille Gabriel, au service de laquelle elle se trouvait; ils étaient encore vivants, mais moururent bientôt, avant qu'on ait pu venir à leur secours.

Aux environs de Saint-Pierre, les traces du passage des matières en fusion étaient très reconnaissables et on pouvait ainsi suivre la route que la lave s'était frayée. Le voisinage de la rive dut être balayé par un cyclone de gaz volcaniques, qui brisa et arracha tout sur son passage, mais ne laissa que très peu de cendres.

Quant au port, à la partie centrale et aux faubourgs, ils ont été ensevelis sous une épaisse couche de cendres qui consuma tout ce qu'elle recouvrit.

Les cadavres découverts étaient souvent cachés par deux pieds de cendres et c'étaient des débris noirâtres, qu'on aurait dit plongés dans du goudron brûlant. Beaucoup d'entre eux ne furent pas atteints par le feu du volcan et moururent étouffés.

Au 15 mai, le total des inhumations s'élevait à douze cents et il restait beaucoup à faire; mais on éprouvait de grandes difficultés à creuser les fosses. Parfois, les hommes occupés aux recherches croyaient marcher sur une pierre calcinée, alors qu'ils se trouvaient en présence d'un tronc humain recouvert par les cendres.

Par une sorte de raillerie du destin, le seul être humain qui soit sorti vivant de Saint-Pierre fut un nègre assassin, qui était enfermé dans une cellule, à une si grande profondeur, que les gaz et les flammes ne purent l'atteindre. Il y resta quatre jours, avant que ses cris fussent entendus et s'enfuit dans les bois, lorsqu'on ouvrit sa cellule.

D'après un correspondant du *Hérald*, on fit brûler les cadavres dans de grands feux alimentés par du pétrole et du goudron; comme le temps pressait, que la montagne était toujours menaçante, que l'on craignait des épidémies occasionnées par des miasmes pestilentiels, cette manière de procéder parut plus indiquée, parce qu'elle était plus rapide. Ces grands feux firent croire, pendant quelque temps, que Fort-de-France lui-même était en flammes.

Les observations portant sur l'état des lieux permirent de se rendre compte des modifications topographiques qu'avait occasionnées l'éruption du 8 mai. La secousse avait été si violente que toute la région du nord de la Martinique en avait plus ou moins conservé la trace. Des crevasses s'étaient ouvertes, creusant des abîmes profonds. Des vallées nouvelles s'étaient formées. Les habitants terrifiés avaient pris le parti de quitter une terre où le sol convulsé s'ouvrait sous les pieds. Beaucoup de ces malheureux se jetèrent dans des chaloupes, espérant aborder à la Dominique et il y en eut un grand nombre qui périrent.

Ceux, du reste, qui arrivèrent à destination ne valaient guère mieux que leurs infortunés compagnons de voyage. Manquant de tout, affamés et nus, terrifiés par les scènes affreuses dont ils avaient été témoins, ils trouvèrent heureusement, partout où ils se présentèrent, le secours le plus empressé et le plus cordial. On vit en eux des débris miraculeusement échappés au plus épouvantable cataclysme et les îles voisines de la Martinique mirent volontiers toutes leurs ressources à la disposition des réfugiés.

Les dépêches que nous avons transcrites nous ont déjà montré que la première préoccupation de tous avait été de nourrir ceux qui survivaient. Avant l'incinération des cadavres, presque avant les sauvetages, on avait pensé à transporter des vivres et des provisions de toutes sortes, sur les lieux mêmes où la fureur du volcan s'était fait le plus violemment sentir.

Fort-de-France avait chargé de comestibles les bateaux disponibles et c'est ainsi que vécut pendant quelques jours la population du Prêcheur. D'autre part, le *Suchet* était allé immédiatement à la Guadeloupe où, grâce à l'activité du gouverneur, des approvisionnements furent rapidement chargés sur le croiseur. Pointe-à-Pître et Basse-Terre y mirent le plus louable empressement. Sainte-Lucie reçut les fugitifs; la Guyane envoya des vivres; les Etats-Unis, dont l'initiative fut prompte et généreuse, suivirent la même impulsion : les secours arrivèrent rapidement et avec abondance : ce furent, avant l'immense mouvement auquel le monde allait obéir, les premières et efficaces marques de sympathie données aux sinistrés.

Le 11 mai, de nombreux canots chargés de réfugiés venant de la Martinique et notamment de paysans, arrivèrent à la Dominique. Ces malheureux, hommes, femmes et enfants, étaient dénués de tout et pleuraient leurs parents perdus. Tous les Dominiquains, riches et gens du peuple, leur donnèrent à l'envi secours, nourriture et abri. Le gouvernement lui-même, imitant l'exemple offert par les particuliers, faisait un don pour permettre d'envoyer immédiatement des secours en vivres.

Le croiseur *Dixie*, des Etats-Unis, recevait, dès le 12 mai, l'ordre d'embarquer des approvisionnements, que lui fournissait le département de l'armée et de partir pour la Martinique, aussi rapidement que possible. Le vapeur *Madiana*, étant prochainement attendu à Fort-de-France, le consul de France fut autorisé par M. Jésup, président de la chambre de commerce de New-York, à acheter les provisions dont le *Madiana* était chargé, jusqu'à concurrence de cinq mille dollars.

Au même temps, les Barbades envoyaient sept cents barils de vivres, de la glace et des médicaments.

Le *Fontabelle*, vapeur de New-York, appareillait au plus tôt pour transporter les provisions nécessaires aux besoins immédiats des survivants.

Des secours arrivaient sans cesse des îles voisines. Le consul américain à Fort-de-France travaillait sans relâche à soulager les victimes. Lui-même appliqua des pansements sans songer à prendre ni repos, ni nourriture.

Dès le premier instant, la plus grande activité se montre à toutes les places d'où il est possible d'envoyer des vaisseaux et des provisions.

A Washington et à New-York, les bureaux et docks maritimes de l'administration n'ont pas connu une telle fièvre depuis les jours de la guerre avec l'Espagne. La chambre de commerce de New-York a approuvé l'action de M. Roosevelt et a décidé de l'appuyer de tout son pouvoir. Le *Dixie* part avec un chargement complet. Le *Madiana* est arrivé. La grande République américaine se montre fraternelle et ouvre largement ses ressources et son cœur, en attendant qu'une participation plus large lui soit permise dans la grande œuvre de la commisération des peuples.

La misère, la désorganisation, l'absence de toute autorité laissaient le champ libre à tous les mauvais instincts et ceux-ci ne reculaient même pas devant une des choses sacrées que tous respectent : le malheur. Si le volcan avait accumulé les ruines, il n'avait pourtant pas tout détruit. Des coffres-forts restaient intacts à Saint-Pierre et, s'ils étaient perdus au milieu des décombres, ils n'étaient pourtant pas introuvables. On savait que là étaient enfermés, avec des valeurs importantes, les livres de comptes des grandes maisons de commerce. Les caves de la Banque de France et de la Banque d'Angleterre n'avaient pas eu à souffrir.

Des misérables, attirés par la cupidité, se promirent des gains faciles.

Le torrent de feu avait eu, d'autre part, d'inconcevables caprices. Alors qu'il avait fondu le fer des maisons en construction, il avait épargné des bijoux.

Il fallut qu'une consigne sévère intimidât les voleurs et nos soldats furent chargés de la répression du brigandage. C'est à eux que revint aussi la délicate mission d'assurer la juste répartition des vivres et ce ne fut pas une besogne exempte de difficultés.

Cette population paisible et honnête, à laquelle un acte d'injustice eût fait horreur auparavant, était devenue, par l'excès de l'infortune, exigeante et égoïste, et il fallait réprimer ses violences.

A d'autres heures, cette même population, désemparée, instable dans ses résolutions, se décidait soudain à partir et demandait à quitter l'île ; il fallait la raisonner, la retenir presque par force et lui faire entrevoir le retour de temps meilleurs où la prospérité renaîtrait.

Cette espérance paraissait, du reste, bien faiblement appuyée, tant il devait être long et difficile de réparer les dégâts immenses causés par l'éruption. Les plantations n'existaient plus, les champs étaient dévastés et brûlés jusque dans le sous-sol, les usines devaient être relevées depuis la base et les maisons rebâties par le pied. Rien plus ne vivait dans un périmètre de plusieurs kilomètres de rayon et le volcan continuait à gronder, lançant encore de la fumée et des cendres.

Dans la nuit du 14, on observa des phénomènes électriques dans l'obscurité. Douze boules de feu et des arcs électriques éclairaient presque tout le Morne-Rouge et ses environs. Puis une pluie de cendres s'abattit sur Basse-Pointe. Le Morne-Lacroix, point culminant de la montagne Pelée, existait encore et il était toujours visible lorsqu'une éclaircie se produisait.

On constata que la mer avait reculé de trente mètres sur certains points du rivage, à Saint-Pierre, et, qu'au contraire, le village du Prêcheur était envahi par les flots qui détruisaient les maisons.

Aux abords de Saint-Pierre, de nombreux poissons morts flottèrent à la surface des eaux et les requins firent leur apparition.

Cinq jours après la catastrophe, une coulée de laves se répandit dans la Rivière-Blanche sur une largeur de cinq cents mètres.

Les bourgs et villages avoisinant Saint-Pierre étaient rendus inhabitables par l'odeur qui s'exhalait des cadavres de personnes ou d'animaux brûlés ou morts de faim. Il fallut les évacuer.

Près de la rivière des Pères, un nouveau cratère s'ouvrit et jeta aussitôt une épaisse fumée. Sept cratères étaient nettement visibles, le 14 mai, aux environs. Il y eut une légère pluie de pierres à Sainte-Marie et une forte détonation retentit dans le ciel.

Le cataclysme avait arrêté ses effets à deux cents mètres du Carbet, mais la population affolée s'était réfugiée à Fort-de-France. C'était partout un désordre et une surexcitation inexprimables.

Le 18, l'éruption continue de la montagne Pelée était particulièrement violente pendant le débarquement d'un groupe de personnes chargées de faire des recherches. Des cendres tombèrent, lorsque ces personnes furent à terre.

Un télégramme du même jour, parti de Fort-de-France, annonça que des poussières volcaniques étaient tombées en abondance toute l'après-midi. Tout en était couvert et beaucoup d'habitants se réfugièrent à bord du vapeur anglais *Madiana*. Si les poussières continuaient à tomber, la situation deviendrait très sérieuse. Le bruit courait que la ville de Sainte-Marie était en feu.

Dans tout ce désarroi, les efforts du gouvernement tendirent toujours, sans y réussir pleinement, à prévenir une panique et on doit à la vérité de dire que les représentants de la France, à la Martinique, déployèrent à cette tâche une incomparable énergie.

Nous citons un câblogramme du gouverneur intérimaire :

« Fort-de-France, 18 mai.

» Les instructions sont données pour que le comité local de secours vous adresse par chaque courrier un duplicata de l'état de répartition des secours.

» J'ai prévenu la population que les vivres attendus par le *Dixie* et le *Fontabella-Madiana* arriveraient aujourd'hui. Cette cargaison sera exemptée de tous droits de douane, d'octroi de mer ou autres, ainsi que je l'ai décidé, il y a quelques jours, pour tous les secours en vivres qui nous parviennent.

» Le capitaine Gallagho, délégué du président des Etats-Unis, est attendu sur le *Dixie*. Le commandant de la marine américaine, Mentz, et le capitaine d'infanterie Crabbs viennent d'arriver sur le vapeur *Sterling*, avec un chargement de vivres offert par le gouvernement de l'île de Porto-Rico.

» Il n'y a aucune crainte à avoir concernant la cessation du travail dans la région du Nord. La Banque a repris régulièrement ses opérations et a, dans les journées des 17 et du 18, mis à la disposition des propriétaires d'usines ou de plantations une somme de 132,394 francs, répartie sur quinze établissements. Il n'a pas été nécessaire de faire jusqu'ici de distribution en argent aux sinistrés, mais des vivres leur sont distribués avec un dévouement incomparable par le maire de Fort-de-France et les membres de la commission locale de secours. Je m'occupe de donner du travail et des moyens de subsistance à la population réfugiée dans l'arrondissement de Fort-de-France.

» Je suis revenu, samedi soir, par le *Suchet*, d'une tournée dans le Nord ; le territoire compris entre Saint-Pierre et le Prêcheur est complètement ravagé ; toutes les cultures de Grande-Rivière sont couvertes de cendres. Les grandes propriétés sucrières de Macouba et de Basse-Pointe sont en bon état ; mais les petites propriétés, situées sur le Laritens, sont fortement endommagées. La population se montre calme et courageuse. Une distribution de vivres a été faite par mes soins aux sinistrés de Grande-Rivière, de Macouba, de Basse-Pointe et du Lorrain,

» Le vent a changé de direction depuis ce matin. Le volcan vomit une très grande quantité de cendres sur les communes du sud et de violentes détonations ont été entendues au Carbet.

» J'ai constitué une commission spéciale pour procéder à l'examen des demandes formulées au sujet des familles disparues à Saint-Pierre.

Les recherches ont lieu sous la surveillance d'agents de la force publique; les valeurs trouvées seront placées dans un caveau spécial et la remise en sera faite aux ayants droit après vérification de leurs titres.

» J'envoie, par le prochain courrier, un rapport relatif à la reconstitution des archives judiciaires, de l'état civil, du notariat et des hypothèques... »

C'était donc, sous la colère encore terrible du volcan, une reconstitution, une renaissance des régions dévastées. Qu'on se souvienne du petit nombre de jours qui séparent le 18 mai du jour de la catastrophe et on se rendra compte de ce qu'avait pu faire, en un court espace de temps, l'énergie d'hommes qui ne désespéraient pas quand tout semblait désespéré.

Dans le même temps, le *Beaumanoir*, parti de Saint-Pierre et Miquelon, portait 150,000 kilos de morue à Fort-de-France ; un certain nombre de navires de Terre-Neuve mettaient leur cargaison à la disposition du gouverneur intérimaire de la Martinique; le *Labrador* partait du Havre emportant 100,000 kilos de farine, 40,000 kilos de conserves de viande, 25,000 de chaux vive, 27,000 de chlorure de chaux de zinc, d'acide phénique, de sulfate de cuivre et de fer, d'ouate, d'iodoforme, de coton iodé, de tarlatane, etc. Le Comité de secours du Havre et l'Union des Femmes de France confiaient au même navire des approvisionnements de toutes sortes : vivres de malades, conserves de lait et de viande, vins, légumes, linges, draps, chemises d'hommes, de femmes et d'enfants, robes de toile. Puis un avis demandait au gouverneur de faire connaître les nouveaux besoins.

Ceux-ci étaient immenses et très heureusement rien ne dépasse l'élan céleste qui pousse la charité toujours en avant. Aussi, cette admirable vertu ne devait-elle pas s'en tenir aux secours immédiats que demandait la première heure et son action allait s'élargir dans des proportions telles que nul éloge n'est suffisant.

Tandis que la charité travaillait ainsi, deux faits allaient encore la stimuler : le premier, était la nouvelle d'une seconde et terrifiante éruption de la montagne Pelée; le second, était l'arrivée du premier paquebot parti de la Martinique après la catastrophe. Nous remettons aux pages suivantes le récit de l'éruption du 20 mai et nous donnons les détails navrants que fournit le docteur Néris sur la première crise du volcan.

« Tout cela est un peu confus dans mon esprit, dit le docteur, les événements se sont succédé avec une telle rapidité, la catastrophe a été si effroyable que l'émotion qui s'est emparée de ceux qui, comme les miens et moi, ont échappé au désastre, est loin d'être dissipée.

» C'est, il y a deux mois et demi environ, que furent constatés les premiers symptômes de l'éruption volcanique qui devait anéantir Saint-Pierre. Mais ces symptômes n'avaient alors rien d'inquiétant et ne pouvaient donner à présager l'effroyable catastrophe.

» Vers ce moment on put, en effet, constater que la mer, entre le Prêcheur et la Grande-Rivière, était agitée par instants, de façon inaccoutumée. D'autre part, de la route qui longe la plage, en allant de Saint-Pierre à Fort-de-France, on put également remarquer, à plusieurs reprises, une petite colonne de fumée très légère qui s'élevait au sommet du Mont-Pelé.

» Quelques jours plus tard, on perçut les premiers bruits. Ces bruits étaient semblables à des roulements de tonnerre dont les échos affaiblis semblaient se répercuter au centre même de la montagne.

» Peu à peu, ces bruits devinrent plus fréquents et augmentèrent d'intensité, surtout la nuit.

» Un matin, enfin, — c'était tout à fait à la fin d'avril, le 27 ou le 28, je crois, — par un ciel exceptionnellement clair, nous vîmes, en nous réveillant, une épaisse colonne de fumée blanchâtre qui s'échappait du sommet du Mont-Pelé. Cette fumée persista probablement pendant les jours suivants, mais on ne put en constater la présence, les nuages cachant à notre vue la crête de la montagne.

» Pendant ces journées-là, une odeur assez forte, mal définie, mais très désagréable, se répandit sur Saint-Pierre et les environs.

» Deux ou trois jours plus tard, je m'aperçus que les eaux de la Rivière-Blanche devenaient jaunâtres, puis boueuses, chargées de limon. Un soir, je constatai une anomalie dans la marée qui me donna beaucoup à réfléchir. La mer, au lieu de venir régulièrement battre la plage, semblait remonter vers le haut de l'île, les vagues décrivant comme un demi-cercle à l'embouchure de la Rivière-Blanche. Le lendemain, les eaux de cette rivière, dont la rapidité était devenue extraordinaire, charriaient quantité de matières.

» Je passe sur la suite de ces différentes observations qui n'inquiétaient personne. Le jour où l'on aperçut la fumée au sommet du Mont-Pelé, ce fut même plutôt une quasi-joie qu'une inquiétude. On escomptait, en effet, une répétition du phénomène qui s'était produit en 1851, année pendant laquelle Saint-Pierre se réveilla un matin sous une couche de quelques centimètres de cendres sans qu'il s'ensuivît une autre manifestation volcanique.

Le Chimboraço (Equateur).

» Hélas ! ce qui se préparait devait être autre chose qu'un spectacle. La nature déchaînée allait se révéler en sa puissance, frapper, anéantir !

» Le 2 mai, vers minuit, alors que j'étais couché depuis un moment, je sentis un chatouillement sur la figure ; je portai la main et je constatai que j'avais la face couverte de cendre. J'allai à la fenêtre et je vis que tout était recouvert d'une couche de matière neigeuse de plusieurs centimètres. A terre, les pas des piétons s'assourdissaient dans cette matière. Le lendemain matin, cette matière à l'aspect de neige, qui n'était autre qu'une cendre excessivement fine, avait beaucoup épaissi.

» La pluie de cendres continua les jours suivants, allant en augmentant. Un de mes amis, qui possédait une propriété aux environs de Saint-Pierre, calcula que cette pluie pouvait être évaluée à huit tonnes par heure et par hectare.

» En même temps que la pluie de cendres, les bruits volcaniques augmentaient d'intensité ; on aurait dit un continuel orage souterrain. L'inquiétude alors commença à gagner un peu tout le monde. Pour mon compte, je résolus de quitter Saint-Pierre. Le 7 mai, au soir, devant une telle recrudescence des différents phénomènes dont je viens de vous parler, je me décidai à ne pas attendre plus longtemps.

» En passant, je note que, ce jour-là, mon chien aboya lamentablement toute la journée, « hurlant à la mort », selon l'expression populaire.

» Le bateau faisant le service régulier entre Fort-de-France et Saint-Pierre étant parti, de concert avec une famille amie, nous frétâmes un yacht et nous partîmes vers sept heures, emportant avec nous quelques vêtements et un peu d'argent. C'était là tout ce que nous devions sauver.

» Le lendemain matin, je me levai d'assez bonne heure, voulant aller à Saint-Pierre faire quelques visites. N'avais-je point des malades auxquels je me devais !

» Les malheureux ! Ils ne devaient plus avoir besoin de moi.

» Je laissai, cependant, repartir le yacht qui nous avait amenés la veille, à six heures et, à huit heures, je pris place sur le bateau du service régulier. Cinq minutes avant notre départ, nous fûmes violemment secoués et emportés par un reflux soudain, presque jetés sur la plage ; en quelques secondes, la mer se démonta, les vagues se mirent à déferler furieusement, puis le calme se fit.

» Nous nous mîmes en route. A peine naviguions-nous depuis dix minutes que l'horizon s'obscurcit rapidement; une minute plus tard, une pluie de cendres s'abattit sur la mer; quelques cents mètres plus loin, nous vîmes, terrifiés, qu'aux cendres se mêlaient des pierres chaudes. Des bateaux, fuyant à toute vitesse devant la pluie de feu, arrivèrent sur nous. Les passagers, épouvantés, nous dirent le danger. Nous fîmes demi-tour et rentrâmes à Fort-de-France, poursuivis par la grêle de pierres brûlantes qui s'abattaient sur le pont et autour de nous.

» C'est tout ce que je puis vous dire de l'éruption en elle-même, car nous n'en connûmes toute l'horreur que quelques heures plus tard, mais vous comprendrez la violence de la poussée du volcan quand je vous aurai dit que des pierres, rouges encore, sont venues tomber à moins de cinq cents mètres de Fort-de-France.

» Des personnes m'ont dit que, parmi ces pierres, elles ont vu des cailloux gros comme des œufs de pigeons. Moi, je n'ai pas vu de cailloux, les pierres que j'ai ensuite ramassées m'ont paru de nature calcaire, on aurait dit presque de la pierre ponce.

» Ce qui s'est passé depuis, je ne le sais. J'ai quitté la Martinique quatre jours après la catastrophe pour rentrer en France. Et si violente était la commotion que nous avions tous éprouvée, que c'est seulement après avoir fait plus de deux cents kilomètres en mer et en voyant tous les miens à mes côtés, qu'il m'a semblé être enfin hors de danger... »

En lisant de tels récits, on se croirait transporté dans un monde autre que celui dont les lois nous semblent si immuables et dont la calme évolution échappe presque à notre regard.

CHAPITRE XVII

SOUVENIRS

C'était en l'an 79 de l'ère chrétienne. Rome jouissait paisiblement de ses immenses conquêtes. Elle était le centre du monde. L'Asie lui envoyait ses parfums, l'Egypte ses blés, la Phénicie sa pourpre dont les consuls abusaient, la Grèce des rameaux d'olivier pour couronner la Victoire. La vertu républicaine avait vécu et l'Empire eût, en vain, cherché des Cincinnatus. Las de la blancheur des marbres, de la régularité des portiques et des reflets de l'or fauve, les patriciens se retiraient dans des villas somptueuses. Cela, sous Tibère, leur avait servi à fuir la mort et, sous les successeurs du tyran, à goûter la vie.

Les rivages voisins de Naples sommeillaient sous un ciel toujours pur, encadrés de sites enchanteurs, égayés par le bruissement de sources tièdes dont on assemblait les eaux en des vasques de marbre, sur lesquelles s'inclinaient des dieux riants ou majestueux.

Sans doute, le Vésuve élevait dans les airs son front déchiqueté ; mais le Vésuve, redoutable autrefois, dormait sans intermittence et si, en l'an 63, il avait enseveli sous des couches de cendres les villes, parmi lesquelles Herculanum brillait d'un éclat sans rival, Herculanum, sorti de ses cendres, souriait à Pompéï, à Pouzzoles, à Misène, à Baïa, à Stabia, à Sorrente.

Ces gracieuses cités étaient des joyaux scintillant dans un lumineux écrin, semé de perles limpides. L'écrin était une campagne merveilleusement belle où croissaient l'olivier et le laurier, et les perles étaient les maisons de campagne ornées de statues, de tableaux, de thermes, de théâtres, œuvres prodigieuses où des artistes grecs avaient dépensé leur génie. Çà et là, des temples s'élevaient au milieu des bosquets : des fontaines, le long des routes, répandaient des eaux fraîches, les jardins étageaient leurs terrasses multicolores que soutenaient des murailles roses et blanches. Le soleil versait sur tout cela sa franche lumière ; tout resplendissait dans un perpétuel miroitement et il faisait bon vivre.

Or, un jour, le Vésuve s'éveilla et les esprits, remplis du souvenir des fêtes passées, de l'espoir des jouissances du lendemain, s'en inquiétèrent peu. Les yeux se détournèrent du panache de fumée qui couronnait sa tête et se reportèrent sur le golfe paisible dont les vagues coupées brillaient comme les facettes d'un diamant. Le volcan grondait : on prêta l'oreille aux sons harmonieux des flûtes.

Il fallut qu'un homme fait aux longues études, Pline, le naturaliste, soupçonnât dans la montagne une agitation inaccoutumée et, pendant ce temps, patriciens et patriciennes se plongèrent voluptueusement dans les bains parfumés.

« Tu me pries, écrit Pline le jeune à Tacite, de t'apprendre exactement comment mon oncle est mort, afin que tu puisses en instruire la postérité. Je t'en remercie, car je conçois que sa mort sera suivie d'une gloire immortelle si tu lui donnes place dans ton récit. Quoiqu'il ait péri dans une catastrophe qui a désolé de très beaux pays et que sa perte, causée par un accident extraordinaire et qui l'a frappé en même temps que des villes et des peuples entiers, puisse éterniser sa mémoire, quoiqu'il ait fait bien des ouvrages qui dureront toujours, je pense, néanmoins, que l'immortalité des tiens contribuera à celle qui l'attend...

» Il était à Misène, où il commandait la flotte. Le 23 août, environ une heure après-midi, ma mère l'avertit qu'on voyait un nuage d'une grandeur et d'une forme extraordinaire. Après avoir été quelque temps couché au soleil, selon sa coutume, et avoir bu de l'eau froide, il s'était jeté sur un lit de repos et s'était mis à lire. Il se lève et se rend à un endroit d'où il pouvait aisément observer ce prodige. Il était difficile de discerner de loin de quelle montagne ce nuage sortait; on sut plus tard que c'était du mont Vésuve. Sa forme approchait de celle d'un arbre, de celle d'un pin, plus que d'aucun autre ; car, après s'être élevé fort haut en forme d'un tronc, il s'étendait comme des branches. Je m'imagine qu'un vent souterrain le poussait d'abord avec impétuosité et le soutenait; mais, soit que l'impulsion diminuât peu à peu, soit que ce nuage fût affaissé par son propre poids, on le voyait se dilater et se répandre au loin. Il paraissait tantôt blanc, tantôt noirâtre, tantôt de diverses couleurs, selon qu'il était plus chargé ou de cendres ou de matières terreuses. »

Cependant, le nuage se rabattait sur la campagne. Les habitants fuyaient affolés, poursuivis par une pluie de cendres ou de pierres. Les habitants de Rétine viennent près de Pline et lui demandent de les secourir, comme si un homme pouvait être puissant contre un tel fléau. Pline, ses tablettes à la main, observe le phénomène et prend des notes.

Devant les supplications de la foule, il se décide à avancer vers le Vésuve, pour mieux voir quelles mesures on peut prendre, en vue de fuir le danger. Il monte donc sur ses galères et se dirige vers le volcan. Mais déjà des cailloux brûlants, des pierres calcinées tombent autour de lui. Il n'en garde pas moins un admirable sang-froid et, supérieur aux fureurs de la nature, il délibère à lui seul, s'il retournera à Misène où s'il ira rejoindre Pomponianus, dans une petite baie où celui-ci se tient enfermé.

Ce dernier parti est le plus dangereux, mais, pense-t-il, la fortune sourit au courage et l'énergique Romain tourne vers Stabia la proue de ses galères.

« Mon oncle, écrit Pline le jeune, mon oncle à qui ce même vent avait été favorable, arrive au port. Il trouve Pomponianus tremblant; il l'embrasse, le rassure, l'encourage; et, pour dissiper par sa sécurité la crainte de son ami, il se fait porter un bain. Après s'être baigné, il se met à table et conserve pendant le souper toute sa gaîté ou — ce qui n'est pas moins grand — toutes les apparences de sa gaîté ordinaire. Cependant, on voyait s'échapper, de plusieurs endroits du Vésuve, de grandes flammes; on y voyait briller l'incendie, dont l'éclat semblait plus grand au sein des ténèbres qui couvraient le pays. Mon oncle, pour rassurer ceux qui l'entouraient, leur disait que ce qu'ils voyaient brûler, c'étaient des villages que des paysans alarmés avaient abandonnés et qui étaient restés sans secours. Enfin, il se coucha et dormit d'un profond sommeil; car, comme il était puissant, on l'entendit ronfler du vestibule. Mais enfin, la cour par où l'on entrait dans son appartement commençait à se remplir tellement de cendres que, pour peu qu'il fût resté plus longtemps, il ne lui eût plus été libre d'en sortir. »

Le drame touchait à sa fin. Les secousses, imprimées par le volcan à toute la région d'alentour, ébranlaient les maisons. On risquait, en n'en sortant pas, d'être enseveli sous leurs ruines, comme aussi d'être étouffé par les flots de cendres qui montaient peu à peu. Au dehors, c'était un autre danger. Car la pluie de pierres calcinées était devenue plus abondante et plus pressée. Les amis de Pline se résolurent à affronter cette pluie redoutable et ils coururent vers la mer.

Pline lui-même fit comme eux et, quand il arriva sur le rivage, il vit la mer violemment agitée; il n'osa pas sauter dans une barque; mais, se couchant sur une couverture, il attendit. Alors une odeur de soufre le prit à la gorge : il se releva et tomba mort.

« Je pense, écrit son neveu, qu'une fumée trop épaisse le suffoqua, d'autant plus aisément qu'il avait la poitrine faible et la respiration souvent embarrassée. Lorsque l'on commença à revoir la lumière, ce qui n'arriva que trois jours après, on retrouva au même endroit son corps intact, couvert de la même robe qu'il portait, quand il mourut et dans la posture d'un homme qui repose, plutôt que d'un homme qui est mort. »

Herculanum et Pompéi disparurent le jour même où Pline retomba sans vie sur le rivage voisin de Misène. Les deux cités opulentes, qu'une même destinée semblait unir dans la vie, partagèrent la même mort. La colère du volcan passa sur elles et elles furent rayées du nombre des villes.

Lorsqu'en 1721, des recherches furent faites dans la campagne, près de laquelle le golfe de Naples vient déposer ses flots caressants, le but des fouilles ne fut pas de retrouver les villes depuis longtemps disparues. Leur souvenir s'était effacé de toutes les mémoires et on ne soupçonnait pas leur présence dans les profondeurs du sol.

Mais, en creusant, les ouvriers trouvèrent trois statues merveilleuses de forme et admirablement conservées. Ce fut un indice. On élargit le cercle des fouilles : d'autres découvertes furent faites, les unes après les autres. Les villes endormies réapparurent, non pas entières, mais avec des restes importants, qui attestaient leur ancienne splendeur. Il fallut dégager de leur enveloppe de cendre durcie et décomposé, les salles voûtées, les arènes, les cellules souterraines, comme on débarrasse une momie de ses bandelettes. Ce qui n'avait pas été anéanti parlait de ce qui avait disparu et l'on reconstitua l'histoire d'Herculanum et de Pompéi.

Nous avons rappelé ces souvenirs et les avons placés comme une parenthèse entre deux traits d'histoire contemporaine, parce que la similitude des circonstances a fait naître en notre esprit un parallélisme saisissant, entre l'éruption de 79 et celle de 1902.

Avant le 8 mai, Saint-Pierre, lui aussi, souriait au milieu de sa brillante ceinture de maisons de campagne. Il avait ses grands édifices dont il était fier, le mouvement de ses rues, l'agitation joyeuse de ses habitants et, à défaut de thermes, d'arènes et de portiques, des places publiques gracieusement dessinées, des hôtels et des églises.

Un jour vint où tout cela disparut dans une épouvantacle tourmente. Le flot de cendres passa, engloutissant les monuments et les hommes. Espérerons-nous que le sort de Saint-Pierre, moins cruel que celui d'Herculanum et de Pompéi, ne la condamnera pas à un oubli séculaire? Ne disparaîtra-t-elle pas de la carte? Courageux comme le sont souvent ceux qui ont souffert, les survivants de la catastrophe reviendront-ils sur la scène du désastre et poseront-ils les fondements d'une cité nouvelle qui serait belle et grande comme son aînée, et qui consolerait la France de son deuil? Dieu ne frappe pas toujours.

CHAPITRE XVIII

SOLIDARITÉ

C'est dans les heures cruelles que l'on aime surtout à se sentir entouré. Pour ne rien changer aux événements, les protestations sympathiques enlèvent aux événements quelque chose de leur amertume et l'instinctive fraternité qui unit tous les hommes est chose si naturelle au cœur humain, qu'il en attend le témoignage, dès qu'il souffre.

Le dogme chrétien, saisissant cette conception sublime issue de Dieu lui-même, en a fait une communion intime, qui rapproche les êtres doués de raison et leur donne en partage la même vie immense, dont la source repose au cœur du Christ. S'il n'a pas trouvé le mot tout moderne de solidarité que nous avons écrit en tête de ce chapitre, parce que, pour le plus grand nombre, il exprime l'idée que nous voulons suivre, des mots de signification aussi nette et plus large lui ont servi, pour désigner un sentiment qui entre dans la nature humaine et il connaît, dans l'ordre purement spirituel, la communion des saints et, dans les ordres spirituel et matériel, la charité.

La France n'a pas été seule quand elle a pleuré. Des consolations lui sont venues des nations voisines et de ses enfants. Un grand mouvement de prières et un grand élan de générosité lui ont montré que, si l'isolement est le pire des malheurs, ce malheur, au moins, elle n'a pas à le redouter.

La Russie, nation amie et alliée, a été une des premières à témoigner de la grande part qu'elle prenait à notre deuil et, dès le 12 mai, un télégramme du tzar disait au président de la République française les sentiments de vive sympathie et de profonde douleur que faisait naître, à Saint-Pétersbourg et à Moscou, la grande catastrophe de la Martinique.

Voici le télégramme que l'empereur Guillaume II a adressé à M. Loubet, le 12 mai :

« Profondément ému par la nouvelle de la terrible catastrophe qui vient de frapper Saint-Pierre, coûtant la vie à une population d'un nombre égalant presque celui qui périt à Pompéi, je m'empresse d'offrir à la France l'expression de ma plus sincère sympathie.

» Que le Dieu tout-puissant soulage les cœurs de ceux qui pleurent des pertes irréparables.

« Mon ambassadeur remettra à votre Excellence une somme de 10.000 marks de ma part pour secourir les affligés. »

Le président Roosevelt envoyait, le même jour, au président Loubet, un câblogramme, pour lui exprimer les regrets des Etats-Unis, au sujet de la catastrophe de Saint-Pierre.

A Budapest, dans la séance de la Chambre des députés, avant la discussion de l'ordre du jour, le comte Apponyi, président, prononçait des paroles de sympathie émue à l'égard de la France, en raison de la catastrophe de la Martinique.

A Vienne, au commencement de la séance de la Chambre des députés, le président adressa à l'assemblée, qui l'écouta debout, une allocution, dans laquelle il mentionna l'émouvante catastrophe de la Martinique et exprima la conviction qu'il serait entièrement d'accord avec tous les membres de la Chambre, en se faisant l'interprète des regrets inspirés par ce malheur.

Dans un message au Congrès, le président Roosevelt proposa l'ouverture d'un crédit de 500.000 dollars pour parer aux frais que nécessiteraient les envois de secours et vaisseaux de guerre américains aux Antilles.

« L'une des plus grandes calamités dont l'histoire ait jamais fait mention, écrit le président, vient de frapper l'île voisine de la Martinique. Dans sa dépêche, le consul américain Aymes dit qu'il y a un besoin urgent de toutes sortes de provisions. Il déclare que la présence de navires de guerre est impérieusement nécessaire pour travailler à l'œuvre du sauvetage et du ravitaillement.

» D'nn autre côté, le gouvernement français, tout en nous exprimant ses remerciements pour les témoignages de sympathie qu'il a reçus d'Amérique, nous informe que Fort-de-France et la Martinique tout entière sont encore menacés et il nous demande, dans le but de sauver la population du péril si terrible de la famine qui la menace, d'envoyer aussitôt que possible les moyens de transporter cette population hors de l'île ainsi frappée.

» L'île de Saint-Vincent et d'autres îles peut-être de cette région sont aussi menacées par la calamité, qui a revêtu une forme si épouvantable à la Martinique.

» J'ai donné aux départements de la guerre et du Trésor l'ordre de prendre, pour secourir les populations ainsi frappées, toutes les mesures de secours à la disposition du pouvoir exécutif.

» Je recommande, avec le plus vif empressement à la généreuse considération du Congrès, le cas de ce désastre qui est sans exemple.

» Je propose l'ouverture immédiate d'un crédit de 500.000 dollars. »

A Londres, le lord-maire adressa à notre ambassadeur le télégramme suivant :

« C'est avec la plus profonde affliction que les habitants de Londres ont appris la confirmation de la calamité terrible survenue dans quelques-unes des Antilles françaises. Ils vous prient de transmettre à votre gouvernement leurs profonds sentiments de cordiale sympathie. »

La Ligue de la marine anglaise a envoyé à la France et à la Ligue de la marine française l'expression de sa profonde sympathie.

Le ministre des finances du Portugal, chargé par intérim des affaires étrangères, M. Mattoso Santos, a demandé à la Chambre de voter des condoléances à la nation française et l'opposition progressiste s'est, elle-même, associée à cette demande.

La Chambre des pairs de Lisbonne adresse à M. Rouvier, ministre de France, un message de condoléances.

Le duc d'Ursel, président du Sénat belge, s'exprime en ces termes :

« Nous avons appris avec douleur la catastrophe qui a frappé la belle colonie française de la Martinique. Au nom du Sénat et du pays entier, je présente à la métropole l'expression de notre estime et de notre sympathie, pour les victimes et les populations éprouvées de la Martinique. »

A son tour, le président du Conseil, M. de Favereau, parle ainsi :

« Au nom du gouvernement et du pays, je m'associe pleinement aux sentiments exprimés par notre honorable président. »

En Hollande, à la seconde Chambre, le ministre des Colonies a exprimé, au nom du peuple et du gouvernement, la douleur ressentie par la nouvelle de la catastrophe. Le gouvernement a exprimé sa sympathie au gouvernement français et a donné l'ordre au cuirassé *Koningin-Regentes*, actuellement devant Curaçao, d'aller aussi vite que possible à la Martinique, pour porter aide aux sinistrés.

Le président de la Chambre a exprimé, au nom de l'assemblée, la sympathie et la douleur ressenties pour la France et l'approbation des mesures prises par le gouvernement néerlandais.

Le Souverain Pontife, Léon XIII, a mis 20.000 lires à la disposition des victimes.

Le roi de Danemark a envoyé 4.000 francs à la princesse Valdemar, qui a publié un appel, afin de recueillir des secours pour les sinistrés de Saint-Pierre et de la Martinique.

Le parlement d'Otawa a voté un crédit de 50.000 dollars.

Nous lisons dans les dépêches adressées de Washington et de New-York, au *Times* :

« L'appel officieux adressé aux Américains par le Président comprend à la fois Saint-Vincent et la Martinique. Le Président a nommé des comités dans vingt-deux des principales villes de l'Union et mis son nom et son autorité de chef de l'Etat au service de son œuvre de charité. »

La colonie américaine, habitant à Paris, a tenu à témoigner la plus vive sympathie. Après avoir chargé son Président de se faire l'interprète de tous, elle a tenu, rue Scribe, dans ses bureaux, une grande réunion à laquelle furent appelés tous les membres de la colonie. Le but de cette réunion était d'ouvrir une souscription pour venir en aide aux survivants.

Après quelques paroles émues de M. Francis Kimbel, président de la chambre de commerce américaine, M. Vignaud, chargé d'affaires des Etats-Unis, a présidé l'assemblée. Un comité a été nommé et, sur la proposition de M. Henri Peartree, il a été décidé de confirmer au ministre des Colonies les résolutions déjà présentées par la chambre de commerce et d'ouvrir, séance tenante, une souscription qui a produit 12.700 francs.

Sur cette somme, 12.000 francs ont été remis en un chèque à M. Vignaud, pour les envoyer, comme première contribution, au gouvernement français. MM. Charles Efgreene et Peixotto ont ensuite émis la proposition de déposer des listes de souscription à l'ambassade, au consulat, à la chambre de commerce américaine et dans les principales maisons de banque américaines de Paris.

Enfin, des affiches apposées dans tous les consulats américains en

Europe, ainsi que dans les hôtels fréquentés par les voyageurs américains, devaient convier chacun à souscrire pour les victimes du cataclysme.

En Allemagne, le Comité central de la Croix-Rouge publie un appel qui sera répandu dans tout l'Empire, en vue de recueillir des secours.

Les rapports adressés au département des affaires étrangères, par nos agents diplomatiques, ont confirmé que le mouvement de sympathie, causé par la catastrophe de la Martinique, n'a cessé de s'accentuer depuis le sinistre.

La reine-régente d'Espagne s'est inscrite pour une somme de 10.000 francs; notre ambassadeur à Londres a reçu également des souscriptions.

M. Roosevelt a prié les secrétaires de la guerre et de la marine de demander aux officiers, chargés d'aller au secours des victimes des Antilles, d'adresser immédiatement un rapport sur les besoins des habitants.

Il est probable qu'à la suite du rapport, déjà établi par M. Aymes, les Etats-Unis cesseront leurs envois de vivres.

L'empereur de Russie met 250.000 francs à la disposition de M. le Président de la République, pour subvenir aux besoins des victimes. La reine de Hollande envoie au ministre de France, 2.000 florins, ayant même destination.

A Londres, le 25 mai, on a lu, dans les églises catholiques, une lettre du cardinal Vaughan ordonnant des quêtes spéciales dont le produit sera réparti par moitié entre les victimes de la Martinique et celles de Saint-Vincent. Le cardinal prescrit aussi des messes pour le repos de l'âme de ceux qui ont péri.

L'empereur François-Joseph a fait remettre au marquis de Reversaux, ambassadeur de la République française à Vienne, une somme de 25.000 francs destinée à la Martinique.

En France, la même impulsion donnée partout fait affluer les offrandes. Ce sont celles plus considérables qui proviennent de ressources plus grandes; ce sont aussi les humbles oboles, discrètement glissées et dont le nombre fait des sommes importantes.

Dès la première heure, une liste de souscription est ouverte. Le chef de l'Etat s'y inscrit ponr 20.000 francs, les ministres imitent son exemple. Des personnalités suivent : l'Union des femmes de France dépose un premier versement de 1.000 francs; les sociétés strasbourgeoises, la Banque d'Algérie, l'association chorale la *Jeune France* de Dunkerque se joignent à ce premier groupement.

Le roi d'Italie, les magasins du Louvre, le prince et la princesse Murat, le *Touring-Club* de France, la société des maisons coloniales de convalescence, le Conseil municipal de Constantine, beaucoup d'autres viennent ensuite et, en trois jours, les sommes réunies s'élèvent à près de cent mille francs.

Un comité privé s'est déjà formé : il est dirigé par le docteur Péchevin, qui transmettra au Comité officiel toutes les demandes de secours, pour les sinistrés réduits à l'indigence.

Une commission exécutive des secours a été nommée. Elle tient, le 13 mai, sa première séance. Désireuse de s'entourer de tous les concours, elle a fait appel aux autorités municipales, aux corps constitués et adresse à toute la population de la France l'appel suivant :

« Une effroyable catastrophe vient de frapper l'île de la Martinique ; la France est en deuil ! Une formidable éruption de la montagne Pelée a anéanti en quelques minutes la ville de Saint-Pierre ; trente mille victimes sont ensevelies sous les cendres et les décombres.

» Un immense cri de douleur s'est élevé dans le monde entier. Déjà les souverains étrangers et toutes les nations ont envoyé, avec des adresses de sympathie, des dons en argent et des secours de toute nature.

» Ce sont des Français qui sont morts, victimes d'un aveugle fléau ; ils laissent des veuves et des orphelins. Le comité d'assistance et de secours, institué d'urgence au ministère des colonies, a décidé une souscription nationale, afin de pourvoir aux besoins les plus pressants : c'est au cœur de la France qu'elle s'adresse ; le cœur de la France lui répondra.

» Elle adjure le pays tout entier de la seconder dans cette mission de solidarité patriotique : riches et pauvres sont appelés à coopérer à cette œuvre d'assistance sociale, de réparation et de salut. »

Sous l'inspiration de M. Gréard, une commission du conseil de l'Université de Paris a décidé de constituer un comité de patronage, pour sauvegarder les intérêts des étudiants appartenant aux familles disparues de la Martinique.

Le bureau de la Ligue coloniale de propagande et d'action organise une représentation au bénéfice des étudiants martiniquais de Paris, dont les familles ont péri dans l'éruption.

Les listes de souscription se succèdent et la troisième porte à 150.000 francs les sommes mises à la disposition du gouvernement, en faveur des sinistrés. Puis viennent la quatrième, la cinquième liste.

Particuliers et sociétés rivalisent de générosité : la Société générale, pour favoriser le développement de l'industrie et du commerce en France, donne 10.000 francs, le Comptoir d'escompte, 10.000, les magasins du Bon Marché, 10.000, le Crédit lyonnais, 10.000, la Compagnie d'assurances générales maritimes, 10.000, le Crédit industriel, 5.000 francs, la Chambre de commerce de Dieppe, 5.000, la Compagnie générale transatlantique, 5.000, le Crédit algérien 5.000.

Il faut organiser au plus tôt la distribution des secours et la commission exécutive tient deux séances au Pavillon de Flore.

Le gouverneur intérimaire de la Martinique est invité à former un comité local de répartition qui, se trouvant sur les lieux, aura tous les moyens de connaître les misères et d'établir la proportion nécessaire entre les diverses assistances. Une somme de 100.000 francs est immédiatement mise à la disposition de ce comité.

Le ministre communique aussi aux autorités coloniales l'appel fait en vue de l'ouverture de souscriptions et il autorise tous les comptables du Trésor à former des listes partielles et à recevoir toutes les offrandes.

Pour la question des approvisionnements, toutes les mesures ont été prises, pour assurer un large ravitaillement de l'île éprouvée. Grâce au concours du gouvernement de Washington, au dévouement de la Guadeloupe, de Sainte-Lucie, des Barbades, de la Dominique, grâce aux envois provenant de la Guyane et de Terre-Neuve, l'on n'a plus à craindre une famine.

La morue étant le principal élément de l'alimentation de la population locale, un accord est intervenu entre le ministère et le comité des armateurs de Saint-Pierre et Miquelon et les envois se feront au fur et à mesure des besoins de la consommation.

Le gouverneur intérimaire est chargé de veiller aux distributions de vivres, de manière qu'elles répondent aux besoins réels et que des abus à prévoir soient prévenus. Il faut surtout éviter que les habitants, comptant sur l'assistance, cessent le travail, ce qui serait une source de nombreux désordres jusque dans les régions non menacées. M. Lhuerre doit, d'autre part, procurer du travail à ceux que la catastrophe a privés de leur occupation ordinaire et leur donner le moyen de s'établir dans une résidence fixe. C'est surtout dans l'arrondissement de Fort-de-France que ces mesures ont une plus grande importance, car c'est là que les réfugiés se sont retirés en plus grand nombre.

Une mission scientifique a été envoyée par le gouvernement et embarquée au Havre, elle arrivera avec le d'*Assas*.

L'Antisana (Équateur).

Déjà une commission scientifique américaine est allée observer la montagne Pelée et ses conclusions sont pessimistes ; elle entrevoit, comme probable, le réveil du volcan pour une nouvelle éruption. La crise effroyable qui a semé les ruines sur toute la cont rée a pour eux, des analogies frappantes avec l'éruption du Krakatoa. Elle admet, comme possible, la destruction de tout le nord de la Martinique et ses appréciations sont peu faites pour rassurer les esprits déjà trop troublés. Mais, en conscience, les savants ne doivent-ils pas signaler un malheur quand tout le présage ?

En dépit des efforts de M. Lhuerre, le travail reste interrompu et la population, si avide d'activité autrefois, ne vit plus que des secours qui lui sont donnés.

Heureusement, les sources de la charité se renouvellent incessamment.

Les soirées de bienfaisance, les fêtes, les réunions se terminent toutes par une quête en faveur des sinistrés de la Martinique ; venir en aide aux malheureux est la préoccupation de tous et la quatorzième liste de souscription se ferme sur le chiffre de 1,386,739 fr. 75.

Le 27 mai, le ministère envoyait, au transport l'*Isère*, l'ordre de porter des vivres à la Martinique. L'*Isère* embarqua, à Brest, trois cent mille rations et partit le lendemain.

Au même temps, la mission française, arrivée sur le d'*Assas*, s'embarquait sur le croiseur *Tage*, commandé par le contre-amiral Servan, et allait se rendre compte des lieux atteints par le cataclysme. Elle était accompagnée du gouverneur, du sénateur et du député de la Martinique.

Elle visitait les dépôts de sinistrés installés à Fort-de-France et, pour prévenir les dangers d'épidémie qui pourraient résulter de la concentration de sept mille personnes dans des espaces restreints, elle ordonna, sous le plus bref délai, la dissémination des dépôts de réfugiés.

Puis, elle s'embarqua sur le d'*Assas*, à destination de la Guadeloupe. Elle désirait s'assurer que cette île pourrait, le cas échéant, offrir un asile aux réfugiés qui lui viendraient de la Martinique. Aux environs de Basse-Terre se trouvent des locaux considérables et, si les circonstances le demandaient, on pourrait évacuer bon nombre de sinistrés dont l'agglomération serait dangereuse dans l'arrondissement de Fort-de-France.

Cette constatation faite, la mission rentra à la Martinique. Les prévisions étaient peu favorables et l'événement devait les confirmer.

Nous avons jusqu'alors parlé d'un grand nombre d'initiatives tendant à amasser des ressources abondantes dont on avait grand besoin sur les lieux du désastre. Au moment où nous écrivons, les souscriptions s'acheminent vers le neuvième million ; elles indiquent bien que, comme l'avait espéré l'appel du Comité central, le cœur de la France répondait aux souffrances de la colonie.

De ces sommes, une partie seule a été dépensée et nous ne ferons pas un crime au gouvernement d'avoir laissé reposer dans les coffres de l'Etat une part notable des souscriptions. Si les premières heures demandaient des soulagements immédiats, cependant il fallait prévoir que des secours plus importants deviendraient nécessaires. Après avoir nourri pendant des mois une population affolée, il faudra lui rendre facile la réparation du désastre. C'est le travail qui s'opère en ce moment à la Martinique et, pour cela, les maisons de banque françaises n'hésitent pas à faire des avances de fonds. Il faut avoir évalué le degré de prospérité où se trouvait notre colonie pour se rendre compte de ce que coûteront les premiers efforts tendant à reconstituer cette prospérité perdue. C'est là surtout que l'on pourra reconnaître combien il a été utile de donner beaucoup.

Nous commettrions une injustice si, rendant hommage aux donateurs, nous ne consacrions pas une mention spéciale à l'activité et au dévouement dont ont fait preuve l'épiscopat et le clergé de France.

Dans tous les diocèses, depuis Paris jusqu'aux limites dernières du pays, la voix des Evêques appela les fidèles à une grande œuvre de miséricorde. Dans chaque paroisse, la parole de l'Evêque fut lue du haut de la chaire et ce ne furent pas seulement des prières que l'on demanda. Ainsi, usant de son action, l'Eglise organisait, en quelques jours, un vaste mouvement répandu à travers la France entière et il est bien simple d'ajouter que ce mouvement fut suivi. Des sommes considérables se concentrèrent pour être ensuite distribuées aux victimes de l'éruption. Elles étaient la réponse de la France catholique aux souffrances et aux plaintes des Martiniquais.

Des services religieux furent célébrés partout, jusque dans les plus humbles villages. Dans les villes plus importantes, ce furent de grandioses cérémonies patriotiques où l'on pensa aux morts après avoir pensé aux survivants.

Nous empruntons au *Petit Journal* du 24 mai le compte rendu suivant de la cérémonie de Notre-Dame :

« La cérémonie célébrée, hier matin, à onze heures, en l'église Métropolitaine de Notre-Dame, à la mémoire des victimes de la catastrophe de la Martinique, a été des plus imposantes.

» Notre-Dame avait reçu une décoration funèbre semblable à celle dont ses murs et sa façade étaient couverts le jour des obsèques du président Carnot. Les trois portails étaient drapés d'immenses tentures brodées d'hermine et rehaussées d'une large lettre d'argent.

» A l'intérieur, même décoration. Des tentures de douze mètres de haut, sur lequelles étaient piqués, à distances égales, des cartouches aux initiales de la République qui alternaient avec des trophées de palmes vertes et de drapeaux tricolores en soie, cravatés de crêpe.

» Au centre, un immense catafalque était surmonté d'un baldaquin, dont le dôme descendait de la voûte à vingt mètres du sol. Partout des torchères et des lampadaires placés du haut en bas de la vaste nef.

» Le ministre des colonies, entouré du personnel de son cabinet, recevait au seuil de l'église les invités officiels.

» Le président du conseil, les ministres des finances, des colonies, de la guerre, de la justice, de l'agriculture, de la marine, les chefs de cabinet des autres membres du gouvernement absents gagnent des deux côtés du catafalque les fauteuils qui leur sont assignés.

» M. Deschanel, président de la Chambre, se place à droite, en tête des membres du Parlement ; à gauche, se trouvent en grand uniforme tous les membres du corps diplomatique ; un prie-Dieu a été réservé pour le nonce Apostolique.

» Du même côté, on a placé au pied de la grille du chœur un fauteuil pour Mme Loubet, que le vicaire général, archidiacre de Notre-Dame, est allé chercher au seuil de l'église.

» Mme Loubet, accompagnée de M. et Mme Saint-Prix, est arrivée un peu avant onze heures, précédant de quelques instants le colonel Bataille, représentant le président de la République. Un fauteuil lui avait été réservé au haut des marches, contre la grille du chœur.

» Les membres du conseil d'Etat, du conseil supérieur de la guerre, de la grande chancellerie de la Légion d'honneur, le gouverneur de la place de Paris, les préfets de la Seine et de police, le bureau du conseil municipal et du conseil général, tous les présidents de Chambre, les membres de l'Institut, etc., assistent à la cérémonie.

» Les officiers portent le crêpe à l'épée.

» Derrière les corps constitués, viennent prendre place les Martiniquais habitant Paris.

» Dans le chœur, sous un dais, le cardinal Richard, archevêque de

Paris, prie pour les malheureuses victimes ; c'est lui qui donne l'absoute à la fin de la cérémonie, tandis que le grand bourdon de Notre-Dame sonne à toutes volées le glas funèbre.

» La messe a été célébrée par Mgr de Cormont, évêque de la Martinique.

» Les principaux supérieurs généraux des congrégations habitant Paris, les curés des églises parisiennes et de nombreux évêques assistaient à cette cérémonie, notamment N.N. S.S. Leroy, supérieur de la Congrégation du Saint-Esprit, évêque d'Olinda, dont la congrégation a perdu treize membres au cours de la catastrophe ; Potron, évêque de Jéricho ; de Courmont, évêque de Bodona ; Doulcet, évêque de Bulgarie, et Christiaens, évêque capucin de Colophon.

» Le programme musical a été exécuté par la maîtrise, sous la direction du maître de chapelle, M. Gespitz.

» Sur la place du Parvis, une foule énorme de curieux avait été attirée par le spectacle des corps constitués en grand uniforme. »

A côté de cette cérémonie imposante, figurent les services religieux solennellement célébrés dans chaque cathédrale. Nous ne disons rien des prières plus humbles qui sont restées discrètement oubliées dans l'ombre des communautés. Ce que nous aimons, cependant, à constater, c'est que partout l'âme du peuple français s'unit par ses pieuses sympathies aux tristesses qui venaient de l'autre côté de l'Océan. Ce n'était plus seulement un lien vague qui rapproche des êtres dont les intérêts sont les mêmes ; c'était le sentiment exalté de cœurs qui se sentaient faits pour s'aimer, et la France entière fut animée par ce sentiment.

CHAPITRE XIX

L'ÉRUPTION DU 20 MAI

Depuis la dernière crise dont les effets étaient si terrifiants, la montagne Pelée, ainsi que nous l'avons dit, n'était pas rentrée dans le calme. Elle avait continué à émettre de lourds nuages de fumée, à répandre des matières pulvérulentes et, parfois, à chasser loin d'elle une pluie de cendres fines et de pierres calcinées. Aussi, le sentiment de tous était-il qu'on en avait pas fini avec les colères du volcan et qu'il eût été, pour le moins, téméraire d'entreprendre, avant l'heure, l'œuvre de restauration qui s'imposait sur l'emplacement de Saint-Pierre.

La besogne qu'accomplirent nos soldats incinérant les cadavres fut tout simplement héroïque dans les circonstances où elle se produisait et il fallut à nos troupiers ce sublime entrain, avec lequel ils ont toujours bravé la mort, pour ne pas céder au découragement. Au-dessus de leurs têtes, les ouragans se déchaînaient avec des fureurs indescriptibles ; les éclats du tonnerre ébranlaient les nues, tandis que des éclairs effrayants illuminaient le peu de jour qu'envoyait le ciel sombre. C'était un fracas horrible d'en haut et d'en bas, une de ces scènes dont on n'a pas l'idée, où l'homme se sent véritablement perdu dans l'explosion de toutes les énergies dévoyées.

Parfois, la lave sortait encore des flancs de la montagne et se précipitait contre les informes débris qui avaient échappé à la première éruption. C'est ainsi que furent renversées les dernières habitations de Basse-Pointe qui, jusqu'alors, étaient restées intactes.

Quant aux grondements du volcan, ils se changeaient souvent en de formidables détonations dont on restait assourdi. Tout présageait une recrudescence de l'activité volcanique et la réédition des lugubres événements qui ne dataient encore que de quelques jours.

Les dépêches abondent et toutes se ressentent de l'inquiétude dont les esprits sont pénétrés.

Le 19 mai, on télégraphie de Fort-de-France :

« Le *Potomac* avait débarqué ce matin, à Saint-Pierre, deux équipes, dont l'une s'était dirigée vers l'emplacement du consulat américain et l'autre vers le nord-est de la ville où s'élevait l'hôtel du consulat anglais. L'officier placé à la tête de la dernière équipe remarqua, tout à coup, au sommet de la montagne Pelée, une immense colonne de fumée et de gaz qui s'échappait du cratère. Sur son ordre, les deux équipes regagnèrent immédiatement une de leurs barques, car elles couraient un danger imminent. Elles emmenaient avec elles les restes du consul américain qu'elles avaient eu le temps de recueillir.

» Entre temps, l'*Infatigable* était arrivé en vue de Saint-Pierre, mais il regagna immédiatement la rade en faisant retentir sa sirène. Des matières en fusion tombaient en ce moment en grande quantité dans la mer, soulevant des colonnes de vapeur.

» La fumée ne cessait de s'échapper de la montagne et des détonations, accompagnées d'une effroyable tempête de tonnerre, d'éclairs et de pluie, déchiraient l'air sans interruption. Les lueurs étaient terrifiantes et de nouveaux cratères s'ouvraient sur les flancs du Mont-Pelé.

» Heureusement, le vent balaya les nuages de fumée et de gaz, et les deux navires purent se retirer sans avaries. Le volcan semblait montrer une plus grande activité. »

Le 20 mai, à six heures du matin, on entendit de Saint-Thomas, dans la direction du sud-est, c'est-à-dire dans celle de la Martinique, des détonations plus violentes encore que celles du 7 mai. A la même heure, un nuage formidable de cendres arriva à Fort-de-France avec une rapidité terrible. Les vives lueurs du soleil levant le faisaient paraître chargé de flammes fulgurantes et étranges. On entendait en même temps des grondements.

Un avis de M. Lhuerre informait le gouvernement que, dans la journée de dimanche, la population du Lorrain et des environs avait reçu une forte pluie de pierres. Le temps était très sombre, ce qui augmentait l'affolement des habitants.

Un télégramme de Fort-de-France, en date du 19, dit que le temps est très noir dans le nord où se forment les orages et que le volcan fait entendre des détonations. A la Basse-Pointe, dans l'après-midi, vers deux heures, des maisons avaient été emportées par une crue soudaine des rivières. Cinquante maisons étaient envahies par la boue et il n'y avait aucun accident de personnes.

De son côté, le commandant du *Suchet* envoyait le télégramme suivant :

« Fort-de-France, 21 mai.

» Ce matin, éruption violente, lança pierres, causa forte panique Fort-de-France. Ai visité côte, avec gouverneur, jusque Grande-Anse. Pas eu victimes. Pas dégâts importants. *Jouffroy* ramène de Carbet et villages voisins, 240 personnes. Nombreux habitants quittent colonie, quoique Fort-de-France soit pas menacé. »

L'agence Havas transmet la dépêche qui suit :

« La nouvelle éruption du mont Pelé, qui a eu lieu hier, a été d'une violence extrême. Le volcan a projeté de gigantesques colonnes de matières. Les ruines de Saint-Pierre et le pays environnant ont été criblés d'une grêle d'énormes blocs brûlants, de plusieurs pieds de diamètre, s'abattant d'une hauteur considérable et animés d'une vitesse terrible.

» Des nuages volcaniques sont arrivés jusqu'à Fort-de-France et, sous les clartés du soleil levant, on eût dit qu'un océan de matières en fusion, suspendues dans les airs, roulait au-dessus de la ville. Ce spectacle était à la fois sublime et effroyable.

» Une panique inouïe s'empara de toute la population de Fort-de-France. Les troupes et la police, les hommes comme les femmes, s'étaient élancés dans les rues, terrifiés, les uns pleurant, les autres priant, pendant que des nuages embrasés flottaient sans relâche au-dessus de leurs têtes et que tombait une pluie de pierres brûlantes au milieu de tourbillons de cendres.

» La chaloupe à vapeur du *Cincinnati* amena des réfugiés à bord du *Suchet* et environ une centaine de personnes se réfugièrent à bord du *Potomac* et du *Cincinnati*.

» Le *Potomac* se porta vers Saint-Pierre et constata que la ville avait été bombardée par les énormes rochers projetés du volcan qui avaient détruit presque complètement les ruines laissées debout par l'éruption du 8. La ville était couverte de masses de cendres. Les maisons d'un village plus au sud avaient été détruites par une grêle de cailloux.

» Le *Potomac* a pris à son bord cent quatre-vingts réfugiés. Le plus vieux avait soixante-douze ans et le plus jeune trois jours. Le *Potomac* leur donna des aliments et les conduisit à Fort-de-France. »

Le travail de sauvetage est des plus difficiles et des plus dangereux. On dit que toute la population de la Martinique s'enfuit vers Fort-de-France dans un état de consternation indescriptible. Le mont Pelé paraît toujours très menaçant.

M. Lhuerre, à la nouvelle de cette reprise de l'éruption, demanda au commandant du *Suchet* de vouloir bien appareiller pour lui permettre de partir en reconnaissance, accompagné de M. le sénateur Knight. Avant son départ, le gouverneur reçut un avis du lieutenant Roussel qui commandait le détachement du Carbet. Cet avis portait qu'une trombe de feu s'était abattue sur ce village dans la matinée.

Comme ce premier avis ne portait aucun autre renseignement, M. Lhuerre fut très inquiet sur le sort du lieutenant et de ses hommes. Après la trombe de feu, d'autres phénomènes s'étaient-ils produits et avaient-ils fait périr les sauveteurs? Une deuxième note vint heureusement rassurer le gouverneur. Le lieutenant Roussel était en vie et n'avait perdu personne dans l'éruption.

M. Lhuerre partit alors, vers onze heures, par le *Suchet* et fit l'inspection des côtes, comme il l'avait décidé.

Ce qu'il vit fut la confirmation des informations reçues. Saint-Pierre était, cette fois, absolument rasée. Le Carbet avait reçu une avalanche de boue chaude. De nombreuses coulées se faisaient encore dans la région de Saint-Pierre au Prêcheur.

Les cultures vivrières et secondaires étaient complètement détruites, de la Grande-Rivière au Marigot. La population qui n'avait pas émigré avait beaucoup souffert, mais restait calme. Son approvisionnement de vivres était assuré.

Les vapeurs *Salvador*, *Hortin* et *Helga* transportaient un millier de personnes à la Guadeloupe et à Sainte-Lucie. Trois mille environ quittaient Fort-de-France pour se rendre dans les communes de l'extrême sud de l'île.

Ce renouvellement des malheurs déjà éprouvés jetait le découragement partout, sauf peut-être chez ceux qui, par mission, devaient soutenir de leur force morale des populations déconcertées, désemparées et ignorantes de ce que leur réservait le lendemain.

Au ministère des colonies, les désastreuses nouvelles étaient confirmées par des télégrammes ayant passé par New-York. Il y était dit que l'éruption nouvelle avait duré toute la journée et toute la nuit. La quantité de lave projetée avait été plus considérable que lors de l'éruption du 8 mai. Les ponts qui avaient résisté au premier désastre avaient été emportés et leurs débris flottaient sur le torrent qui envahissait la Grande-Rivière et fauchait littéralement les constructions rencontrées sur sa route.

Les dégâts étaient estimés à 250,000 dollars. Les autorités avaient promis de faire évacuer le district de la Grande-Rivière, mais les secours annoncés n'arrivaient pas et tous les moyens de transport locaux étaient à présent détruits.

En raison des dangers nouveaux dont rien ne faisait prévoir la fin, toute activité commerciale disparaissait de la surface de l'île; les affaires n'existaient plus à la Martinique, elles devenaient même impossibles tant la sécurité des habitants était menacée. A Marseille, les membres de la chambre de commerce décidaient d'envoyer sur le théâtre des phénomènes volcaniques deux délégués chargés de se rendre compte de la situation par eux-mêmes. Les armateurs refusaient le frêt pour la plupart des ports des Antilles et certaines Compagnies d'assurance n'acceptaient plus de contrats.

Un agent de la maison Rampal, de Marseille, télégraphiait de Fort-de-France, le 21 mai :

« Situation intenable. Impossible continuer chargements et opérations. Obligé partir. »

Ceux dont le moral est le moins affecté, ce sont nos soldats qui, tous les jours, cependant, vont au devant du danger et se consacrent à toutes les besognes les plus redoutables, les plus pénibles et les plus périlleuses. Ceux-là vivent encore dans leur éternelle insouciance et, pourtant, quand ils en sortent parfois, leurs réflexions sont plutôt sombres.

Nous avons sous les yeux une lettre d'un sous-officier d'infanterie coloniale à son père.

« Avec mes camarades, écrivait le jeune soldat, nous sommes chargés de surveiller le débarquement des marchandises venues de toutes les parties du monde, pour alimenter des milliers de malheureux qui se trouvent, en ce moment, sans argent et sans abri.

» De plus, des détachements de marsouins sont chargés de brûler les morts de la catastrophe de Saint-Pierre pour éviter la peste.

« Le volcan crache toujours de fortes colonnes de cendres, s'élevant continuellement à des hauteurs variant entre sept ou huit cents mètres.

» Le 20 mai, j'ai bien cru ne plus revoir la France. Nous étions partis sur le bateau *Rubis*, pour aller à Saint-Pierre y enterrer des cadavres. Arrivés à la hauteur de la pointe des Nègres, nous aperçûmes de nombreux éclairs sortant du volcan et, au même instant, une colonne de cendres et de feu se précipitait dans notre direction; elle était aussi grosse que plusieurs montagnes et marchait à une très grande vitesse.

» Le capitaine donna aussitôt ordre au commandant du bateau de gagner le large à toute vapeur. Nous n'aurions pas, malgré notre vitesse, échappé au feu du volcan, si, par bonheur, un vent violent n'était venu du sud, pour repousser et arrêter cette masse géante qui portait la mort entre ses flancs.

» L'île entière semblait en feu; partout des éclairs, des flammes, de la cendre.

» A sept kilomètres de la côte, nous avons reçu des pierres lancées par le volcan.

» Cette seconde éruption a commencé exactement le 20 mai 1902, à quatre heures vingt du matin. Vers huit heures, le temps s'étant éclairci, nous nous dirigeons vers le Carbet, village situé près de Saint-Pierre, pour y sauver des marsouins, détachés avec un lieutenant pour y brûler les cadavres. Par miracle, ils étaient tous saufs; mais dans quel état! Presque nus, couverts de cendre ou de lave! Nous étions si contents de nous revoir que nous nous sommes embrassés comme fous.

» Le village où étaient les marsouins et une dizaine d'artilleurs coloniaux a été complètement détruit.

» Des canots, des mâts de navires, des cordages, des cadavres, se trouvaient pêle-mêle avec les tables, les matelas, la vaisselle, etc... »

Nous avons pris cette lettre dans les correspondances du *Petit Journal*. Voici, d'après le même organe, quelques autres passages, ayant trait à l'éruption du 20 mai.

Une lettre adressée à MM. Gérard frères, négociant à Marseilles, contient les détails suivants :

» Le 20 mai, à cinq heures du matin, la population de Fort-de-France était réveillée par les cris de désespoir de personnes parcourant les rues de la ville et annonçant que le feu était sur nos têtes.

» En effet, une colonne énorme de fumée, roulant des flammes, s'étendait sur tout Fort-de-France, menaçant de nous engloutir comme Saint-Pierre. Vous n'avez pas idée de l'affolement à ce moment.

» La population entière parcourait les rues en courant et en criant, ne sachant quelle direction prendre. Tantôt le flot se dirigeait vers la Savane, puis, à un cri poussé tout à coup, il se retournait et prenait la route du haut de la ville. C'était l'affolement général. Mais le vent changea à ce moment et, alors, la colonne a pris la direction du sud-est et a continué pour aller se répandre, petit à petit, sur les communes du sud, le Lamentin, le François et jusqu'à Sainte-Anne, nous laissant une forte coulée de pierres et de cendres qui a tombé pendant toute la journée.

» Le *Storten* était en partance pour la Guadeloupe. Une grande partie de la population se transporta à son bord et nous pûmes avoir place. »

Un autre passage de lettre est ainsi conçu :

« Nous avons une commission de géologues qui sont arrivés par le croiseur américain *Dixie* et qui étudient la marche du sinistre.

» Les sondages faits sur la côte du Prêcheur donnent des différences considérables. Le *Suchet* a constaté que, de Saint-Pierre à la Trinité, il s'est creusé des gorges très profondes.

» La commission scientifique américaine pense que la prochaine éruption, à moins qu'elle ne soit précédée d'un nouvel avertissement, sera la plus terrible de toutes. La montagne Pelée, trouée de tous côtés, à sa base, est appelée à s'affaisser dans un temps relativement court et la plupart des communes du nord disparaîtront. »

» Le 20, dit un rapport daté du 22 mai, à cinq heures un quart du matin, les phénomènes observés à Fort-de-France, le 8, dont je vous ai rendu compte par ma lettre du 11 mai, se sont fait à nouveau sentir au chef-lieu. Les nuages de cendres projetés par le volcan étaient dorés par le soleil levant; il en résulta, parmi les habitants qui crurent apercevoir des flammes, une forte panique que ne calma pas la fin de la pluie de pierres et de boue, survenue vers six heures. Dans l'après-midi, mille personnes s'embarquèrent sur les vapeurs *Salvator*, *Horten* et *Halga*, pour gagner la Guadeloupe ou Sainte-Lucie et plus de trois mille se réfugièrent dans les communes de l'extrême sud.

» D'après des renseignements que j'ai pu recueillir et les observations faites personnellement au cours d'une visite sur les lieux, effectuée le jour même avec le *Suchet*, il est certain qu'il s'est produit le même phénomène, à peu de chose près, que le 8. Les ruines du quartier du Mouillage à Saint-Pierre, qui étaient encore debout, le 8, ont été rasées. La partie nord du village du Carbet a reçu une avalanche de boue chaude et a été détruite ; la partie sud, appelée Grande-Anse, a été emportée par un raz de marée.

» Le détachement d'infanterie et d'artillerie coloniales, qui avait été envoyé depuis quelques jours dans le bourg, pour procéder à l'enfouissement des cadavres couchés le long des routes avoisinantes, a été tout entier sauvé, sauf un soldat d'infanterie, qui a reçu de légères blessures. Tous les habitants qui restaient au Carbet ont été transportés à Fort-de-France dans la soirée par l'aviso *Jouffroy*. La commune du Morne-Rouge qui a reçu, pendant l'éruption, une pluie de soufre, a été complètement évacuée.

» Je me suis rendu moi-même, avec le *Suchet*, jusqu'au Lorrain, en longeant la côte. A part les dégâts causés, le 19, au bourg de la Basse-Pointe par la crue de la rivière et que je vous ai signalés dans mon câblogramme, la situation dans le nord de l'île est restée celle dont je vous ai rendu compte dans ma lettre du 19. La zone comprise entre le Prêcheur et Grande-Rivière est perdue : les cultures vivrières et secondaires de Grande-Rivière au Marigot sont détruites; seules, les grandes cultures, situées pour la plupart sur le bord de la mer, n'ont pas souffert. L'administration continue à approvisionner en vivres les populations du nord, qui se sont réfugiées au Lorrain, à Sainte-Marie et à la Trinité. »

Ainsi se termine le rapport du commandant du *Suchet* et il est facile d'en conclure que les ravages causés par la première éruption s'étendaient de façon notable par la crise volcanique du 20 mai. La population de la Martinique vivait dans une terreur bien compréhensible et il semblait que le fléau, non plus circonscrit dans une région restreinte, se répandait désormais à travers toute l'île. Plus de sécurité, plus de paix, ni jour, ni nuit. On est constamment sous la menace d'une nuée fulgurante poussée par un vent violent et ne demandant que quelques minutes, pour tout détruire. C'est l'impression terrible dont tous sont pénétrés et l'on vit dans l'attente poignante d'une catastrophe plus considérable qui engloutira les malheureux survivants échappés au premier désastre.

Les nouvelles données sur l'état des esprits et des lieux nous font toucher du doigt l'horreur de cette situation.

Les réfugiés, dit un télégramme de Fort-de-France, sont terrifiés et continuent à arriver. Ils viennent de tous les points des environs. Ce ne sont pas des indigents : ils sont seulement en proie à la panique. Ils demandent avec insistance à quitter l'île : ils sont persuadés qu'elle sera détruite par le feu.

Les consuls étrangers et les officiers des navires de guerre mouillés dans le port sont sans cesse assaillis par des groupes de personnes qui les conjurent de les emmener.

Le temps est calme et beau; mais le volcan est caché par des nuages qui, souvent, paraissent très menaçants. De sourds grondements retentissent de temps en temps. Il est tombé, ce matin, fort à propos, une grosse averse.

La canonnière américaine *Dixie*, qui est arrivée aujourd'hui, avait à son bord un grand nombre de savants fameux.

Le débarquement des provisions a commencé de bonne heure, mais les entrepôts n'ont pas tardé à se trouver trop petits; c'est là, la plus grande difficulté pour la distribution des secours.

Les commandants des navires de guerre sont partis, ce matin, pour inspecter Saint-Pierre, à bord du *Potomac* : ils ont débarqué avec la plus grande difficulté. Ils annoncent que la dévastation causée par l'éruption d'hier est énorme. Les murs ont été renversés; les grosses tours en basalte de la cathédrale ont été réduites en poussière....

Le bombardement par des roches volcaniques n'a pas pu suffire pour accomplir de tels ravages; tout semble indiquer le passage d'un tourbillon de gaz enflammés, animés d'une vitesse considérable. Les dépôts de cendres, de pierres anguleuses et de rochers qui couvrent Saint-Pierre stupéfient l'imagination.

La dernière éruption a été beaucoup plus violente que celle du 8 et l'activité volcanique n'a pas encore cessé.

De vastes colonnes de fumée et de gaz continuent à jaillir du grand cratère et les nouvelles fissures qui se sont ouvertes dans les flancs de la montagne forment des nuages jaunes, qui flottent d'une manière intermittente d'un point à un autre. Le volcan lance aussi de la boue bouillante qui coule, de temps en temps, en torrent jusqu'à la mer, où elle produit un petit raz de marée.

Saint-Pierre qui était, jusqu'ici, la silencieuse cité de la mort est devenue maintenant une sorte d'amphithéâtre, où rugit la destruction. Le *Potomac* n'a pas pu approcher de la ville.

La canonnière *Dixie* part demain pour Saint-Vincent. Une commission de savants étudiera la question de savoir si des dangers peuvent provenir des pics du Carbet, près de Fort-de-France, au cas où l'activité volcanique se manifesterait sur ces pics.

L'éruption d'hier a fait disparaître toute la confiance au sujet de la sécurité de ces parties de l'île qui, jusqu'ici, avaient échappé à la catastrophe, et le cri unanime des riches comme des pauvres, c'est : Nous n'avons pas besoin de nourriture; ce que nous demandons, c'est de nous en aller.

L'administration restait sourde à ces réclamations et rien ne contrecarrait ses vues comme la perspective d'une évacuation de l'île. Mettant de côté le péril qui menaçait sur tous les points, l'abandon de la région devastée paraissait être la ruine irrémédiable, sans espoir d'une reconstitution. Une fois désert, le pays se repeuplerait difficilement et la fuite des habitants était un arrêt de mort, porté contre les espérances de ceux qui ne regardaient pas comme éternelles les fureurs de la montagne Pelée.

Aussi, le conseil privé de la colonie, consulté sur l'opportunité d'une évacuation totale ou partielle de l'île, fut-il unanime à déclarer qu'une pareille mesure était injustifiée, au moins jusqu'à présent. Toutefois, le paquebot de la Compagnie transatlantique en réparation à Fort-de-France pourrait être utilisé pour le transport des personnes désireuses d'émigrer à la Guadeloupe. Immédiatement, mille personnes prirent passage à bord du *Versailles* et de la *Ville de Tanger*, à destination de la Trinitad et de Cayenne.

Du reste, un nouveau cratère commençait à entrer en action et causait les plus vives inquiétudes. Il était situé au-dessus de l'Ajoupa-Bouillon, à l'ancien camp de Trianon, aux environs de la montagne Pelée. Les eaux de la rivière de la Capote devinrent subitement chaudes. Le volcan vomissait de la lave boueuse sur le versant nord et de nouvelles fissures se produisaient sur le flanc de la montagne. Le nouveau cratère se signalait par une activité plus grande. On fuyait de Fort-de-France jusqu'au sud de l'île, là où l'on croyait être en sûreté, à une plus grande distance du volcan. L'opinion générale était que la Martinique serait frappée dans ses régions du centre et dans sa capitale par une nouvelle explosion et l'on redoutait le renouvellement du cataclysme.

D'autre part, les savants, en observation devant la montagne Pelée, étaient loin de calmer ces terreurs. Partagés sur la question de savoir si le volcan était encore à craindre et si des éruptions plus violentes devaient se produire, ils inclinaient en grande majorité vers l'affirmative. Leur sentiment était que l'énergie volcanique ne s'apaiserait pas de sitôt, mais que, cependant, il n'y aurait pas d'accidents de personnes; d'ailleurs, il ne restait pas de fortes agglomérations qui pussent être détruites et Fort-de-France semblait absolument à l'abri des conséquences de toute éruption possible.

Cratère du Popocatépetl

Les hésitations de la commission scientifique, d'un côté, et de l'autre l'agitation croissante qui se manifestait sur la montagne et sur ses flancs, émurent à tel point la population, qu'il fallut songer aux mesures nécessitées par l'évacuation.

Le ministre des colonies câbla au gouverneur intérimaire de la Martinique, pour l'inviter à faciliter, par tous les moyens dont il disposait, l'émigration de ceux des habitants de la Martinique désirant quitter l'île et à les diriger, de préférence, vers la Guadeloupe, la Guyane ou la métropole.

A cet effet, il autorisa M. Lhuerre à accorder, sur les fonds de secours, des passages pour la France et les colonies françaises, à toutes personnes ayant des parents ou justifiant de ressources dans les pays de destination.

D'autre part, le comité officiel de secours décida de mettre une somme de 50.000 francs à la disposition du gouverneur de la Guadeloupe et une autre somme de 10.000 francs à celle du gouverneur de la Guyane, pour faire face aux premiers frais d'assistance et de secours utiles à ceux des sinistrés, réfugiés dans ces colonies.

Un câblogramme, daté de Basse-Terre, 25 mai, fit connaître au ministre qu'en exécution des instructions précédentes, deux convois de réfugiés de la Martinique, s'élevant à neuf cent soixante-sept personnes, venaient d'arriver à la Guadeloupe. L'administration locale avait pris immédiatement les dispositions nécessaires pour leur assurer asile et assistance, tant à Pointe-à-Pitre qu'à Basse-Terre.

M. Merlin ajoutait que la situation de la Guadeloupe était excellente.

La Compagnie transatlantique informa le ministre des colonies que, suivant un télégramme reçu de son agent général à Fort-de-France, le paquebot annexe, de réserve dans cette localité, était disponible et pouvait être, le cas échéant, utilisé au transport des réfugiés de la Martinique.

Les choses en étaient là et les dispositions, quelque énergiques qu'elles fussent, répondaient insuffisamment aux exigences de la situation, lorsque l'action administrative dut entre en une activité plus fiévreuse Le volcan parlait encore : ce fut un nouveau coup de foudre.

CHAPITRE XX

NOUVELLES ÉRUPTIONS

La série noire se continue et les pronostics fâcheux se réalisent, au delà même des prévisions. La crise entrevue ne sera pas unique, mais les convulsions du volcan se renouvelleront, comme périodiquement, semant la dévastation et justifiant toutes les craintes. Désormais, s'il y a moins de deuils et si les accidents de personnes sont plus rares, on ne le devra qu'à l'éloignement d'une population qui se tient à distance considérable du volcan et comme hors de son étreinte. Pourtant, des bouleversements arriveront encore, si soudains, si surprenants que des milliers d'hommes infortunés périront dans les catastrophes nouvelles, ainsi qu'ont péri les habitants de Saint-Pierre dans celle du 8 mai.

La montagne Pelée crevassée, trouée en de nombreux points, reste menaçante sans discontinuer; son repos apparent, pendant les quelques jours qui séparent deux éruptions, n'est qu'une intermittence entre deux accès : encore, pendant ces courts intervalles, n'est-ce pas le calme complet, car la terrible cheminée fume de manière atroce et l'on entend dans les cavernes souterraines des heurts effroyables de matières révolutionnées.

Le bon sens populaire avait, dès le premier jour, compris la portée de ces avertissements et senti combien il pouvait coûter de n'y pas prêter l'oreille : parmi les victimes du 8 mai, un grand nombre auraient échappé au désastre, si l'on n'avait pas endormi leurs sinistres pressentiments par des promesses d'entière sécurité. En admettant que la sauvegarde de nombreux intérêts dût commander le courage, la vie de trente mille personnes était l'intérêt dominant tous les autres et imposant silence à toutes les considérations.

Lorsque les premiers événements tragiques furent suivis de menaces nouvelles et que le volcan ne parut pas décidé à s'endormir, ceux que de trop justes terreurs avaient frappés demandèrent à quitter un sol qui tremblait et, si l'on ne se refusa pas complètement à leurs justes exigences, les mesures administratives ne se firent pas assez larges pour y satisfaire pleinement. L'exode n'était accepté par le gouvernement que parce qu'il n'était plus possible de l'interdire.

Il est douloureux de chercher les responsabilités quand on se trouve en face d'un malheur et il semble que le seul sentiment conservant son énergie dans une âme brisée soit le besoin de se replier pour approfondir des tristesses et s'y complaire. Cependant il est juste et logique, quand de si terribles événements se sont produits, de se demander si on n'aurait pas pu en atténuer les effets par plus de prudence et de circonspection.

Nous citons ici un article de M. Darc, paru dans le *Petit Journal* du 5 septembre :

« C'est, y est-il dit, avec une poignante émotion que tout le monde a reçu la nouvelle de l'effroyable catastrophe dont la Martinique a été encore une fois le théâtre.

» Ainsi qu'un monstre prodigieux, aux proportions colossales, accroupi près de sa victime qu'il dévorerait lentement, le volcan, situé au nord de l'île, engloutit peu à peu tous les villages, tous les habitants, par centaines, par milliers, étendant toujours plus loin, à chaque crise nouvelle, la zone de dévastation et menaçant de ne pas s'arrêter dans l'œuvre de destruction, avant d'avoir fait disparaître la dernière parcelle de l'île infortunée, en s'abîmant avec elle, dans une commotion suprême, au fond des océans.

» Et ce qui ajoute encore à l'émotion réveillée, c'est la pensée que, si ce phénomène volcanique ne pouvait pas être évité, il pouvait être prévu, il l'avait été par plusieurs personnes qui avaient jeté le cri d'alarme, et que les milliers de victimes, entraînées dans une mort affreuse, auraient pu, auraient dû être sauvées.

» Après cet événement, les avis se multiplièrent, de divers côtés, que la série des éruptions n'était pas close et, en effet, le travail volcanique ne cessa jamais complètement. Si, pendant quelques jours, le volcan semblait assoupi, il avait fréquemment de terrifiants réveils, qui confirmaient toutes les prédictions et justifiaient toutes les inquiétudes.

» Tout cela n'a pas empêché le gouverneur par intérim de renouveler, au mois d'août, la faute commise au mois de mai précédent et d'intimer aux sinistrés refugiés à Fort-de-France de retourner dans leurs communes d'origine.

» Il écrivait aux maires : « Vous voudrez bien faire savoir aux » sinistrés, qui ont trouvé asile dans votre commune, qu'ils ont jusqu'au » 15 août pour rallier leurs domiciles; passé ce délai, ils ne recevront » aucun secours en nature de l'administration. Ils continueront, au con- » traire, à être nourris dans leurs communes respectives, pendant un » laps de temps qui leur permettra de se remettre courageusement au » travail. »

» Les pauvres gens, menacés de mourir de faim, à Fort-de-France, par cet ordre barbare, se rendirent en tremblant dans les communes de la région dangereuse, le Carbet, Ajoupa, le Morne-Rouge, afin d'y recevoir la nourriture que l'administration ne consentait à leur donner que là, à portée du monstre qui guettait ces nouvelles proies.

» Il les guettait si bien que, le 30 août, quinze jours après le retour des réfugiés, tout le pays était enseveli sous les boues, les pierres et les cendres brûlantes, lancées par la montagne Pelée.

Nous négligeons les appréciations sévères de M. Darc et, pensant qu'on ne cesse pas d'être hommes pour être chargés d'administrer des intérêts humains, nous croyons non à un parti pris, mais à une imprudente obstination. Voir tout en rose et conclure, avec un optimisme charmant, que des scènes trop atroces ne peuvent se renouveler fréquemment fut, sans doute, l'erreur de ceux qui tentèrent de garder à la partie septentrionale de la Martinique son industrieuse et vaillante population. Si l'on avait admis que le mont Pelé rééditât les désastreuses violences par lesquelles il s'était tristement illustré, nul doute que l'on eût arraché à sa terrible étreinte des victimes affolées dont la terreur était raison.

Nous avons toujours considéré qu'il est, dans la vie des hommes d'Etat, des heures lugubres et qui pèsent à l'égal de lourdes années, quand des anxiétés effrayantes viennent serrer le front de ces hommes, s'ils ont conscience de la grandeur de leur action, ils doivent trouver leur devoir austère. Le soldat va gaiement au feu et le général qui porte la responsabilité de milliers de vies paraît soucieux et le regard sombre : ces soucis et ces voiles ne disparaissent même pas entièrement dans l'éclat de la victoire.

Que penser alors de ceux qui, impuissants, les mains liées, ignorant la force de l'ennemi qu'ils vont combattre, jettent dans la fournaise des foules plus nombreuses que des bataillons. Telle fut la situation dans laquelle se trouvèrent les administrateurs de la Martinique. Si le volcan était toujours menaçant, ses menaces étaient chose ordinaire et la recrudescence de ses fureurs devait prochainement espérer par le fait même qu'elle avait été plus violente. N'en était-on pas arrivé à ce moment où le calme succéderait à l'orage, où les frénésies s'attiédiraient, où il serait permis de reprendre les travaux interrompus. On pouvait tout craindre et tout espérer ; rien n'était certain, pas même le renouvellement des crises. Les événements seuls donneraient la réponse aux questions anxieuses qu'on se posait.

Les événements se chargèrent de répondre et ils le firent de façon terrible.

Le 26 mai, un télégramme de Fort-de-France annonçait que, de nouveau, le volcan était en éruption. De gros nuages noirs, couleur d'encre et sillonnés d'éclairs de forme bizarre flottaient, lentement au-dessus de Fort-de-France. Les habitants se précipitaient vers la grande place de la ville. Depuis deux heures, une forte houle déferlait lentement et avec soubresauts sur le rivage et on apercevait vaguement dans le lointain, au-dessus du mont Pelé, un énorme nuage grisâtre-jaunâtre à une grande hauteur. La nuit était d'un noir intense.

C'est à peine si l'on apercevait les étoiles. Fort-de-France n'était pas en danger, mais on craignait beaucoup de voir se produire une panique; si, par hasard, le nuage jaunâtre qui planait sur le mont Pelé arrivait la nuit sur Fort-de-France et s'il commençait à tomber des pierres et des cendres. Dans la direction du volcan, on n'entendait aucun grondement.

Le lendemain, 27 mai, des informations complémentaires ajoutaient qu'une terrifiante éruption venait de se produire la veille au soir. Pendant une heure, les flammes avaient atteint 150 mètres de hauteur. Le diamètre du cratère avait trois cents mètres et lançait des millions d'éclairs. Un orage épouvantable s'était localisé dans la région du volcan et une vive panique se produisait.

Tandis que ces nouvelles portaient l'anxiété à son comble, des détails arrivaient.

Le gouverneur intérimaire de la Martinique avait projeté une visite dans le nord de l'île en compagnie de la mission scientifique française et dans le but de se rendre compte de la situation des communes ; une pluie torrentielle et le mauvais état de la mer l'en avaient empêché.

Or, quand le *Tage* passait en vue de Saint-Pierre, le volcan lançait toujours des nuages épais de fumée qui sortaient en même temps de plusieurs cratères. Soudain, une éruption nouvelle se produisit, donnant naissance à une coulée de boue dans le lit de la Rivière-Blanche.

Quelques heures après, le *Tage* envoyait une chaloupe à terre pour visiter Saint-Pierre. Il semblait que la partie sud de la ville avait été détruite par un phénomène inexplicable, d'un effet foudroyant, ayant l'aspect d'un ouragan allant du sud au nord. La pluie de cendres qui avait précédé, accompagné et suivi ce phénomène, formait une couche de de 25 à 30 centimètres d'épaisseur.

La partie nord de Saint-Pierre était enfouie sous une nappe de boue. L'aspect général de la ville était d'une désolation que l'on ne peut imaginer si on ne l'a vue, impossible à décrire et à laquelle on ne peut rien comparer.

A Fort-de-France, la terreur était indescriptible et, cependant, la ville n'avait pas été atteinte; la pluie de cendres et de graviers qui suivit l'éruption ne tomba que sur les communes du nord de l'île jusqu'au Lorrain.

Dans cet accès de fureur, le volcan s'était couvert de flammes et avait rejeté abondamment des cendres sur le Carbet, la Grande-Rivière, le Macouba, la Basse-Pointe, le Lorrain, Ajoupa-Bouillon et le Morne-Rouge.

Il n'y avait heureusement aucune victime, mais, les lieux devenant inhabitables, M. Lhuerre ordonna l'évacuation par voie de terre des villages dévastés.

Pendant ce temps, on préparait des casernements supplémentaires à Fort-de-France pour recevoir les réfugiés nouveaux et l'on dirigeait sur les autres établissements français des Antilles et sur la Guyane ceux qui demandaient à quitter l'île.

Le 29 mai, un télégramme de la Martinique, arrivé à New-York, annonça qu'une nouvelle et formidable explosion s'était produite, la veille, à 8 heures 45, à la montagne Pelée. On avait aperçu une colonne de fumée noire; mais d'épais nuages cachaient le spectacle du phénomène à Fort-de-France, où il n'y eut aucune panique.

La coulée de boue fut signalée dans la direction de Basse-Pointe; elle gagna l'usine Vive qui, d'ailleurs, était évacuée; la plupart des usines à sucre étaient préservées.

Mais, de plus en plus, Fort-de-France se vidait de ses habitants; tout le monde se réfugiait à la campagne, où l'on se croyait plus en sûreté ; les journaux martiniquais paraissaient toujours encadrés de noir.

A cette date, un de ces journaux, l'*Opinion*, signala la conduite héroïque du maire de Fort-de-France, M. Grelet, et du curé du Prêcheur, M. l'abbé d'Esprez, qui se firent les plus laborieux auxiliaires de ceux dont la tâche était d'ensevelir les morts.

En deux jours, ils inhumèrent cinq cents cadavres pendant que le volcan grondait et que tout faisait présager l'imminence d'une nouvelle crise.

On poursuivait, en effet, à Saint-Pierre, cette lugubre besogne et rien ne saurait dire l'horreur navrante des spectacles qui s'offraient aux yeux de nos soldats. On rapporte qu'ils trouvèrent une femme prosternée, les deux mains sur la tête, dans l'attitude du désespoir. Un peu plus loin, c'était un groupe de personnes que le fléau avait probablement surprises pendant qu'elles conversaient dans la rue ; l'une avait la tête en bas et les pieds arcboutés contre les autres.

Ici, ce sont des hommes et des femmes agenouillés et, devant eux, un prêtre qui tient entre ses mains l'hostie avec laquelle il va donner la communion. Tous ont été frappés comme par un coup de foudre et sont restés en place. Quand on touche les cadavres, ils tombent en cendres.

Dans une maison, un corps paraît vivant tant son aspect et son attitude sont naturels, mais, quand on le touche, la chair se détache par lambeaux. Quelques pas plus loin, un homme est assis à un bureau, une jeune femme est inclinée sur son épaule et lui entoure le cou de ses deux bras; près d'eux, un jeune homme à genoux semble demander protection.

Ces scènes se retrouvent partout et l'on est tenté de croire que, par un odieux caprice, les agents dévastateurs se sont étudiés à laisser subsister de vivants souvenirs, dépeignant les hommes et les choses au moment même de la catastrophe.

Ici, c'est un homme, la main droite sur le ventre, et plié en deux sur un balcon; là, ce sont des groupes nombreux, comme si l'on avait voulu se réunir pour mieux conjurer la mort.

Le triste travail s'efforce d'aller vite, mais il y a tant à faire et, chaque jour, on se demande si le volcan qui mugit laissera le temps nécessaire pour arriver à la fin.

Le 6 juin, nouvelle éruption. Fort-de-France resta dans l'obscurité de dix heures du matin à deux heures de l'après-midi. Les plaines du Morne-Rouge furent recouvertes d'une boue chaude. Plusieurs canots disparurent, ainsi que les pêcheurs qui les montaient. Quelques jours suivirent plus calmes, presque tranquilles, sans que le volcan signalât son activité autrement que par des nuages de fumée grise, parsemée de paillettes éclatantes. M. Lhuerre put télégraphier au ministre des colonies que les journées du 12 et du 13 juin avaient été reposantes. La montagne Pelée ne s'agitait plus. On tentait quelques efforts pour la reprise du travail dans les communes qui entouraient le volcan et de nombreux habitants demandaient à rentrer chez eux. Tout cela est dit avec un optimisme qui détonne, quand on pense aux catastrophes précédentes et aux menaces qui, hier encore, faisaient frémir.

Le 14 juin, arriva, à Bordeaux, le paquebot *Canada*, qui ramenait de la Martinique deux cents passagers ayant échappé à la première éruption. Parmi ces malheureux, déprimés et manquant de tout, surtout de courage, se trouvaient cent soixante réfugiés de Fort-de-France. Les enfants de M. Mouttet et le sénateur Knight s'y trouvaient aussi.

M. Knight, que des circonstances miraculeuses avaient sauvé du désastre, raconta les lugubres péripéties du drame dont il avait presque été témoin. Nous ne redirons pas ici les douloureux détails de sa narration, mais nous y puiserons quelques remarques, peignant, avec grande netteté, la situation de la Martinique.

Le jour où M. Knight quitta la Martinique, le 1er juin, le volcan était relativement calme, mais, trois jours avant, la lave avait coulé avec violence du côté de la Grande-Rivière.

Les populations affolées, anxieuses, ne savaient ce que serait le lendemain et, pourtant, elles restaient attachées au sol où leurs souvenirs et leurs intérêts les retenaient. Il y avait eu, au Prêcheur, quatre cents victimes, mais l'on espérait que ce serait la dernière hécatombe et que, parmi les deux mille cinq cents survivants, le monstre ne glanerait plus.

Les petites propriétés étaient généralement épargnées, sauf quelques-unes, parmi lesquelles celle du sénateur; mais les dégâts étaient incalculables et ce ne serait pas assez de 250 millions pour les réparer.

M. Knight pense que l'on a eu raison d'éviter l'exode d'une population affolée, puisque l'on pouvait regarder Saint-Pierre comme étant à l'abri. M. Mouttet fut l'une des premières victimes de cette persuasion.

Quant à Saint-Pierre, il est difficile d'en prévoir la reconstruction et, probablement, la ruine est définitive pour elle. Quelles seront, plus tard, les résolutions prises? Nul ne le sait, mais il est des choses qui semblent humainement impossibles et, parmi elles, se trouve la résurrection de la ville ruinée.

Cependant, à la Martinique, le calme ramenait un peu d'activité et les transactions commerciales s'essayaient à reprendre leur cours. Les habitants de Fort-de-France en revenaient peu à peu de leurs terreurs. On attendait avec impatience la décision du gouvernement. On comptait sur un régime économique qui, avant peu, relèverait la colonie et la remettrait de ses terribles épreuves. Des maisons américaines paraissaient prêtes à s'installer dans le pays et l'on commençait à revivre. La seule accalmie pendant laquelle la montagne Pelée laissait respirer ses malheureux voisins suffisait à leur inspirer une confiance que rien n'appuyait. Après avoir vécu dans les transes pendant bien des jours, on se sentait heureux de n'avoir plus autant à trembler et la tranquillité était sur le point de renaître.

Les distributions de secours avaient aidé les sinistrés à traverser cette période difficile et ces distributions continuaient à se faire avec régularité.

Nous citons la circulaire par laquelle le gouverneur intérimaire réglemente les dons de vivres :

« 1° Sont sinistrées les populations des communes qui ont été chassées de leurs foyers par la crainte légitime des dangers que leur fait courir l'éruption volcanique et qui dans l'évacuation de leur territoire ont eu le concours, sous une forme quelconque, des autorités de la colonie. Ces communes sont, à l'heure actuelle, Saint-Pierre, Carbet, Fond-Saint-Denis, Prêcheur, Grande-Rivière, Morne-Rouge, Ajoupa-Bouillon, Macouba et Basse-Pointe. Ainsi, toute personne ayant dans l'une de ces communes son domicile légal, c'est-à-dire le centre de ses affaires et de ses intérêts, devra obtenir, sur sa demande, dans le lieu de sa résidence actuelle, les secours de toute nature qui sont donnés aux victimes de l'éruption ;

» 2° Les habitants des communes autres que celles dénommées ci-dessus qui, sous l'empire d'appréhensions moins justifiées, ont cru devoir abandonner leur foyer, auront droit seulement aux vivres pendant deux ou trois jours, puis seront invités à regagner leur domicile;

» 3° Dans les centres où les travaux agricoles sont interrompus du fait de l'éruption volcanique et où les cultures vivrières sont perdues sous les cendres, des rations pourront être distribuées aux indigents qui en feront la demande.

» Au chef-lieu, la population sinistrée est casernée dans des bâtiments publics et des baraquements construits à cet effet, ou bien établie dans des maisons particulières.

» Ces bâtiments publics et baraquements, contenant chacun de cinq cents à mille personnes, sont divisés en chambrées, dans chaque chambrée se trouve un sinistré choisi par l'autorité municipale et chargé gratuitement de la distribution des rations et de la police en général.

« A la tête de cet organisme, se trouve un préposé, fonctionnaire municipal ou auxiliaire rétribué, qui prend livraison dans les magasins, chaque matin, des denrées nécessaires à son établissement et qui surveille la répartition faite par les chefs de chambrée. »

Or, pendant que régnaient ces règlements provisoires et qu'ils écartaient la désolante perspective d'une famine, une nouvelle éruption ébranlait la montagne Pelée dans la matinée du 14 juin. Le garde-côte français, l'*Aigle*, passait alors devant la Martinique et recevait, jusque sur son pont, des matières volcaniques qui tombaient à dix milles en mer.

Des pluies abondantes se produisirent pendant toute la nuit du 15 et la matinée du 16 ; les rivières de Basse-Pointe et du Lorrain débordèrent, et le volcan lança de fortes colonnes de fumée sur Saint-Pierre.

Le 18 juin, une forte colonne d'eau boueuse, atteignant cinq mètres de hauteur, s'abattit sur Basse-Pointe. Vingt-deux maisons furent complètement détruites. La partie basse du bourg fut anéantie.

Etait-ce ces nouveaux soubresauts du volcan ? L'émigration reprit de plus belle à Fort-de-France. On s'inscrivit en masse pour le paquebot suivant. Toutes les familles pouvant fuir s'en allèrent. Cependant, de l'avis des officiers de la flotte, Fort-de-France n'était pas en danger. Le bourg de Sainte-Philomène était complètement perdu. La Grande-Rivière et Macouba étaient évacués. Tout le bourg de la Basse-Pointe disparaissait sans laisser de traces. Les cacaoyères du nord étaient détruites et les pertes étaient énormes.

Le 24 juin, le transatlantique *Versailles* ramenait au Havre, parmi ses passagers, M. Labarthe, que le gouvernement avait, dès la première heure, envoyé à la Martinique pour porter aux sinistrés les secours les plus pressants.

Nous trouvons dans les déclarations faites par M. Labarthe quelle est l'impression des envoyés du gouvernement sur la situation présente et future de la colonie. Nous transcrivons cet interview.

« Nous avons vu, dit M. Labarthe, le fond de la douleur humaine sous l'aspect de localités enfouies sous les cendres et la boue. Sur les manifestations volcaniques, nous n'avons rien à vous apprendre qui n'ait été dit vingt fois, mais, ce qu'on ne peut dépeindre, c'est la misère des intérieurs ruinés, des familles manquant de pain, de vêtements, de tout.

» — Lequel, demande-t-on, de l'élément blanc ou de l'élément nègre, a le plus souffert ?

» — C'est difficile à dire ; d'ailleurs, leur infortune n'est pas de même nature. Le blanc est généralement propriétaire, industriel ou commerçant ; le nègre est ouvrier.

» Le premier a été atteint dans sa fortune ; il sera plus difficile, malgré tout, de la lui restituer.

» Le second est privé de salaire jusqu'à ce que le travail ait repris ; les secours momentanés de la charité publique et privée mettront le nègre à l'abri du besoin ; mais, le blanc, qui lui rendra ses plantations, ses comptoirs, ses usines ?

» Nous connaissons un planteur, âgé de soixante ans, qui, après trente années de séjour là-bas, après avoir réalisé une belle fortune, s'apprêtait à revenir avec sa famille. Tout a péri.

» — Croyez-vous que l'action gouvernementale soit nécessaire ?

» — Absolument ! C'est un devoir !

» — Mais, sous quelle forme ? Avances, garanties d'intérêts, subventions directes ?

» — Il ne nous appartient pas de dire comment, mais, il faudra leur venir en aide, en tout cas. Ce sera déjà un grand bienfait que de rendre à la colonie l'outillage et le port dont la catastrophe l'a privée.

» — Sur un autre point que Saint-Pierre ?

» — Evidemment. Il y aura des voies de communication et d'accès à établir ; il y aura surtout à restaurer et à perfectionner le service des banques, il faudra, en un mot, ajouter dans la mesure la plus large possible à l'initiative privée.

» — Croyez-vous à la possibilité de faire renaître de ses cendres une partie au moins de la région dévastée ?

» — Pour le moment, non, et probablement même pour très longtemps. Il faudra tirer une ligne du Carbet au Lorrain et frapper d'interdit toute la région au nord de cette ligne. La montagne Pelée, vous le savez, ne cesse d'être en activité et, si Saint-Pierre n'avait pas été détruit le 8 mai, il aurait eu, cinq ou six fois depuis, l'occasion de l'être.

» — Avez-vous assisté à quelques-unes de ces éruptions ?

» — Oui, et notamment à celle du 26 mai, de très près. Les choses se passent ainsi. Aucun tremblement de terre n'annonce le phénomène et, tout à coup, un immense nuage s'élance dans le ciel ; puis des blocs énormes de rochers s'abattent sur les environs, principalement dans la direction de Saint-Pierre.

» Le cratère au flanc du mont est comme un canon monstre, chargé jusqu'à la gueule et continuellement braqué sur la malheureuse ville. »

Au temps où nous écrivons cette histoire, dont nous voudrions dire la dernière page, le volcan épuisé semble ne plus avoir en son sein assez de matières ignées pour les répandre en de nouvelles éruptions et, cependant, peut-être comme un souffle expirant, il émet encore des nuages sombres, semblables à ceux qui précédèrent la première explosion.

Si Fort-de-France et tout l'arrondissement du sud peuvent se croire hors de danger, il n'en est pas de même de l'arrondissement du nord et il est à désirer que l'on maintienne, bien déterminée et le plus largement possible, la zone dangereuse. Il faudrait que là on expropriât tous les habitants, propriétaires et fermiers, et qu'on procédât à une évacuation définitive. Comme, malheureusement, c'était la zone la plus fertile du pays, la seule où étaient cultivés les cacaoyers et les caféiers, la plus riche aussi en cannes à sucre, la perte sera momentanément grande.

Il faudrait, en outre, que l'on organisât, aussi vite que possible, une caisse de crédit agricole et industriel, permettant de développer des plantations dans le sud et d'établir de nouvelles usines. Puis, comme Saint-Pierre était l'entrepôt vers lequel on dirigeait les produits des deux tiers de l'île, Fort-de-France devrait être mis en situation de devenir l'entrepôt unique pour toute l'île. De là, nécessité de créer des chemins de fer pour le transport économique de tous les produits agricoles. Tous ces travaux s'imposeront à bref délai si l'on veut qu'un plus long laps de temps ne laisse sur la colonie une empreinte désastreuse. La Martinique, même réduite à la seule portion où la montagne Pelée ne peut exercer ses ravages, serait encore une très riche possession tant la nature y est prodigue de ses dons ; mais, dans l'état où la catastrophe l'a laissée, elle pourrait en quelques années devenir un pays inhabité, un désert.

L'amiral Servan a été consulté par un correspondant de l'*Echo de Paris* sur ce que deviendrait probablement la Martiniqu.e En ce qui touche la ville de Saint-Pierre, l'amiral pense que la ville ne pourra et ne devra jamais être reconstruite. Il en arrivera que Fort-de-France prendra une plus grande importance et en même temps que la capitale sera la ville la plus considérable de l'île. On ne pourrait, cependant, se fier uniquement à ce port qui, en raison de sa position, est peu abrité contre les ouragans.

Pour tenir la place laissée libre par la ruine de Saint-Pierre, il faudra donc établir un port de commerce. Deux baies se présentent à l'est de l'île, celle de la Trinité et celle du Galion, elles ne sont séparées que par la presqu'île de Caravelle. L'une de ces deux baies serait naturellement indiquée pour être le port projeté et, surtout dans le havre de la Trinité, il suffirait de quelques dépenses minimes. Le gros bourg de la Trinité deviendrait rapidement une ville et on y fixerait le siège de l'évêché. Puis un chemin de fer traversant toute l'île, de l'est à l'ouest, relierait le nouveau port à Fort-de-France.

Une conception plus grande pourrait être, d'après l'amiral, la conséquence de cette transformation : Pourquoi ne pas réunir en un seul gouvernement la Guadeloupe et la Martinique ? Dans chacune de ces îles, les luttes de partis sont extrêmement violentes et créent au gouverneur des embarras inextricables auxquels il échapperait plus facilement ayant les deux îles sous sa dépendance.

Cette organisation nouvelle serait, toujours dans la pensée de l'amiral, un acheminement vers une modification souverainement désirable dans l'administration de nos possessions aux Antilles : Marie-Galante et la Désirade, dont on ne tire aucune utilité, se réuniraient au groupe formé par la Guadeloupe et la Martinique. Elles seraient reliées au centre administratif par un câble rendant les communications faciles et la rade de Pointe-à-Pitre deviendrait le port important des Antilles françaises. Cette rade est, du reste, magnifique, très grande et très sûre ; toute une escadre pourrait facilement y tenir et y être à l'abri.

*
* *

Sans quitter la Martinique, nous avons, un instant, détourné nos regards des éruptions successives de la montagne Pelée, pour interroger les conséquences probables de ces éruptions. Ainsi nous avons vu ce que contiennent de bouleversements et de désorganisation les torrents de lave et de boue, autour desquels s'échafaudent des projets de si colossale grandeur. Il nous faut revenir au volcan qui, lui, ne s'est pas désisté de ses désastreuses entreprises.

Le 9 juillet, dans la soirée, une éruption nouvelle — nous ne les comptons plus — jetait la terreur dans les communes voisines de la montagne volcanique. Sur les ordres de l'administration et sur l'invitation pressante des intérêts qu'on espérait encore sauver, les habitants étaient revenus en partie aux lieux de leur résidence antérieure. La crise du 7 juillet provoqua chez eux une panique bien légitime.

Les dégâts furent cependant peu considérables. Le volcan projeta d'abord une immense colonne de fumée noire, sillonnée d'éclairs, puis des colonnes de feu, qui incendièrent les quelques ruines encore debout sur l'emplacement de Saint-Pierre.

Des pluies de pierres et de cendres s'abattirent, pendant vingt-cinq minutes, sur les communes de Morne-Rouge et de Fond-Saint-Denis. Les habitants de Morne-Rouge s'enfuirent et les populations du Carbet, de Case-Pilote et de Fort-de-France furent vivement effrayées.

Le 11 juillet, à neuf heures du matin, nouvelle éruption. Ce qui la signala, ce furent de violentes détonations, suivies d'une pluie de pierres et de cendres sur les campagnes de Basse-Pointe, du Morne-Rouge et du Fond-Saint-Denis. Il n'y eut aucun accident de personnes.

Dans la nuit du 12 au 13, une autre éruption se produisit et l'on remarqua que, dans la série des trois dernières crises, cette dernière était la plus forte. Une pluie de flammes, de pierres et de cendres s'abattit sur Morne-Rouge, Ajoupa-Bouillon et Macouba.

En même temps, de formidables détonations se faisaient entendre et elles étaient accompagnées de nombreux phénomènes électriques.

La commission scientifique qui, depuis quelque temps, partageait ses observations entre la montagne Pelée et la soufrière en repos de la Guadeloupe, revint immédiatement pour se trouver sur le théâtre des dévastations. Qu'y pouvait-elle? Au moins, avertir les populations que le danger n'avait pas disparu.

M. Lacroix, président de cette commission scientifique, examina des laves et des scories, provenant de la dernière éruption et, de cet examen, il conclut que le volcan pouvait, à nouveau, se livrer aux vastes et violents accès dont il avait donné de grands exemples depuis trois mois. Tout était à craindre et, peut-être, les horreurs du 8 mai seraient elles suivies d'autres spectacles non moins horribles.

Le gouverneur intérimaire reçut communication de ces pronostics et n'en fut pas peu embarrassé. En rendant publique l'opinion de M. Lacroix, il craignait d'affoler la population et de la porter à une fuite précipitée dont les conséquences étaient à redouter. Ne rien dire, c'était, d'autre part, assumer une responsabilité terrible. Fallait-il en croire absolument les prévisions du géologue? M. Lhuerre pensa que le doute était permis et ne prit aucune décision importante.

M. Lacroix n'était cependant pas seul de son sentiment et, en con-

Le Popocatépelt.

sultant les renseignements nombreux que donnent, depuis quelques mois, les journaux de France et de la Martinique, nous retrouvons cette crainte dans tous les esprits.

Un journal de Fort-de-France, s'inspirant des événements, rapporte une vieille légende, très ancienne et, par là même, beaucoup oubliée. Une vieille femme, héritière sans doute des traditions caraïbes, peut-être une sibylle méconnue, disait de vive voix ses oracles.

Or, d'après elle, l'île devait un jour disparaître par le fait de la montagne Pelée. Celle-ci, longtemps silencieuse, devait couvrir les bruits de l'air et de la terre, par le mugissement de sa grande voix. Puis, quand elle aurait déversé le contenu brûlant de son sein, quand elle se serait elle-même éventrée sur plusieurs côtés, elle s'abîmerait dans les flots, ainsi que toute la contrée qui avait eu pour nom la Martinique.

Un ancien gouverneur de la colonie, moins catégorique, ne fait que se poser des questions; mais il se demande si l'île ne disparaîtra pas, un jour, sous la cendre et la lave brûlante ou bien ne s'engloutira pas dans l'Océan.

La seule supposition du problème suffit à indiquer jusqu'à quel point les esprits étaient préoccupés et combien, dans les masses populaires, mieux que dans les milieux officiels, on se rendait compte de la situation.

Le volcan, cependant, dormit pendant quelques jours et ce fut une trêve bienfaisante. L'administration en profita pour reprendre sa thèse favorite, toute faite d'optimisme. On en avait enfin fini avec les catastrophes et il n'y avait plus qu'à aller de l'avant, pour relever les ruines du passé. La région maltraitrée devait être peuplée de nouveau, comme elle l'était en avril et les survivants du cataclysme n'avaient qu'à retourner au lieu de leur domicile légal, sous peine d'être condamnés à avoir faim.

Le travail allait être repris, des secours seraient donnés pour la restauration des plantations anéanties et les banques avançaient les premiers fonds.

Sur ces entrefaites, le 21 août, jeudi, à midi, le Mont Pelé entra en éruption. Pendant vingt minutes, le ciel fut à tel point couvert de nuages et de fumée que l'on se serait cru en pleine nuit et ce phénomène s'étendait jusqu'à plus de cinq milles en mer. Un vapeur anglais, le *Dahom*, qui passait en vue de la Martinique, fut obligé de modifier sa course pour échapper à la pluie de cendres.

Ainsi se multipliaient les manifestations volcaniques et la montagne

Pelée trahissait chaque jour les puissantes actions comburantes qui dévoraient ses flancs. Méconnaissable elle-même, boursouflée par place est déprimée sur d'autres points, elle avait changé son aspect du tout au tout. Sa physionomie morose était devenue plus triste, plus mystérieuse. Sans qu'il fût même besoin d'assister à ses colères, on devinait à la voir qu'elle était l'instrument fatal dont se servait la mort pour étendre sur terre sa main homicide.

CHAPITRE XXI

ENCORE UN DÉSASTRE

Des grondements sinistres se font entendre. Quelque habitué qu'on soit à ces tumultes souterrains, qui sont devenus de tous les jours et de tous les instants, on ne peut s'empêcher de frémir en constatant leur recrudescence. Ce n'est plus cette agitation, anormale sans doute, mais dont le volcan semblait s'être fait une règle : les secousses sont plus violentes. On entend des bruits insolites jusqu'à Fort-de-France et tout le sol, violemment miné, paraît traversé par des galeries profondes, où se heurtent des torrents.

Cela dure pendant quelques jours. Puis le 27 août, à deux heures du soir, les murmures sourds font place à des détonations retentissantes, dont on entend les derniers bruits jusque dans l'île de la Dominique. A New-York, où cette nouvelle est annoncée, on cherche à se mettre en communication avec Fort-de-France; mais le câble français ne fonctionne plus; les secousses du sol l'ont brisé encore une fois.

C'est donc une nouvelle explosion. Existe-t-elle pour elle-même ou n'est-elle qu'un avertissement? Faut-il concentrer sur la crise toutes les attentions ou faut-il surtout prévoir ce que réserve le lendemain?

Le samedi, 30 août, à neuf heures du soir, un vapeur anglais, le *Corona*, assiste à une terrible éruption du Mont Pelé. D'après un télégramme de la Basse-Terre, daté du 31 août, le vapeur français *Salvador* a vu le Mont Pelé vomir des flammes dont la hauteur figurait une immense gerbe de feu. Des personnes, venues du nord à Fort-de-France, annoncent que le Morne-Rouge est entièrement détruit et qu'un raz-de-marée a balayé le Carbet : deux cents personnes, au moins, auraient péri.

C'est donc une nouvelle catastrophe, à établir en parallèle avec celle du 8 mai. Les détails manquent et les renseignements sont succincts; ils sont ceux de la première heure; mais tout fait prévoir que la crise a été violente et que les effets en sont ruineux.

Le premier document officiel, sur ce fait nouveau, fut un câblogramme du gouverneur de la Martinique au ministre des colonies.

Rappelant brièvement les phénomènes volcaniques dont le nord de l'île avait été le théâtre, pendant les jours précédents, le gouverneur notait, en date du 25 août, une légère oscillation du sol produite dans la direction du nord au sud.

Dans la nuit du 25 au 26 août, à huit heures du soir, à une heure et sept heures du matin, des éruptions partielles avaient été accompagnées de décharges électriques, de gerbes de flammes et de jets de matières incandescentes, répandues sur un rayon de deux cents mètres, dans la direction du Morne-Rouge.

Puis, après un calme éphémère de deux jours, le 28 août, une forte pluie de cendres avait recouvert toute l'île, sans qu'un bruit éruptif se fût fait entendre et qu'on ait ressenti de secousses sismiques. Le 30, la pluie de cendres cessait de façon soudaine et tout paraissait rentrer dans le calme. C'était le calme précurseur de la tempête.

Pendant une durée de quinze jours, la montagne avait été constamment en éruption : pluie de cendres, détonations, émission de flammes, grondements souterrains venus de grande distance, projection de matières embrasées retombant au loin dans la mer et sur les ponts des navires, coulées de boue aux abords du volcan, toutes les manifestations volcaniques s'étaient produites ou simultanément ou tour à tour.

Il était impossible d'approcher de Saint-Pierre par mer, tant il y avait de dangers réunis en haut et en bas : en haut, c'était une pluie brûlante et quelquefois chargée de multitudes de petites pierres; en bas, c'étaient des vagues désordonnées chevauchant sur d'autres vagues à des hauteurs effrayantes.

Les habitants du Carbet, épouvantés, fuyaient vers le centre de l'île; le Lorrain était envahi par une trombe d'eau chaude. A Basse-Pointe, des crevasses s'ouvraient dans le sol et des objets placés sur des tables étaient projetés à terre.

Toutes les embarcations étaient réquisitionnées par le gouverneur pour transporter les habitants de la côte.

A Fort-de-France, la population avait été obligée de s'enfuir vers l'intérieur pour échapper à un raz-de-marée qui précipitait la mer à l'assaut de la ville.

Les télégrammes ne pouvaient se terminer par la phrase consacrée : « Il n'y a pas eu à déplorer d'accidents de personnes », car, sans compter les deux cents victimes du Carbet et du Morne-Rouge, de nombreux Martiniquais avaient péri sur toute l'étendue de la partie nord de l'île.

Le 2 septembre, le ministère des Colonies recevait le télégramme suivant :

Fort-de-France (sans date).

» Samedi, soir, 30 août, une violente éruption a détruit le Morne-Rouge et Ajoupa-Bouillon. Il y a environ un millier de morts et plusieurs centaines de blessés. Le *Suchet* et le *Tage* procèdent à l'évacuation du nord de l'île. »

De nouveau, des malheureux avaient été la proie du monstre, moins nombreux sans doute qu'à Saint-Pierre, car la crise avait été moins imprévue. Mais, de nouveau, la France pouvait se mettre en deuil, si toutefois ses drapeaux n'étaient plus cravatés de crêpe. Un deuxième et long retentissement pouvait porter partout la nouvelle catastrophe, car c'était une catastrophe terrible et un désastre affreux.

Toutes les nouvelles, arrivées à toute heure et de toute origine, attestaient l'étendue du cataclysme, sur un espace que les premières éruptions n'avaient pas atteint : tous, télégrammes officiels ou privés, signalaient l'importance du chiffre des victimes et l'immensité des ravages. C'était à désespérer de la Martinique, à se demander si, dans son affolement, la multitude n'était pas sage, si l'unique salut n'était pas de n'en espérer aucun, en des lieux que les feux souterrains frappaient avec un tel acharnement.

L'émotion fut grande à travers toute la France et, puisqu'il est vrai qu'il existe certaines émotions auxquelles on ne s'habitue pas, quand elles dépassent les mesures ordinaires, comme on ne s'habitue pas aux sons trop stridents, le retentissement fut douloureux dans tout le pays.

On n'avait que trop de raisons de s'attrister.

Le 3 septembre, dans l'après-midi, le ministère des colonies reçut de Fort-de-France un câblogramme rendant un compte encore peu précis des dernières éruptions du Mont Pelé. Ces éruptions, y était-il dit, avaient repris avec une excessive intensité et le volcan avait étendu, dans l'intérieur de l'île, son rayon de destruction.

Le Morne-Rouge, Ajoupa-Bouillon, le Morne-Bourdon, les villages du Balai, du Capot, de Bellevue avaient été détruits dans la nuit du 30 au 31 août, et l'on comptait un millier de victimes, dont huits cents morts environ.

Dès le matin du 31 août, le commandant des troupes, avec le concours de la garnison et de la gendarmerie, organisait les secours aux blessés. Pendant ce temps, le nouveau gouverneur, M. Lemaire, prenait soin de faire évacuer Grande-Rivière et Macouba; il en ramenait, sur le *Suchet*, un millier de sinistrés.

Dans le nord, les victimes étaient rares et, jusqu'à Saint-Pierre, il n'y avait pas eu à constater de lugubres disparitions de personnes. Néanmoins, comme ces contrées étaient à portée du volcan et sous ses atteintes destructives, le *Tage* fut chargé de l'évacuation de toute la région. Il prit avec lui le reste des habitants. Aux environs de Fort-de-France, de nouveaux refuges furent créés pour éviter les agglomérations trop considérables et l'on chercha du travail à ceux des réfugiés qui étaient valides.

La capitale n'a pas souffert de l'éruption du 31 août. La mer y est montée de 1 m. 50 environ et quelques perturbations ont troublé l'atmosphère. Pour cette ville, ce sont les seuls contre-coups de la crise. Mais partout ailleurs que de malheurs à déplorer!

Des gendarmes martiniquais arrivés à la Guadeloupe ont rapporté que, dans les dernières éruptions de la montagne Pelée, le nombre des morts était de 1.060 et celui des blessés de 1.500. Ces chiffres eux-mêmes ne sont-ils pas au-dessous de la réalité?

Une dépêche de New-York, en date du 3 septembre, est ainsi conçue :

« Suivant un télégramme de Saint-Thomas du 2 septembre, des vapeurs venant de la Martinique disent que la destruction du Morne-Rouge a été si complète qu'il ne reste aucun survivant pour la raconter.

» Bien qu'Ajoupa-Bouillon soit en ruines, le nombre des morts n'est pas si grand qu'au Morne-Rouge et s'élève à deux cents, mais, sur les quatre cents blessés d'Ajoupa-Bouillon, beaucoup ne survivront pas à leurs blessures.

» Morne-Rouge a été couvert, en un instant, par des projections d'eau et de boue en ébullition. Ajoupa-Bouillon a été envahi par un flot de vase et une grêle de pierres.

» La mer était déchaînée pendant l'éruption; bientôt, un raz-de-marée balaya tout le littoral; beaucoup de gens périrent noyés au Carbet. Après l'éruption, l'extrémité orientale de l'île, sur une étendue de plus d'un mille, s'effondra et disparut sous la mer.

» Suivant des comptes rendus officiels, l'éruption du 30 a été la plus violente de toutes celles qui se sont produites jusqu'ici. »

Ici se termine le télégramme que nous avons cité. D'après une autre dépêche de New-York, la ville de Grande-Rivière aurait été détruite. Ce seraient, en comptant Saint-Pierre, deux villes disparaissant, ensevelies toutes deux sous des masses de cendres et de feu.

A Fort-de-France, on a transformé le fort Saint-Louis en ambulance et les nombreux blessés de la dernière éruption l'encombrent aussitôt. La mer s'y est avancée de quarante pieds et il y règne une chaleur insupportable.

Nous insérons ici le récit de la catastrophe télégraphié par le correspondant du *Hérald* à Pointe-à-Pitre.

« Les blessés étaient si nombreux que le fort Saint-Louis, à Fort-de-France, a dû être transformé en un vaste hôpital, pour recevoir les victimes que les croiseurs *Tage* et *Suchet* apportaient constamment des lieux de la catastrophe.

» La mer est entrée de quarante pieds dans Fort-de-France. La population, prise de panique, s'enfuit dans les montagnes.

» Le gouvernement a décidé de faire complètement évacuer les districts du nord entre le Lorrain et le Carbet.

» Plus de mille blessés ont déjà été transportés à Fort-de-France, tous mourants. Beaucoup de personnes ont été trouvées affreusement brûlées au Morne-Rouge et sont mortes hier.

» Le croiseur *Suchet* rapporte qu'il y a encore beaucoup plus de blessés à emmener. On a des inquiétudes au sujet du croiseur *Tage*, qui n'est pas encore revenu de la côte nord de la Martinique.

» Les ravages faits par l'éruption sont plus considérables encore que les précédents. Les éruptions continuent. »

Le 31 août, Fort-de-France fut couvert de cendres, comme il l'avait été après l'éruption du 8 mai. L'aspect de la ville indiquait bien la muette désolation de ceux qui l'habitaient. Plus d'affaires, plus de mouvement; il était difficile d'acheter des vivres et des approvisionnements, car il n'y avait plus de marché. Beaucoup ne sortaient pas de leurs maisons; on voyait, dans les rues, des femmes, des enfants se tenir debout, immobiles, attendant le dernier moment qu'ils croyaient très proche. Fort-de-France était devenue la cité du silence.

Le correspondant du *Petit Journal* à Bordeaux communique sur l'éruption du 30 août les détails suivants :

Bordeaux, 14 septembre.

« Le capitaine Geffroy, du vapeur *Canada*, arrivé aujourd'hui de la Martinique dans notre port, donne les détails suivants sur la dernière éruption du Mont Pelé :

» Le 30 août, à huit heures et demie du soir, alors que le *Canada* se trouvait à 130 milles au large de la Martinique, on entendit les détonations causées par l'éruption au large de Saint-Pierre; le Morne-Rouge paraissait en feu. L'éruption du 30 août a eu lieu à neuf heures du soir. Elle a été de beaucoup plus violente que celle du 8 mai, à ce point que la ville de Pointe-à-Pitre, située à 130 milles de la Martinique, a été couverte de cendres. Les victimes sont au nombre de deux mille environ. Au Morne-Rouge, il y a eu deux cents tués et cent cinquante blessés. Le curé, l'abbé Marie, grièvement brûlé, transporté à Fort-de-France, y est mort le lendemain.

» Ajoupa-Bouillon a été complètement brûlé et l'on compte environ trois cents morts ou blessés à la Grande-Anse, à Champ-Flore et au Parnasse, qui ont été détruits. Les morts sont malheureusement en grand nombre.

» Les soldats ont été d'un dévouement au-dessus de tout éloge et se sont multipliés pour porter secours.

» A Fort-de-France, il y a eu le même jour un raz-de-marée et la mer s'est avancée de trois cents mètres dans la ville, causant une épouvantable panique. La population se montre très énervée; les fièvres pernicieuses et la dysenterie font de nombreuses victimes.

» Les champs de cannes à sucre sont beaux et presque toute la récolte a été déjà vendue à livrer à Nantes et à Marseille : c'est la certitude que les usines fonctionneront, le travail assuré, si les noirs, qui sont nourris et logés, veulent bien se mettre à l'ouvrage. »

Des télégrammes alarmants sont encore venus, le 5 septembre, accroître les inquiétudes que trop d'événements récents servaient à alimenter.

On télégraphia de Castries à New-York que, le 4 septembre, le vapeur *Yare*, arrivant de la Martinique, annonçait une nouvelle et violente éruption produite la veille au soir. Le vapeur portait en outre cette information que deux mille personnes avaient péri dans cette dernière crise volcanique.

Une autre dépêche concordant avec celle que nous notons était partie de la Pointe-à-Pître le 4 septembre et signalait que, dans la nuit du 3, de violentes détonations avaient été entendues dans la direction du Roseau, de la montagne Pelée et de Fort-de-France.

Le vapeur *Savan*, venant de Trinidad, annonçait avoir rencontré un nuage rempli de poussière à vingt milles au sud de Saint-Vincent. Le soleil était obscurci à Port-Castries, à cinq heures et demie du matin, comme par une éclipse.

Tous ces renseignements ne reçurent heureusement aucune confirmation à notre ministère des colonies et les câblogrammes qui continuèrent à arriver n'en firent aucune mention. On fut donc autorisé à penser que, depuis le 30 août, aucune nouvelle éruption ne s'était produite.

Une dépêche du gouverneur de la Guadeloupe annonça, au contraire, que le *Suchet* venait d'arriver à Basse-Terre sans porter de nouvelle inquiétante. Tout semblait rentrer dans l'ordre dans l'île dévastée.

La grosse préoccupation de M. Lemaire, préoccupation qui se trahit dans ses communications avec le ministère des colonies, est désormais de faire face aux exigences que lui impose la situation créée par le cataclysme. Le gouverneur est, sans doute, aidé dans cette tâche par le gouvernement français et par les ressources que la générosité publique a mises à sa disposition ; il n'en a pas moins beaucoup à faire.

La partie nord de l'île étant particulièrement exposée aux ravages et la population ne pouvant y vivre en sûreté, des dispositions ont été prises pour assurer l'évacuation de cette partie du territoire.

La chose avait été faite partiellement au fur et à mesure que de nouvelles éruptions se produisaient et les deux croiseurs, le *Suchet* et le *Tage*, s'y étaient largement employés. Depuis le 31 août, l'évacuation se fit de manière plus complète et il ne resta plus un habitant dans la zone interdite.

L'établissement des réfugiés, qui constituaient dans l'arrondissement de Fort-de-France des agglomérations excessives, attira l'attention du gouvernement. Il fallait disséminer les lieux de refuge, sans quoi l'on avait à redouter des dangers de diverses natures. Ces dangers étaient d'abord les maladies contagieuses et les fièvres ; c'était aussi la surexcitation qui restait encore dans tous les esprits et cette sorte d'énervement qu'avaient provoqué des craintes trop prolongées.

Le Domaine possédait au sud de l'île des habitations inoccupées pour la plupart et entourées de terres dont beaucoup étaient incultes. Ces demeures ont été mises à la disposition des réfugiés, auxquels sont, en outre, abandonnés des lots de terrains non défrichés. Des planteurs et des industriels ayant des propriétés dans le sud de la Martinique ont suivi cet exemple et ont envoyé des sinistrés sur divers points, dont, jusqu'alors, on n'avait tiré aucun profit. Cette manière de faire pourrait avoir, dans la suite, d'heureuses conséquences. Puisque la partie la plus belle et la plus productive de notre colonie, celle où s'est davantage exercée l'activité des colons, échappe désormais au travail et à la culture, il serait bon de lui substituer des champs au sol neuf, où se retrouveraient, en grande partie, les qualités qui rendaient si riches les environs de Saint-Pierre. Les cacaoyers et les caféiers n'ont pas été implantés dans le sud de la Martinique, mais rien ne prouve qu'ils ne pourraient pas l'être. Tout, au contraire, démontre qu'un heureux avenir est réservé à ces cultures. Le sud de l'île n'est pas différent du nord, quant aux conditions intéressant la valeur productive de la terre ; c'est même disposition de plaines inclinées, touchant d'un côté aux montagnes et de l'autre à la mer ; ici et là, les rivières sont nombreuses et leur débit est soumis aux mêmes variations. Dans les terrains bas, ce sont les mêmes flaques d'eaux sans écoulement, la même humidité chaude et malsaine pour les hommes, mais souverainement favorable à la végétation. Enfin, dans le sud comme dans le nord, ce sont les mêmes pluies torrentielles pendant les trois mois de l'hivernage, la même incubation des germes déposés dans le sol par une eau tiède qui hâte le développement des semences.

Ce qui seul explique qu'à la Martinique la région du nord ait jusqu'alors joui d'une force d'attraction considérable, c'est que, là, se fixèrent les premiers planteurs, là, fut construite la ville de Saint-Pierre, presque à l'origine de la colonie; un port admirable invita le commerce à se concentrer dans cette splendide région et, comme le succès appelle le succès, une organisation de premier ordre donna au travail toutes les facilités et tout le rendement possibles.

Sans doute, pour faire à nouveau ce que des efforts prolongés avaient obtenu dans le nord de notre colonie, il faudra bien des capitaux et bien des ans. Les premiers viendront vite dès qu'on s'apercevra qu'ils sont bien placés. Si le gouvernement, prenant la chose à cœur, multiplie les moyens de communication, relie les petites baies du sud avec un port important, assure aux marchandises un transit commode et économique, les usines, les factoreries et les plantations naîtront comme par enchantement et nous aurons encore une belle possession aux Antilles.

Il y a le germe de cette merveilleuse transformation dans la mesure par laquelle les planteurs et les industriels martiniquais tentent de peupler des lieux, tenus jusqu'alors à l'écart de la marche progressive, si rapide depuis cinquante ans.

Une résolution qui ne vise pas un avenir aussi lointain, mais répond davantage aux nécessités du présent, est celle par laquelle le gouverneur dispose, autour de la montagne Pelée, des postes permanents d'observation.

Le volcan s'est montré ennemi terrible ; il se pourrait que, rentrant dans une période d'accalmie, il reprît un de ces sommeils que durent un demi-siècle et parfois plusieurs siècles de suite ; la dernière éruption du mont date de 1851 et elle ne fut qu'un jeu auprès de celles dont nous avons eu à faire l'histoire. Néanmoins, comme les caprices du volcan sont d'une brutalité dont le souvenir restera longtemps, il faut au moins surveiller ces caprices, contre lesquels on ne peut que cela.

La mission Lacroix a été chargée d'organiser les postes permanents qui seront fixés en dehors de la zone dangereuse et que tiendront des détachements de gendarmerie. Ainsi, l'on pourra longuement étudier les phénomènes volcaniques de la Martinique, en saisir les manifestations ordinaires, épier l'agitation intérieure de la montagne et, si jamais une nouvelle crise se prépare, en connaître assez bien les indices pour pouvoir annoncer à temps le danger d'une éruption probable.

En tout cela, nous voyons surtout de la prudence et la prudence n'est jamais interdite quand elle ne dégénère pas en garanties prises contre le ciel. Quelles que soient les précautions, nous savons assez qu'elles sont toujours insuffisantes contre les desseins de Dieu; mais la volonté directe de Dieu est-elle bien dans les cataclysmes épouvantables dont les récits sont terrifiants? Nous savons que certains événements n'ont d'autre titre à se produire que la permission divine et voilà pourquoi la prudence humaine est souvent une vertu.

Nous nous complaisons peu aux aperçus retrospectifs et je ne sais quelle absolue soumission aux événements, qui nous semble la condition nécessaire d'une vie paisible, nous porte à considérer les faits malheureux sans un reproche à qui que ce soit.

Cependant, n'aurait-on pas évité bien des tristesses si l'on avait épié d'un peu plus près et avec une observation plus approfondie les faits et gestes de la montagne Pelée?

Suivant une étude que nous avons lue récemment, il est peu de volcans éteints, si même il en existe réellement. Les conflagrations souterraines dont rien n'entrave l'activité chercheront toujours, pour s'épancher au dehors, les voies accoutumées par lesquelles elles se sont livré passage. Que ces cheminées soient obstruées pendant des années et même pendant des siècles, tandis que l'énergie de la poussée centrale se reportait sur d'autres points du globe, que des amas de roches calcinées se soient formés sur les bouches qui vomissaient le feu, il n'en reste pas moins que ces ouvertures fermées offrent au passage des matières ignées une moins grande résistance et qu'il faut trembler près de ces lieux fatalement condamnés, dès lors qu'un bouleversement se produit ailleurs.

Surtout là où de colossales révolutions n'ont pas transformé du tout au tout la surface du globe et introduit des conditions auxquelles répugnent les volcans, une confiance illimitée serait une véritable présomption. Il semble que l'on n'ait rien à redouter des *puys* ou volcans éteints du centre de la France; la cause n'en est pas qu'ils se sont tus très longtemps, mais plutôt qu'il leur manque, pour rentrer en action, le voisinage dangereux de vastes nappes liquides que les temps ont fait disparaître.

Avant l'éruption du Vésuve, en 63, la montagne était si longtemps restée tranquille que dess ouvenirs confus et légendaires rappelaient seuls ses fureurs d'autrefois. La fable les avait introduites dans ses récits fantastiques et les avait ainsi dérobées à l'histoire.

Or, avant 1902, il y avait cinquante ans que la montagne Pelée était assoupie dans le repos; ce laps de temps ne suffisait pas pour que l'on fût en droit de regarder la montagne comme un volcan éteint.

Quand les fumées noires et lourdes jaillirent sans cesse de son sein, quand les grondements dégénérèrent en détonations violentes et ébranlèrent au loin le dessous du sol, quand les rivières subirent des transformations extraordinaires, les unes desséchées, les autres roulant des eaux boueuses, quand la mer se souleva sans cause apparente, mais avec une agitation de mauvais augure, il était temps pour l'administration de penser sérieusement à la sûreté de ceux qui vivaient au pied de la montagne en feu.

Le 7 mai, surtout, quand tout révéla une crise prochaine, les départs n'eussent pas dû être des faits isolés et particuliers, mais plutôt une mesure générale et officielle.

Sans doute, dans le cas où la fuite aurait été sans fondement, le gouvernement se serait vu surchargé pendant quelques jours de soins multiples causés par d'innombrables déplacements, mais il eût accompli son devoir de vigilance et de préservation. Or, il y a longtemps que l'on a dit : Gouverner, c'est prévoir.

Trois mois se sont écoulés et il s'agit de réparer les ruines accumulées. Il faut organiser la distribution des secours en nature et en argent et se faire la Providence de ceux qui manquent de tout. Il faut maintenir l'ordre et prévenir les maladies contagieuses. La tâche du gouverneur est lourde.

Le déblaiement est continué à Saint-Pierre et les cadavres retrouvés ont été ensevelis, grâce au dévouement persévérant des soldats dont le travail a été infatigable. Il a fallu à nos troupiers une force morale qu'on ne saurait trop admirer pour ne pas accomplir mollement la lugubre mission dont ils étaient chargés. Les menaces les plus terribles planaient sur leurs têtes et, à chaque instant, ils risquaient d'augmenter par leur mort le nombre des cadavres. Telle était, chaque matin, leur persuasion quand, arrivant de Fort-de-France, ils étaient débarqués sur le rivage dévasté. La demi-obscurité dans laquelle ils étaient noyés, les ténèbres palpables où ils se mouvaient comme des ombres, la voûte indécise, profonde, mal définie, qui couvrait leurs têtes et que striaient, comme des éclairs, les globes de feu lancés à toute vitesse, tont leur faisait un cadre d'épouvante et leur héroïque insouciance leur permit seule de travailler bien des jours. Officiers et soldats rivalisèrent de zèle et d'abnégation et nous leur devons à tous l'hommage que l'on rend aux vaillants dont la conduite a été sublime en face du devoir.

Il arriva qu'à certains jours des explosions affreuses secouèrent la montagne, au pied de laquelle on travaillait. Tandis que la pluie de cendres se formait dans les cratères, prête à s'élancer par toutes les fissures, nos soldats s'enfuyaient vers les chaloupes, puis sur les navires qui, constamment sous pression, gagnaient le large à toute vapeur. Alors, la pluie brûlante se hâtait derrière eux et les poursuivait à grande distance en pleine mer et quelques-uns recevaient de profondes blessures.

Non moins digne d'éloges fut la conduite des curés de paroisses à la Martinique. Le clergé avait déjà perdu un certain nombre de ses membres dans l'éruption du 8 mai. Ceux qui restaient attendirent, au milieu de leurs ouailles, les avis ou les ordres de l'administration. Si, parfois, on représente le prêtre comme l'adversaire des gouvernements existants, c'est ici qu'il faut le voir agir pour reconnaître en lui le citoyen dévoué et soumis dont l'obéissance ne se dément pas tant qu'on ne lui demande rien contre sa conscience.

Les curés rendirent le courage à des populations qui se croyaient condamnés par circulaire gouvernementale à une mort inévitable. Souvent, ils empêchèrent les malheureux de glisser dans l'abîme du désespoir. Sans discuter les mesures prises, ils s'y soumirent comme tous et tâchèrent de les faire accepter.

Puis, quand vinrent les jours de deuil, ils se dévouèrent pour sauver les victimes. Citerons-nous ce curé du Carbet qui, avec un compagnon, ensevelit en deux jours six cents cadavres, disposa ensuite l'embarquement de ses paroissiens obligés de fuir, et le dernier de tous monta sur le *Suchet*, en route pour Fort-de-France !

Le curé du Galion, horriblement brûlé, fut recueilli parmi les blessés et transporté à l'ambulance; il y expira le lendemain.

Il serait trop long d'énumérer les actions héroïques dont ces jours de crise furent l'occasion et il serait difficile de les rapporter toutes, puisque beaucoup d'entre elles n'ont plus de témoins qui puissent les raconter.

Pendant que l'évacuation se fait sur les communes du sud, Fort-de-France reste exposée aux raz de marée qui déjà s'y sont produits plusieurs fois pendant la période éruptive. En conséquence, le ministre a recommandé au maire de prendre toutes les mesures nécessaires pour, le cas échéant, faire évacuer immédiatement et rapidement la population sur les hauteurs qui se trouvent en arrière de la ville.

Des approvisionnements y ont été préparés en prévision de dangers à venir. Espérons que la capitale de la Martinique ne sera jamais envahie par les eaux à tel point que ces précautions soient justifiées.

La commission exécutive d'assistance et de secours aux blessés de la Martinique a présenté au ministre des colonies le compte rendu de ses travaux depuis le jour de sa formation, qui remonte au 13 mai.

« Cette commission a tenu plus de quarante séances au Pavillon de Flore, au cours desquelles elle a eu à examiner plus de trois cent cinquante dossiers de demandes de secours. Ces demandes faisaient chacune l'objet d'un rapport spécial et, après enquête préalable, justifiant les titres des requérants, recevaient une solution.

» C'est ainsi qu'à ce jour, il a été accordé à ceux des sinistrés réfugiés dans la Métropole plus de 150,000 francs. Dès le 16 mai, la commission avait délégué à la Martinique, pour parer aux premiers besoins, 100,000 francs en numéraire et 200,000 francs de vivres.

» Depuis lors, elle a délégué, le 24 mai, 50,000 francs à la Guadeloupe ; les 24 mai et 5 août, 30,000 francs à la Guyane; les 26 mai et

Vue générale du lac bouillant de Rotomahana (Nouvelle-Zélande).

19 juin, 800,000 francs à la Trinidad ; le 12 août, 13,000 francs à Fort-de-France pour permettre aux autorités locales de secourir les sinistrés qui s'étaient réfugiés dans ces colonies ; 14,000 francs ont été également délégués au fur et à mesure des besoins signalés aux comités locaux de Bordeaux, de Nantes et de Marseille pour être, lors de leur débarquement, distribués aux sinistrés rapatriés.

» Elle vient de déléguer à la Martinique, le 20 août, 100,000 francs, et, le 4 septembre, 500,000 francs qui lui ont été demandés par le ministre pour permettre de prendre les mesures nécessitées par les graves événements qui viennent de se produire.

» A ces sommes, il convient d'ajouter, comme dépenses engagées à ce jour, 150,000 francs pour vivres et 150,000 francs pour frais de rapatriement. »

La commission exécutive, en présentant ce rapport, n'a pas prétendu se décharger de sa mission. Les secours déjà distribués n'ont servi qu'à rendre moins exigeants les besoins immédiats et d'autres distributions devront être faites. La charité de tous les rendra possibles en multipliant les offrandes et en remplissant les listes de souscriptions.

En octobre 1902, l'ensemble de ces listes porte un chiffre de près de neuf millions. Cette somme, quelque grande qu'elle puisse paraître, n'est qu'une goutte d'eau, noyée dans le flot des dévastations. Ce sont des millions et des millions qu'il faudrait, pour réparer, de façon suffisante, le désastre de la Martinique. Or, le cœur français est généreux sans doute ; il ne se contentera pas du premier effort tenté pour soulager des frères : cependant, les ressources étant limitées, les sommes énormes que nécessiterait la reconstitution de notre colonie seront difficilement trouvées.

M. Adrien Artaud, président de la Défense et du Comité marseillais pour le relèvement de la Martinique, s'est rendu à Paris, convoqué pour le jeudi 3 octobre 1902, à une réunion du Comité d'assistance et de secours aux sinistrés de l'île bouleversée, réunion qui s'est tenue au Ministère des Colonies.

M. Artaud estime à deux cents millions environ les pertes de la Martinique. Il propose de trouver, tout de suite, cinquante millions par les moyens suivants : souscription publique ayant donné neuf millions ; circulation fiduciaire de la banque de la Martinique à rembourser par elle à l'Etat, évaluée à deux millions ; produit d'un timbre spécial à frapper en dehors des emplois postaux, un million : total, douze millions. Ensuite, doublement de ce capital, à l'aide d'une loterie dans laquelle on offrirait douze millions de lots pour obtenir le placement de billets, donnant vingt-quatre millions. Enfin, doublement un peu dépassé de cette somme, par la frappe d'écus de cinq francs, absorbant une quantité d'argent fin, achetée vingt-quatre millions. Ci, cinquante millions.

M. Artaud estime qu'il vaux mieux, pour les Martiniquais, toucher le quart comptant de ce qu'ils ont perdu, que d'espérer toujours et, finalement, rien toucher du tout.

D'autres projets ont été élaborés, à côté de celui dont nous venons de tracer les grandes lignes ; on s'occupe activement des moyens pouvant contribuer à la restauration de notre belle colonie. Nous savons que, près de l'initiative officielle, s'agite une autre initiative non moins féconde : c'est celle des particuliers.

Maintenant qu'il n'est plus question d'évacuer complètement la Martinique, l'œuvre réparatrice s'acheminera, lentement sans doute, mais sûrement. Les pertes se feront sentir cruellement pendant quelques années, mais comme, en définitive, elles ne sont pas totales, on bâtira sur des débris. La récolte de 1902 n'a été que partiellement dévastée : partout où l'action volcanique ne s'est pas étendue, les champs sont beaux et ils réalisent les belles espérances qu'ils faisaient naître ; les cannes à sucre promettaient beaucoup et tiennent, sans doute, maintenant leurs promesses. Au moment où la Martinique ébauche une vie nouvelle, nous lui adressons volontiers le mot plein d'espoir des marins bretons à ceux qui partent : *A Dieu vat !*

CHAPITRE XXII

AUJOURD'HUI ET DEMAIN

Il nous souvient avoir écrit que les commotions, ayant pour origine l'action du feu central, ne se produisaient pas généralement sur un point, sans qu'en d'autres points de la surface terrestre, le contre-coup n'en fût ressenti. L'unité de la cause explique la relation existant entre ces manifestations multiples. On ne saurait nier que l'épanchement des matières ignées, se produisant quelque part, ne doive produire partout ailleurs des dépressions et c'est à cela qu'il faut attribuer les bouleversements, plus ou moins sérieux, qui accompagnent toujours une éruption violente.

Puisque nous traitons une question qui, pour être bien posée, exige la mise en lumière des liens étroits, par lesquels toutes les énergies de la nature sont mises en contact immédiat, il nous faut bien voir le centre de ces énergies dans un noyau unique, duquel tout procède : le noyau est l'océan de feu qui brûle constamment dans le sein de la terre.

Pendant l'année 1902, des secousses plus ou moins violentes, des perturbations atmosphériques ont été constatées dans des régions très éloignées les unes des autres et sur des points extrêmement distants. Des tremblements de terre se sont produits : ils étaient les phénomènes qui précédaient ou accompagnaient la grande éruption de la montagne Pelée. Une agitation extraordinaire fut remarquée au Vésuve, à l'Etna et dans toutes les montagnes volcaniques qui bordent la grande dépression méditerranéenne. En date du 10 septembre, on télégraphia de San-Francisco que, suivant des informations d'Honolulu, le volcan Kilauéa était en activité et rejetait des torrents de feu. D'autre part, des voyageurs arrivés de l'Alaska annonçaient, à la même date, que d'épais nuages de vapeur s'élevaient des volcans Redoupt et Iliamna, situés dans les monts Augustine. Le Redoupt rejetait également d'épais nuages de fumée qui étaient entraînés à une grande distance par le vent.

Ces commotions presque universelles donnent la certitude qu'un mouvement lent et d'une force irrésistible, modifiant la forme de l'enveloppe terrestre, a dû produire des contractions et des dislocations, intéressant la totalité de notre monde et nous nous reportons à l'hypothèse astronomique de la cause des volcans.

Dieu veuille que de longtemps nous soient épargnées les coïncidences redoutables qui ont fait agir, à la fois, les forces attractives de la lune et du soleil, concentrant sur un même point leur terrible puissance.

C'est à dessein que jusqu'à ce moment nous n'avons pas parlé d'une catastrophe produite en 1902 et qui pourrait être le pendant de celle de la montagne Pelée : nous entendons les éruptions successives de la soufrière de Saint-Vincent. Notre silence n'a pas eu pour but de répondre, par l'indifférence, à l'indifférence systématique montrée pour nos malheurs par M. Chamberlain et les milieux officiels anglais : partout où il y a des infortunes, la pitié doit avoir libre cours. Quelques mots, maintenant, sur ce désastre, qui, s'il n'a pas eu les proportions du cataclysme de la Martinique, n'en a pas moins été considérable.

Comme bon nombre des îles qui forment les Antilles, l'île anglaise de Saint-Vincent est de nature volcanique. Elle renferme une montagne qui, plusieurs fois, a donné des signes d'activité et, alors que la soufrière de la Guadeloupe, déchiquetée et menaçante, est restée en repos pendant l'année 1902, la soufrière de Saint-Vincent s'est ouverte pour des éruptions terribles.

Une remarque à faire est que les crises de cette dernière montagne ont tout d'abord éclaté, pendant que se produisaient les accès de fureur de la montagne Pelée. C'était sensiblement aux mêmes dates, presque aux mêmes heures que les deux volcans entraient en scène. Leurs accalmies correspondaient également, de même que le degré de violence de leurs explosions. Les télégrammes transmis, pendant toute cette période, en font foi et il y a une sorte de parallélisme très facile à saisir, entre les nouvelles qui arrivent de Saint-Vincent et de la Martinique.

Aux derniers temps seulement, quand les phénomènes paraissent en décroissance et que l'énergie volcanique semble à demi épuisée, la soufrière reste en repos, pendant que le suprême effort du travail souterrain se reporte sur le mont Pelé, qui éclate dans la furieuse éruption du 31 août.

Alors on signale de Kingstown que la soufrière est calme et ce calme relatif est pourtant accompagné de faits menaçants, qui ressemblent aux derniers frémissements du monstre fatigué. Sur la côte de Leeward, on remarque des quantités de poissons morts rejetés par la mer. Les matières lancées par le cratère avaient la couleur du soufre et ces matières, après avoir descendu les pentes de la montagne, se dirigeaient vers la mer sur une étendue d'environ quinze milles.

Nous ne ferons pas l'histoire du désastre de Saint-Vincent ; ce serait, à quelques particularités près, la réédition de celle que nous avons écrite sur la Martinique. Là aussi, il y a eu des ruines et des dévastations, des villages ont été engloutis et des malheureux ont péri. Il a fallu, là, comme sur la terre française, venir au secours des misères, nées en un seul jour et navrantes dans leur excès. Des indigences subites ont sollicité les généreux concours et, comme la charité ne connaît pas les frontières qui distinguent les nations les unes des autres et parfois les séparent, des offrandes et des secours sont allés aux sinistrés de Saint-Vincent, comme à ceux de la Martinique.

Il est remarquable comment, dans ses communications avec le ministère des colonies, le gouverneur de la Guadeloupe a souvent insisté sur la sécurité qui régnait dans son île. Cette préoccupation de rassurer le gouvernement français nous est un indice des craintes qui, à la Guadeloupe aussi, hantaient tous les esprits.

Moins motivées que celles dont étaient remplis les habitants de Fort-de-France, ces inquiétudes avaient bien quelque raison d'être. La Guadeloupe a son volcan dont les sommets dominent Pointe-à-Pitre. Il n'y a que quelques années l'île a été dévastée par un terrible cyclone, qui a semé partout la dévastation et a fait nombre de victimes. Le souvenir de cette crise est resté gravé dans toutes les mémoires et l'on tremble à la seule pensée qu'un aussi épouvantable malheur pourrait être renouvelé.

Le cataclysme de 1902 n'a fait que réveiller des craintes endormies et ce n'est pas seulement à la Martinique que la terreur a régné, c'est encore dans toutes les petites Antilles.

Les habitants de toutes ces îles, échelonnées entre deux masse continentales, ont l'instinct du péril de leur situation. Si tous n'ont pas la connaissance entière des nombreux bouleversements qui, à travers les âges, ont secoué le sol sur lequel ils vivent, tous sentent que ce sol manque des conditions normales de longévité, sur lesquelles s'appuie la sécurité des populations du continent. Placés ordinairement entre les mouvements tumultueux qui agitent l'Océan ou troublent les airs, ils se voient entourés d'excès de tout ordre, dénonçant le caractère peu pacifique de la nature au milieu de laquelle coule leur existence.

Aussi ne nous étonnerons-nous pas que les petites Antilles n'aient jamais offert à leurs habitants autre chose qu'un séjour auquel on n'a pas voulu donner la fixité. Tandis que nos autres colonies françaises reçoivent des émigrés, désireux de s'établir à jamais sur des terres où flotte encore le drapeau de la France, les hommes de couleur blanche que l'on rencontre à la Martinique sont surtout des industriels et des commerçants, transportés là pour faire valoir les rsssources du pays et rêvant encore de la mère-patrie.

Les planteurs se sont fait des propriétés, au soin desquelles ils ont consacré la part la plus notable de leur vie; beaucoup d'entre eux pensent revenir en France, une fois leur fortune considérablement augmentée.

Qu'y a-t-il donc dans ces pays ensoleillés, dans ces régions souverainement fertiles et dont les richesses sont merveilleuses, qui empêche les hommes de s'y attacher définitivement, comme on s'attache ordinairement au sol où l'on est né? Il y a, croyons-nous, la menace constante de catastrophes qui se multiplient et qui, toutes, s'inscrivent en pages sinistres dans l'histoire.

Pendant les mois qui ont précédé, un mouvement considérable a porté les Martiniquais, soit sur la Guyane, soit sur la métropole. La raison en est toute naturelle. On fuyait le fléau, on s'éloignait des griffes du monstre et chacun, faisant la part du feu, laissait ses intérêts en proie aux fureurs volcaniques, pour sauver ce qui vaut mieux que des intérêts.

Or, des mouvements semblables ont été constatés après tous les bouleversements dont les Antilles ont souffert : ce fut, chaque fois, même empressement à chercher un asile dans des contrées moins exposées, et les statistiques, qui enregistrent des différences notables dans le chiffre des populations, sont là, pour attester à quel point la terreur a régné dans les esprits.

Même ces différences sont en rapport avec la violence des crises et les dégâts qu'elles ont produits. Des tremblements de terre énervent la

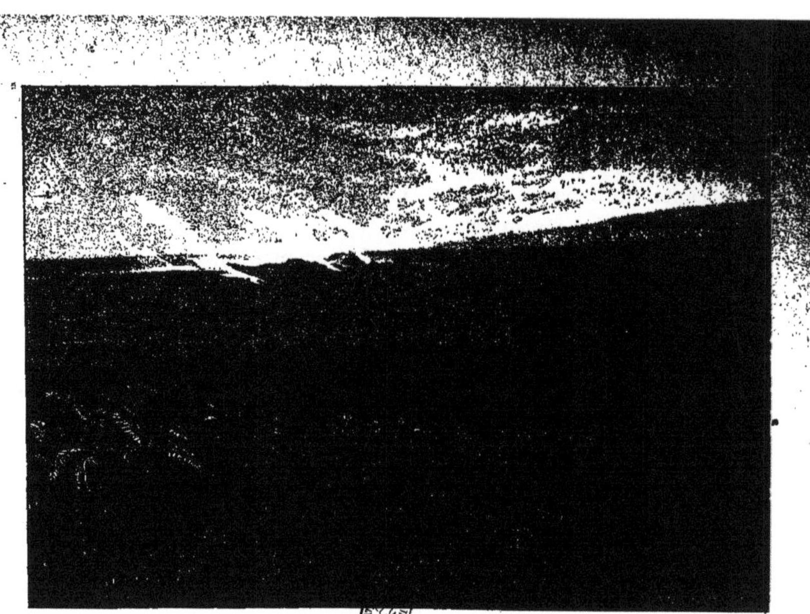

Iles Sandwich. — Volcan de Kilaouea.

population et la laissent stationnaire ; des cyclones la font fuir et revenir bientôt ; des éruptions volcaniques l'affolent et l'éloignent pour plus longtemps. L'histoire de ces contrées a des pages joyeuses ou d'autres tristes, en raison du calme des éléments ou du désordre qu'ils se permettent parfois. Le commerce, qui s'est reporté vers les Antilles, doit s'attendre à ces variations et, bien que leur retour soit plus inaccessible aux prévisions, les commerçants doivent les porter en ligne de compte, comme le vigneron, les gelées possibles de ses vignes et l'agriculture, la non réussite de ses ensemencements.

Là, où les désastres revêtent toujours une grandeur défiant la comparaison, parce que les causes en sont exceptionnellement puissantes, la prospérité est elle-même au-dessus des calculs ordinaires et les contraires, portés à l'excès, se touchent. S'il y a des motifs nombreux pour que l'on redoute l'établissement d'une entreprise commerciale ou industrielle à la Martinique, il y en a aussi en grand nombre qui encouragent ces entreprises et invitent le haut commerce à porter là ses capitaux. Cette considération est pleine d'espérance pour l'avenir.

Les agitations volcaniques, en supposant même qu'elles soient répétées, ne sont jamais qu'une exception à la règle générale, tandis que la facilité d'un sol à répandre ses trésors de fécondité est chose durable, persistant à travers les ans et les siècles. Un calcul de probabilités, portant sur cette question, établirait que les catastrophes, ayant pour champ d'action l'univers entier et se disséminant dans toutes les contrées plus particulièrement exposées, doivent laisser à la Martinique un long répit, tandis que la terre, buvant le soleil et l'humidité tiède, est dès maintenant disposée à récompenser le travail de l'homme. Les calculs de ce genre sont, sans doute, subordonnés à des imprévus, qui ne peuvent entrer en compte dans la solution. Mais où donc les imprévus n'existent-ils pas ?

Sous l'alarme inconsidérée de prévisions pessimistes et pendant que le volcan couvrait de cendres la contrée qui l'avoisinait, on a agité la question d'une évacuation complète de la Martinique. Cette opinion, née aux jours de deuil, ne s'inspirait évidemment que des récits très vrais et très tristes qui, à toute heure, étaient communiqués à la presse, et cette opinion présentait, comme nécessaire, un sacrifice qui est énorme et qui, sans doute, serait inutile.

Nous mettons de côté la précipitation fatale, les désordres inévitables, les embarras inextricables, qui eussent certainement accompagné cette évacuation complète, au temps où l'éruption promenait ses violences : cette mesure eût été désastreuse, tandis qu'une évacuation partielle et commandée n'aurait été que prudente. Mais, à l'heure où nous écrivons, quand le sang-froid remplace l'affolement et que l'on considère posément la situation, l'exode des Martiniquais, sur d'autres terres, semblerait plus inexplicable et rien n'en compenserait le désastre.

En nous rapportant à l'histoire, nous voyons fourmiller les agglomérations populeuses au pied des volcans et, au premier abord, cela nous est incompréhensible. Nous nous demandons s'il n'y a pas là un défi porté aux forces naturelles et une confiance téméraire, prenant origine dans l'orgueil. Or, l'obstination des hommes à se fixer sur le domaine des éruptions n'est pas de la témérité, parce qu'elle est moins de la confiance qu'une concession faite à la nécessité.

On vit là et l'on tremble à certains jours. Mais où donc ne tremble-t-on pas quelques fois ? Quelle est la grande exploitation industrielle qui ne soit soumise à mille aléas, et quelle est la maison particulière où l'on ne soit pas exposé à des dangers ? Si ceux qui proviennent des volcans sont plus terribles, ils sont certainement moins fréquents.

Nous devons, nous, faibles habitants de cette terre que soutiennent seules dans l'univers les lois prévues et ordonnées par Dieu, nous devons nous représenter que notre sûreté n'est jamais absolue et que la sécurité nous est formellement interdite. Mille agents inconnus travaillent fatalement à notre mort, sans que nous puissions les repousser autrement que par le développement, indépendant de notre volonté, d'une énergie vitale que nous ne pouvons définir. C'est ainsi qu'est faite notre nature et que se déroulent les diverses péripéties d'une lutte pour la vie, dont, heureusement, nous n'approfondissons pas le mystère. Pour être un peu moins exposés aux colères des éléments déchaînés, parce que nous vivons loin des volcans, nous n'en sommes pas moins sous l'agression continuelle d'actions délétères et cela est le premier, comme le dernier mot de la vie.

Le cataclysme de 1902, étonnant dans sa violence et dans la grandeur de sa puissance destructrice, n'a pas tout anéanti, car une catastrophe n'anéantit jamais tout ; il est resté, ce qui reste toujours, une base à l'œuvre de restauration. Les petites propriétés sont, pour la plupart intactes, alors que les grandes ont été largement dévastées. Les affaires subiront une inévitable stagnation, mais il y aura encore des affaires et c'est sur ce fondement que tableront les progrès à venir.

Nous avons appris, avec bonheur, que les champs de cannes à sucre avaient généralement peu souffert : il y aura donc bientôt, en place des usines foudroyées, d'autres usines qui s'élèveront pour la fabrication du rhum. Les caféiers ont disparu pour la plupart, mais il en reste, et d'autres plantations naîtront, placées d'abord en dehors de la zone dangereuse, puis envahissant peu à peu cette zone, dont la fécondité est incomparable et croissant dans les cendres putréfiées, qui auront renouvelé le sol.

Quelques nouvelles secousses ont été ressenties : elles s'espacent de plus en plus et la presse qui les transmet leur accorde juste l'importance qu'elle méritent. On peut, maintenant, sans être taxé d'optimisme malsain, les considérer comme les derniers soubresauts du monstre épuisé. Si les crises plus grandioses et plus funestes ont été préparées par une succession de phénomènes croissant en intensité et en fréquence, il semble logique que cette progression devenue descendante ne soit pas brusquement interrompue. Jusqu'en ces derniers temps, la montagne Pelée a manifesté des restes d'agitation : rien, actuellement, dans ces colères tardives, n'est comparable aux fureurs d'antan.

Du reste, en garde comme l'on s'y est mis, le volcan ne trouverait plus que peu de ravages à faire. La contrée n'est pas débarrassée de son lugubre linceul : les bourgs ne sont pas sortis de leurs cendres, le commerce et l'industrie sont ensevelis dans l'inaction forcée que leur a imposée le désastre de 1902 et, en dépit des encouragements et des secours, les affaires subissent un arrêt que tout faisait prévoir.

Cependant, le temps n'a pas endormi la vigilance de l'administration et les saintes générosités des âmes françaises. On recueille encore des souscriptions et l'on envoie, là-bas, des avances aux propriétaires ruinés qui se sont repris à espérer. Les activités des colons ont été déplacées et se sont reportées vers le sud de la Martinique. Des plantations naissantes sont tentées en des régions jusqu'alors négligées et, sous la direction de la population blanche, les nègres se sont remis au travail. Quelque chose ressemblant à la vie antérieure peut encore être vu sur cette île qui fut longtemps si prospère. Les relations avec la métropole ont, sans doute, énormément souffert, mais elles sont destinées à reprendre peu à peu leur activité et leur importance. Quant aux navires de toutes nations qui fréquentent ces parages, c'est vers Fort-de-France qu'ils se dirigent désormais, sûrs de trouver là un centre des affaires.

Ce n'est, évidemment, qu'une disposition transitoire et, tant par l'action du gouvernement français que par l'initiative particulière, des modifications seront introduites qui donneront à la colonie une physionomie nouvelle. Les besoins qui se feront successivement sentir y seront pour beaucoup et ce sont eux qui détermineront les réformes à accepter pour que la Martinique transformée revive, non pas sa vie passée, mais une vie semblable.

Il y aura longtemps, toujours, peut-être, une tache noire dans le tableau, et quand les navires, longeant la côte ouest de la Martinique, chercheront la ville florissante et belle, en vue de laquelle ils jetaient l'ancre, la solitude et la désolation du rivage, autrefois si animé, les poussera à aller plus loin. Ils se referont le souvenir des quais, noirs de monde, où tout était empressement joyeux : ils reconstruiront, par la pensée, ces édifices, serrés les uns contre les autres et faisant aux flots bleus une ceinture blanche; ils chercheront dans la fumée des usines et le halètement de la vapeur ; rien n'existera, car Saint-Pierre n'aura pas revécu.

Ce sera, pour longtemps, le renouvellement des scènes terribles où tombèrent sans vie trente mille personnes qui, la veille, ne rêvaient que de vie et de mouvement, et l'on montrera, sans doute, dans le lointain, la montagne homicide, dont le sommet éventré s'offrira paisiblement aux rayons du soleil.

Mais, partout ailleurs, quelle activité merveilleuse ! Les noirs travaillant dans les campagnes panachées de vert ou de rose ; les Européens dirigeant, dans leurs bureaux, le travail incessant de la fabrication et des échanges ; des locomotives, lancées à toute vitesse, transportant à travers l'île les produits de l'industrie; des vaisseaux de toute grandeur et de toute nationalité, venant jeter l'ancre sur la côte orientale, dans une rade abritée ; la multitude des travailleurs portant des caisses et des ballots sur le pont des navires ; les chargements s'effectuant avec rapidité. Ce serait, non pas l'oubli, mais la consolation.

Alors, comme jadis, il serait bon de vivre à la Martinique et, quand les soleils trop chauds brûleraient le sol, il serait doux de gravir les pentes de la montagne, pour y trouver, entre les grands palmiers, des villas riantes et paisibles. Alors, comme jadis, le bien-être se répandrait partout, sous la poussée d'une vie laborieuse et avec la complicité d'une nature prodigue de ses richesses. Alors, notre colonie redeviendrait la perle française des Antilles et la mère-patrie, séchant ses larmes, jetterait un regard ami sur cette enfant meurtrie, dont les blessures seraient cicatrisées. Martiniquais en France et Français à la Martinique, n'auraient plus, au lieu de tristesses, que des sourires.

Cela commencera demain et sera très vrai plus tard.

FIN

TABLE DES MATIÈRES

I. — Fraternité 9
II. — La Martinique 20
III. — Hypothèse 27
IV. — Une page d'histoire 44
V. — La colonie française 56
VI. — La montagne Pelée 66
VII. — Séries de volcans 79
VIII. — Esquisses 92
IX. — Causes des volcans 112
X. — Légendes 135
XI. — Indices de la catastrophe 161
XII. — Commission scientifique 175
XIII. — Saint-Pierre 183
XIV. — Le 8 mai. — Premières nouvelles 196
XV. — Sauvés ou morts? 214
XVI. — Encore le 8 mai 223
XVII. — Souvenirs 245
XVIII. — Solidarité 250
XIX. — L'éruption du 20 mai 263
XX. — Nouvelles éruptions 276
XXI. — Encore un désastre 293
XXII. — Aujourd'hui et demain 309

Limoges. — Imprimerie Marc Barbou.

www.ingramcontent.com/pod-product-compliance
Ingram Content Group UK Ltd.
Pitfield, Milton Keynes, MK11 3LW, UK
UKHW021848190726
13855UKWH00001B/210